河北大学社科培育项目：中国传统民法文化的现代化研究：以文化的整合为中心（项目编号：2021HPY040）

ZHONGGUOCHUANTONGMINFAWENHUADEXIANDAIHUAYANJIU
YIWENHUADEZHENGHEWEIZHONGXIN

# 中国传统民法文化的现代化研究

## 以文化的整合为中心

苏艳英◎著

中国政法大学出版社

2024·北京

**图书在版编目（ＣＩＰ）数据**

中国传统民法文化的现代化研究 ： 以文化的整合为中心 ／ 苏艳英著.
北京 ： 中国政法大学出版社，2024. 5. -- ISBN 978-7-5764-1550-6

Ⅰ．D923.04

中国国家版本馆 CIP 数据核字第 20245169Z6 号

------------------------------------------------------------------------

出 版 者　　中国政法大学出版社

地　　址　　北京市海淀区西土城路 25 号

邮寄地址　　北京 100088 信箱 8034 分箱　邮编 100088

网　　址　　http://www.cuplpress.com (网络实名：中国政法大学出版社)

电　　话　　010-58908586(编辑部) 58908334(邮购部)

编辑邮箱　　zhengfadch@126.com

承　　印　　固安华明印业有限公司

开　　本　　720mm×960mm　　1/16

印　　张　　14

字　　数　　240 千字

版　　次　　2024 年 5 月第 1 版

印　　次　　2024 年 5 月第 1 次印刷

定　　价　　59.00 元

# "燕赵文化与法治建设论丛"编委会

# 总　序
## 依法守护文化家园

　　进入新世纪以来，我国经历着一个文化空前发展的新时期。一方面，在经济繁荣与技术进步推动下，文化生产勃兴、文化产品繁盛、文化消费活跃；另一方面，享受着现代文明的人们愈益强烈地认识、体验到传统文化的魅力，那些从遥远的过去走来的村与镇、路与桥、亭台楼阁、寺宇街巷等，重新以新的姿态进入人们的视野。在此背景下，加强公共文化服务、全面普及文化认知、促进文化产业、保护文化遗产……逐渐成为摆在全社会，尤其是政府面前的新使命，而文化法治也自然成为我国法律与法学界面对的新任务。

　　毋庸讳言，我国文化领域的法律实践与法学学术曾长期呈现为一片处女地，其中最突出的表现是，相关立法可谓寥寥。除了1982年颁行的《中华人民共和国文物保护法》，并有《中华人民共和国著作权法》《中华人民共和国刑法》涉及文化事业之外，2000年之前我国文化领域再无其他专门立法。进入21世纪，人们不得不感叹的是，文化领域的专门法纷纷出台：2011年，《中华人民共和国非物质文化遗产法》颁布实施，加上多次修订的《中华人民共和国文物保护法》，我国文化遗产保护法律体系基本形成，而且达到了与国际社会同步的水准。随后，涉及文化事业核心与全局的几部重要立法相继出台：《中华人民共和国电影产业促进法》和《中华人民共和国公共文化服务保障法》于2016年底颁布；《中华人民共和国公共图书馆法》于2017年11月颁布。现如今，另一部涉及文化发展之整体法治的重要法律也在紧锣密鼓地起草过程中——历经多年起草工作，司法部不久前公布了《中华人民共和国文化产业促进法（草案送审稿）》，面向社会征集意见。人们有理由相信，无需太久，全面涵盖我国文化事业与产业发展的成文法体系将臻于形成。

与全国文化事业与法治进展同步，河北省文化产业与各项事业同样进入了一个空前发展与活跃的历史时期。除了传统的书报刊出版、印刷与发行，广播电视等，各类民办文化企业，尤其数字网络产业异军突起。与此同时，伴随着产业与经济发展，公共文化服务得到全面展开，正在进入各地村镇。比如，有关部门统计，在公共文化设施建设方面，目前全省各地拥有各级公共图书馆 170 多家，群众艺术馆和文化馆 180 多家，文化站 2000 多家。

而尤其引人注目的是传统文化遗产之保护与开发。河北省地处华北，历史悠久，其鲜明的文化特征更以"燕赵文化"名闻天下。燕赵文化肇始于春秋战国，至今凡 2500 年之久；位居中原与塞北之中、齐鲁与关陇之间，与南北沟通、共东西脉动，既以慷慨豪放著称，兼具四面八方之多样性。所以，无论是有形体的物质文化遗物、还是非物质的文化遗产，河北省全域拥有、流传的数量均居全国各地区的前列。按照统计，河北省目前共有全国重点文物保护单位近 300 个；国家级历史文化名村 32 个、名镇 8 个、名城 6 个；国家级风景名胜区 10 处、省级风景名胜区 39 处；并且，有 8 处 4 项文化遗产被列入世界文化遗产代表性项目名录。在非物质文化遗产方面，国务院 2006 年以来先后公布的国家级非物质文化遗产代表性项目中，河北省占 163 项，其中有 6 个项目入选世界人类非物质文化遗产代表作名录，涉及剪纸、皮影戏、太极拳。丰富与多样的遗产既为开发、利用提供了资源，也为保护事业提出了挑战。

在全面开展文化遗产保护实践的同时，为了做到依法规范保护与利用，河北省先后颁布、实施了多部地方法规。其中，为配合并依据全国性立法，全面构建物质性与非物质性文化遗产保护的一般性制度体系，1993 年《河北省文物保护管理条例》、2007 年《河北省实施〈中华人民共和国文物保护法〉办法》（2021 年修正）、2014 年《河北省非物质文化遗产条例》以及 2018 年《河北省城市紫线管理规定》先后颁布并实施。为适应河北省特色文化遗产保护，《河北省长城保护办法》于 2016 年发布，《河北省长城保护条例》于 2021 年 6 月开始实施，而《河北省大运河文化遗产保护和利用条例》正处于积极制订过程中。此外，某些地区还为本地文化遗产项目制定了专项地方法规，如《承德避暑山庄及周围寺庙保护管理条例》《清东陵保护管理办法》和《保定市清西陵保护条例》等。

实践促进着学术，并且，实践也离不开学术。文化公共服务保障、产业促进和遗产保护与利用需要学术界做出理论与思想上的呼应。在过去的 20 多年间，我国学界已有大量学者致力于文化法治的研究，为文化法律实践提供了必要的智力资源。国家社科基金、教育部人文社科研究基金资助的项目中，涉及文化法治的立项早已不在少数。就其内容看，研究视角已经涉及文化法治的方方面面。但就河北省而言，相关研究尚难成规模，尤其是具有地方针对性的研究成果不可谓多。对于河北省的法学学术圈，这意味着莫大的学术机遇，也提出了空前的学术挑战。于是，在河北大学燕赵文化高等研究院的支持下，河北大学法学院鼓励本院教师，以文化与法治为主题，展开了多角度、多层面的广泛探索和深入研究。

我们充分认识到，燕赵文化是在燕赵地区形成的具有区域特点的文化现象，而文化是一个复杂的体系性社会现象；因历史传承与现实发展、局部与整体之交融等原因，燕赵文化具有多方面的复杂性。那么，在社会沿革与发展的过程中，如何保证燕赵文化在传承与弘扬之间、主流与边缘之间、文化与经济之间、文化统一性与多样化之间保持各方面关系的动态平衡与整体的良性发展，需要借助于政策手段的介入、法律机制的保障。

研究中，大家始终坚持理论与实践的充分结合，研究视角涉及文化之法律治理的一般理论问题、文化多样性背景下的燕赵文化保护与促进、燕赵文化发展与公共服务的具体保障问题、雄安新区建设与传统文化弘扬等；并且，更多具体的文化与法治现象值得学术上的不断挖潜，开放的立场与心态至关重要。

至此，大家的研究初步形成了一批各具特色的学术成果。经充分考虑与整合，我们将部分成果编纂为一套丛书，奉献于全国文化与法学界，以为交流、更期指正。同时，该套丛书也是向河北大学百年校庆"献礼"，表达法学院全体师生对河北大学百年校庆的祝福之情！祝愿河北大学继往开来，再谱华丽篇章！

"燕赵文化与法治建设论丛"编委会

2021 年 7 月

# 第一章

# 绪 论

## 第一节 论题解说

### 一、中国传统民法文化的界定

（一）中国传统民法的历史断限

在时间断限上，本书所言的"中国传统民法文化"存在的时间主要是指起自西周中期，迄至中华法系的解体阶段，即西周中期至清末民初。中国是法制文明起源较早的国家，自西周中期以降，随着土地私有制度的出现，兴起了诸如关于土地买卖、转让以及租赁等形式的民事法律行为，由此广义的民法产生；清末民初的社会变迁，引发了大规模的变法修律运动，《大清民律草案》以传统法民法与继受民法的取舍为中心，围绕对中国传统民法的改造展开。

（二）"传统民法文化"的称谓

研究传统民法文化必然离不开对传统民法的研究。"传统民法"一词，在不同学者的研究中称谓各异，存在"古代民法""固有民法"或"传统民法"等不同的指代，三者虽称谓各异但在本质上并无二致，统指产生于中国古代社会，在中华土壤上孕育的具有本土化特点的民事法律。上述不同的称谓，也仅仅是因学者不同的研究视角所致。如"固有民法"中所用的"固有"一词，一是为了与近代资产阶级民法划清界限，二是凸显中国古代民事法律的特点价值；"古代民法"也是与现代民法相区分的选择。本书因研究中心所限，为了与近现代民法相区别，凸显中华传统法文化，因为认真地对待传统法，不仅是对历史的尊重，也是对现代和未来的珍惜，选用了"传统民法"和"传统民法文化"的表述方式。与之相对应，现代民法文化用了"域外民法文化"这一表述，在文中部分表述中简称为"民法文化"。

## 二、中国传统民法文化现代化的内涵

（一）现代化释义

中国传统民法文化的现代化实质上是中国传统民法文化的创造性转化和创新性发展的过程，是对中国传统民法文化"创造性继承"的过程。现代化作为社会发展的范式，是由传统到现代并改造传统的过程，具体到中国传统民法文化的现代化，可以借用马俊驹教授对民法现代化的理解，[1]将此界定为"以实践理性为核心的儒教人文主义为基础的文化转变为以尊重人格、称颂自由的人本主义为基础的文化的历史进程"。而中国传统民法文化的现代化是一个动态、渐进式的探索发展过程，因此，对现代化的理解不能过于狭隘，不易从狭义的角度去界定现代化。[2]此外，一方面由于"近代化"和"现代化"在根本意义和价值取向上并没有太大的区别，只是对同一事物差异性的表述而已；另一方面，结合中国传统民法文化在我国历史上的实践探索，清末民初的民法法典化为当今民法典的制定提供了丰富的历史经验。因此，本书将清末民初民法法典化的历史阶段也纳入研究范畴。

（二）两种文化的整合的解读

两种文化即指中国传统民法文化与域外民法文化。

在内容上，中国传统民法文化的现代化包涵极广，不同的研究者可以从不同的视角、采用不同的方法、围绕不同的中心开展研究。本书在前期研究成果的基础上，结合法律文化的发展特点，以中国传统民法文化与（现代）民法文化的整合为中国传统民法文化现代化的研究主线。

中国传统民法文化的现代化是中国传统民法文化的先进性问题，但其并未完全否定自然法中关于人类共同遵循的理性原则，而是旨在解构阻滞社会进步的传统伦理，使中国传统民法文化与现代社会和时代相适应。中国传统民法文化与域外民法文化是两种异质性的文化，无论在产生的基础还是文化的价值取向上都存在着极大的差异，但同为文化现象的共同本质，以及中国传统民法文化所内蕴的现代因素为两种文化的整合提供了可能性。两种文化

---

〔1〕 马俊驹：《中国民法的现代化与中西法律文化的整合》，载《中国法学》2020年第1期。

〔2〕 狭义的现代化仅指相对于近代化而言的距今天更"近"的时代。

的整合具体是指，两者以新的共同的联结点为基础，各自经过一定的转化，使两种原本异质的法律文化重新组成一种具有时代特色、实践特色和中国特色的民法文化。

## 第二节　研究背景及意义

### 一、研究背景

《中华人民共和国民法典》（以下简称《民法典》）是中国传统民法文化现代化的形式理性，更是中国传统民法文化创造性继承的重要标识。《民法典》是推进国家治理体系和治理能力现代化的重大举措，是中华民族走向伟大复兴的重大法治成果，填补了中国特色社会主义法律体系的一项空白。[1]习近平总书记对民法典予以高度、精准的评价，指出"民法典在中国特色社会主义法律体系中具有重要地位，是一部固根本、稳预期、利长远的基础性法律"。[2]《民法典》是一个国家民族精气和价值理念的集中表达，通览《民法典》全文，处处蕴涵着丰富的中国传统民法文化思想，实现了形式理性与价值理性的统一。《民法典》坚持对中国传统民法文化进行创造性转化和创新性发展，将社会主义核心价值观融入《民法典》，这既是对中国传统民法文化的继承和升华，也是对民法精神的提升，体现了《民法典》中国特色的时代性和先进性，为规范和谐的社会秩序与社会道德提供了遵循。

在我国已有的民法学研究成果中，学者多将重点放在民法具体规则以及制度层面，鲜有专题研究影响规则和制度形成的文化因素，造成了仅就制度谈制度，就规则谈规则的僵硬局面，对蕴含其中的传统文化的"软"引导和教化功能更少有学者问津。尽管社会学和哲学对上述问题有所涉及，但囿于研究视角，并未真正触及法文化的本质，只是丰富和滋养了法理学理论，在民法部门法的研究却极少。这种境况在《中华人民共和国民法总则》（以下简称《民法总则》）颁布后稍有缓和，但研究集中于《民法典》颁布之前，且

---

[1]　张文显：《民法典的中国故事和中国法理》，载《法制与社会发展》2020 年第 5 期。

[2]　习近平：《充分认识颁布实施民法典重大意义　依法更好保障人民合法权益》，载《中国人大》2020 年第 12 期。

主要从立法论的视角探讨传统法对《民法典》立法的影响。《民法典》的颁布为民法学的研究和创新提供了新的契机。随着《民法典》的生效实施，法学界对《民法典》的理论研究也应该由立法论走向解释论。[1]学者们从不同的角度对《民法典》进行阐释和解读。

　　本书认为《民法典》不仅是法律规范、制度的排列和综合，因此对民法典的阐释和解读不能仅着眼于它的形式理性，更应关注它的价值理性，"民法典不仅是一部法律，也包含有关价值取向、基本社会理念、基本法律精神和基本原则等内容，对整个民法和国家具有指引和教育的作用，体现了整个社会法律素养提高后的文明程度，代表着中华文明古国现代民主法制达到新的高度"。[2]对民法价值的讨论必然涉及民法文化，因为价值是文化的核心，不同的价值追求塑造了不同的文化品质，民法的价值理性就是民法文化的核心。正所谓文化为制度之母，法乃文化的一种，在这个意义上，可以说民法是由文化塑造的，文化因素对民法典的制定具有重要的意义。文化的主体是人，这个"人"并不是单一的个人，而是某一群体。对这一群体而言，在文化产生的过程中，在一定的历史条件下逐渐在群体内部诞生了全体成员共同遵循的准则和礼俗等规范，其中蕴含着社会的价值，其运行表彰着一个社会的秩序，因此具有强大的精神感染力量。中国的民法典是由中国文化塑造的，对《民法典》深入解读必然会触及其赖以成型的文化基因，研究民法典不能仅仅停留在民事规则和制度本身，更应跳出这一传统研究的羁绊，深入解读中国传统民法文化作为民法典的法文化根基及其制度表达，重估中国传统民法文化对民法典所具有的时代意义。

## 二、研究意义

　　习近平总书记围绕中华优秀传统文化发表了一系列重要讲话，曾指出："优秀传统文化是一个国家、一个民族传承和发展的根本，如果丢掉了，就割

---

〔1〕　王利明教授指出：在民法典颁布前的成果多针对民法蒂娜制度涉及的研究，民法典颁布后，学界的焦点则集中在解释论的研究上。参见王利明、陆家豪：《民法学：民法典时代的解释论图景》，载《检察日报》2021年1月5日；相似观点参见韩世远：《民法典开启民法教育新纪元》，载《教育报》2020年6月11日。

〔2〕　梁慧星：《绝不能放弃制定民法典》，载 http://www.cssn.cn/zt/zt_ xkzt/zt_ fxzt/26733/fxpd_ lhxyzgmfd/201502/t20150203_ 1503052. shtml，访问日期：2021年4月17日。

断了精神命脉。"〔1〕"要把优秀传统文化的精神标识提炼出来、展示出来，把优秀传统文化中具有当代价值、世界意义的文化精髓提炼出来、展示出来"；〔2〕要"努力实现传统文化的创造性转化、创新性发展"；〔3〕提高国家文化软实力，要努力展示中华文化独特魅力。〔4〕中国传统法是中华传统文化的重要组成部分，在数千年的文化积淀中形成了独具特色的中国传统民法文化。我国民法典的制定离不开中华优秀法律文化，习近平总书记对此曾作了重要指示："民法典系统整合了新中国 70 多年来长期实践形成的民事法律规范，汲取了中华民族 5000 多年优秀法律文化，借鉴了人类法治文明建设有益成果。"〔5〕在习近平总书记立体布局民法典全面实施的重要指示下，学术界也逐渐认识到中国传统法对《民法典》的重要影响，并将研究目光投向这一研究主题。其中也有部分学者解读了《民法典》所蕴含的中国传统法因素，但并非以专题的形式进行研究，仅在研究《民法典》的中国特色时有所涉及。尽管创造了一些颇有学术价值的研究成果，但是研究范围和研究视角比较狭窄；即便有部分论著直接以传统法文化对《民法典》的影响为研究主题，也主要集中于对家事制度的研究上，并且研究尚较为分散，缺乏体系化分析。

本书在学界现有理论成果的基础上，直接以中国传统民法文化的现代化为研究主题，体系化、综合性地剖析中国传统民法文化的现代化之路，在此基础上深入解读中国民法典制定背后的传统法文化故事。但是鉴于此研究主题过于宽泛，所包含的内容极其丰富，因此，本书主要以中国传统民法文化与域外民法文化的整合为研究中心。这一研究主题便于加深民众对《民法典》的理解，为《民法典》的顺利实施提供观念上的先导。以传统民法文化现代化作为学术研究的范式，有利于进一步启迪对《民法典》的新的研究路径，

〔1〕习近平：《努力实现传统文化创造性转化、创新性发展》，载《习近平谈治国理政》（第 2 卷），外文出版社 2017 年版，第 313 页。

〔2〕习近平：《自觉承担起新形势下宣传思想工作的使命任务》，载《习近平谈治国理政》（第 3 卷），外文出版社 2020 年版，第 314 页。

〔3〕习近平：《努力实现传统文化创造性转化、创新性发展》，载《习近平谈治国理政》（第 2 卷），外文出版社 2017 年版，第 313 页。

〔4〕习近平：《提高国家文化软实力》，载《习近平谈治国理政》（第 1 卷），外文出版社 2018 年版，第 161 页。

〔5〕习近平：《充分认识颁布实施民法典重大意义 依法更好保障人民合法权益》，载《中国人大》2020 年第 12 期。

丰富民法学研究方法。同时有利于建立中国特色社会主义民法学体系，为世界民法文化贡献中国智慧，提高我国学界在世界民法学研究中的话语权。在"文化中国"的语境下此研究具有非同一般的现实意义。

第一，有利于弘扬社会主义核心价值观。社会主义核心价值观是中国传统民法文化经过创造性继承的重要价值理念，是鉴别中国传统民法文化中精华与糟粕的标准。习近平总书记指出，"使中华优秀传统文化成为涵养社会主义核心价值观的重要源泉"。[1]《民法典》将社会主义核心价值观作为价值核心和灵魂写入第 1 条，以立法的形式弘扬了社会主义核心价值观。按照习近平总书记"培育和弘扬社会主义核心价值观必须立足中华优秀传统文化"[2]的重要指示，中华优秀传统文化是传扬社会主义核心价值观的重要载体。我们应该充分利用《民法典》深厚的中国传统民法文化底蕴和强大的价值辐射功能弘扬社会主义核心价值观。

第二，有利于加速构建具有中国特色、中国风格和中国气派的民法学理论体系。习近平总书记在哲学社会科学工作座谈会上提出："中华优秀传统文化的资源，这是中国特色哲学社会科学发展十分宝贵、不可多得的资源……善于继承和弘扬中华优秀传统文化精华。"[3]中国传统民法文化在与域外民法文化的整合过程中实现了现代化，以人本主义为指导思想，重视人格尊严与人的全面、自由发展。民法教学和研究应立足于中国社会现实，以习近平法治思想为指导，把握中国传统民法文化在《民法典》中的表达，秉承以人民为中心的立法理念，回应《民法典》适用过程中的问题，推动构建具有中国元素的民法学体系。

第三，有助于提升中国民法学研究的世界地位。民法文化是世界的文化，中国传统民法文化经过创造性继承，具有鲜明的中国特色、实践特色和时代特色。习近平总书记在亚洲文明对话大会开幕式的主旨演讲中提到，交流借

---

〔1〕 习近平：《培育和弘扬社会主义核心价值观》，载《习近平谈治国理政》（第1卷），外文出版社 2018 年版，第 164 页。

〔2〕 习近平：《培育和弘扬社会主义核心价值观》，载《习近平谈治国理政》（第1卷），外文出版社 2018 年版，第 163～164 页。

〔3〕 习近平：《加快构建中国特色哲学社会科学》，载《习近平谈治国理政》（第2卷），外文出版社 2017 年版，第 339 页。

鉴是文明发展的本质要求，以兼收并蓄的态度汲取其他文明的养分。[1]中国民法文化的现代化为世界民法文化贡献中国智慧，提高中国在世界民法学研究中的话语权。

第四，有助于拓展民法学研究方法。现代化已然成为学术研究的范式之一，其与本土化、后现代化等范式相联系而又有所区别。另一方面，对传统法文化的研究涉及哲学、社会学、文化学等诸多交叉学科，推动了民法学交叉学科研究方法的发展。

第五，有利于实现人民群众对良法善治的美好期待，充分发挥传统法文化的引导和教化功能。"中华传统优秀文化是中华民族的文化根脉，其蕴含的思想观念、人文精神、道德规范，不仅是我们中国人思想和精神的内核，对解决人类问题也有重要价值。"[2]中国传统民法文化是中华民族集体智慧的结晶，以中华优秀传统法文化为根基的民法典，体现了人文关怀理念，容易使民众对民法典形成法治认同感，引导民众养成自觉守法的意识和习惯，使民法典成为治理国家的良法重器，充分发挥民法典的实效性功能。

## 第三节 逻辑思路及主要研究内容

### 一、逻辑思路

中国传统民法文化的现代化是复杂的系统工程。从静态来考察，它体现为民法文化自身的现代化；从动态来考察，它体现为现代化的中国民法精神、理念以及规范在民事生活中的贯彻和实施。因此，本书从域外民法文化与中国传统民法文化的不同本质入手，以中国传统民法文化与域外民法文化的整合为主线，将静态研究和动态研究相结合，按照抽象到具体的逻辑思路，深入分析中国传统民法文化创造性继承的现代化之路。

### 二、主要研究内容

囿于中国传统民法文化所形成的社会背景，占主导地位的自然经济、极

---

〔1〕 习近平：《深化文明交流互鉴，共建亚洲命运共同体》，载《习近平谈治国理政》（第3卷），外文出版社2020年版，第469~470页。

〔2〕 习近平：《自觉承担起新形势下宣传思想工作的使命任务》，载《习近平谈治国理政》（第3卷），外文出版社2020年版，第314页。

权专制的政治基础、重义务轻私权的法治观念导致在中华法系传统法文化有其自有的特点。因此，不能完全用西方的法律发展模式与近现代的民法观点去衡量我国古代的民事法律制度。正如习近平总书记对传统文化所作的重要指示："传统文化在其形成和发展过程中，不可避免会受到当时人们的认识水平、时代条件、社会制度的局限性的制约和影响，因而也不可避免会存在陈旧过时或已成为糟粕性的东西。"[1] 只有在反思、批判和扬弃中国传统民法文化以及借鉴、吸纳域外民法文化的基础上，才有可能建立起与现代社会发展相适应的中国特色民法文化。中国传统民法文化最终实现了华丽蜕变，成为中国民法典的法文化根基并实现了制度化。

本书采用法律社会学的研究视角，聚焦中国传统民法文化的现代化主题，着眼于中国传统民法文化与域外民法文化的整合，运用"抽象继承法"归纳分析中国传统民法文化可供继承的"一般性"——包括理念、逻辑以及精神，突破了以往立法论侧重考察民法具体规则与制度的研究传统。以中国传统民法文化与域外民法文化的整合为主线，依次考察中国传统民法文化现代化的实践探索、动力机制、边界需求、价值理念以及法典化表达等内容。两种文化整合的逻辑原因及边界限度为本书研究的重点兼难点；中国传统民法文化现代化的价值理念是本书研究的核心内容；中国传统民法文化现代化的法典表达为本书研究的落脚点。主要包括以下七章研究内容：

第一章，绪论。包括论题解读、研究背景及意义、逻辑思路与主要研究内容、研究方法等。本章为本书的基础内容，意图为读者勾勒出本书的研究轮廓。

第二章，民法文化与中国传统民法文化。该部分属于基础性、原理性研究，在解读两种文化的基础上分析两种文化的异质性。在对中华法系等问题的分析中，重点论证存在中国古代传统民法，为下文的研究提供理论铺垫和语境前提，并由这一问题过渡到对中国传统民法文化独特气质的研究上。本章通过研究得出以下结论：（1）中国古代虽然不存在形式意义的民法，但存在实质意义的民法，这符合马克思主义的唯物史观，也符合中国古代的国情、社情和民情；（2）不同的社会土壤孕育了两种异质性的民法文化；（3）在儒

---

〔1〕 习近平：《努力实现传统文化创造性转化、创新性发展》，载《习近平谈治国理政》（第2卷），外文出版社2017年版，第313页。

家思想为指导的中华法系的浸染下，中国传统民法文化形成了以儒家人本主义为核心的私法气质，并体现在实质意义的民法中。

第三章，中国传统民法文化现代化的历史进路。在上一章基础理论研究的前提下，本章以中国传统民法文化与域外民法文化的整合为切入点，就中国传统民法文化现代化进行历史实证考察，按照历史时间脉络梳理中国传统民法文化的近代转型和现代重构。在这两个不同的历史阶段中，中国传统民法文化与域外民法文化的整合呈现出不同的样式。本章在掌握第一手历史资料的前提下探讨整合两种不同文化的路径，为第四章和第五章的写作提供逻辑前提。本章通过证实研究，形成以下观点：中国传统民法文化的近现代化转型和重构以中国传统民法文化与域外民法文化整合为中心，是对中国传统民法文化进行改造的过程，最终走上了现代化之路。

第四章，中国传统民法文化现代化的动力机制。本章也是对中国传统民法文化与域外民法文化整合的逻辑原因的研究，以第三章的结论为写作逻辑起点，为本书的重点兼难点性章节。本章以两种不同民法文化何以能够整合为研究范式，结合第二章内容，进一步比较分析两种不同民法文化的价值理念。文章认为两种不同民法文化之所以能够整合既源于其文化本质特性，更源于两种异质性文化的某些价值理念和价值诉求类似，存在整合的联结点。本章通过考察分析，得出以下结论：（1）中国传统民法文化与西方民法文化虽为异质文化，但同根源于普适的经济基础，蕴含人类社会共通的价值追求，为两种文化整合提供了可能性；（2）儒家伦理与现代民法价值、中国传统民法文化的价值诉求与现代民法的社会本位是中国传统民法文化与域外民法文化的联结点，也是两种文化联结的现实性基础；（3）两种文化本源于文化的本质逻辑顺延整合的必然性。本章所得结论为下文各章节的写作提供理论素材。

第五章，中国传统民法文化现代化的边界需求。本章围绕两种不同民法文化整合应注意的问题展开分析。通过第三章和第四章的分析，两种文化的整合既具有理论上的可操作性，又经过了成功实践的检验，保障中国传统民法文化现代化顺利进行。但任何事物都有两面性，两种文化的整合也应坚守一定的底线，必须确保经过创造性继承后的中国传统民法文化的"底色"不变。因此，在两种文化的整合中应采取科学合理的方法并遵守一定的原则。本章通过研究得出以下结论："抽象继承法"区分继承对象的"一般性"和

"特殊性"，符合对文化这种高度抽象现象的继承要求；两种文化的整合需坚守本土论、文化自信，并以法治认同感为助力。

第六章，中国传统民法文化现代化的价值理念。本章是关于中国传统民法文化现代化的重要参照标准的论述。根植于中华优秀传统文化的社会主义核心价值观是对中华优秀传统文化的升华，也是检验和鉴别中国传统民法现代化的重要标准。本章节为本书的核心章节之一，主要从立法目的的角度考察社会主义核心价值观与民法典的关联性。研究内容包括：社会主义核心价值观是对中国传统民法文化的升华，社会主义核心价值观融入民法典的逻辑机理以及社会主义核心价值观作为目的解释的示例实证分析。经研究分析，得出如下结论：社会主义核心价值观彰显中华文化自信，是对中国传统民法文化的升华，为民法典的精神内核；社会主义核心价值观三个层面的核心价值观均融贯于民法典；社会主义核心价值观有别于民法典的基本原则，与基本原则形成指导与被指导的关系；在民法典的司法适用中，社会主义核心价值观可以作为目的解释的依据。

第七章，中国传统民法文化现代化的法典表达。本章为重要章节之一，基于上文的研究内容，本章就中国传统民法文化在民法典中散发的现代光辉进行实证分析。通过对民法典全部条文的梳理发现：中国传统民法文化在宏观和微观两个层面影响着民法典。在宏观层面，影响着民法典的立法指导思想、立法目的以及立法理念；在微观层面，直接体现在民法典的规范或者具体制度中。

# 第四节　主要研究方法

中国传统民法文化的现代化不仅是中国传统民法文化发展的态势与事实，更是民法研究的基本进路，其不仅是社会文化的转变，在学术研究的视角下也是一种研究的范式。本书主要采用法律社会学的视角：法律文化作为整体文化价值意义的符号，它所内蕴的精神是由文化的价值所决定的因此，两种法律文化的整合并不是单纯的法律问题，而是与中国法律文化的整体价值取向紧密关联，体现了社会中不同个体以及个体和社会之间的不同关系。文化现代化的研究是复杂性和综合性的庞大课题，所涉领域非常广泛，因此，对传统民法文化的研究不应拘泥于某一学科。本书采用综合性和交叉性的研究方法，涉及哲学、社会学、政治学、历史学、法史学、法理学、民法学、比较法学等相关领域，在研究思路、内容上均具有一定的交叉性、综合性。具体研究方法如下：

第一，历史研究和法学研究相结合的方法。本书以历史时代为经，以法学问题导向为纬，通过回顾清末民初以及新中国成立后的数次民法法典化运动，总结中国传统民法文化发展轨迹。不仅着眼于对民事法律规则与制度表象的形式进行考察，更探讨其内蕴的法文化价值诉求与法文化秩序原理。将中国传统民法文化置于其所属的社会、政治、经济的历史脉络中加以研究，中国传统民法文化在百余年的历史长河中，实现了创造性转化和创新性发展，并升华为社会主义核心价值观融贯民法典。

第二，马克思主义的理论逻辑、历史逻辑和实践逻辑相统一的整体论方法。历史逻辑是理论逻辑建立的基础，经实践检验并推动理论的发展。民法典是中国传统民法文化现代化的形式理性，在中国特色社会主义法律体系中具有重要的地位，建立在中国国情之上、扎根于历史实践发展的土壤中，汲取了5000多年的中华优秀传统文化，是中国人民长期奋斗的历史逻辑、实践逻辑、理论逻辑的必然结果，具有鲜明的中国特色、实践特色和时代特色。

第三，法教义学研究方法。社会主义核心价值观作为《民法典》的立法目的，具有目的解释功能，本书以《民法典》第184条为例，运用文义解释、目的解释等法教学研究方法，探讨社会主义核心价值观在民事救助条款中的运用。

第四，历史研究和比较研究相融合的方法。在中国传统民法文化的近代转型与重构的宏观视野中验往证今，坚持"以史为鉴"的原则本书在回顾清末民初的民法典法典化运动的历史轨迹之外，也比较了一个多世纪以来中国传统民法文化的近现代转型，探寻对中国传统民法文化的创造性继承的新路径，是中国传统民法文化现代化的历史基础。

# 民法文化[1]与中国传统民法文化阐释

文化以及法律文化的本质决定民法典必然内蕴法文化因素。在法律文化的体系中，域外民法文化因其最理性的精神指引和最有效的行为模式成为法律文化的基础和最具有代表性的文化形式。西方社会公私法的划分、商品经济和市民社会的发展、民主政治体制以及自然法哲学的蓬勃兴起为西方民法文化的产生提供了丰富的养料，形成了以自由、平等、私权神圣为核心的私法品质，并以民法典作为其形式理性。在经济基础、政治氛围、文化风格完全不同的古代中国，在儒家思想为指导的中华法系的浸染下，中国传统民法文化形成了以儒家人本主义为核心的私法气质，并存在于实质意义的民法中，以其独特的价值理念和精神风貌维系封建社会的运转。

## 第一节　民法文化阐释

文化在本质上是一种主体的生活样式，在社会实践的过程中产生，由一套价值体系、行为标准以及具体行为构成。法乃文化的一种，民法也是文化的产物。

### 一、民法文化的产生

法律文化是人类在长期的社会实践中逐渐形成的，一种群体性的具有一定的价值观或者精神因素的社会文化现象，是人类选择社会生活模式的一种心智活动成果。"正是人类经由学习而获得的那些能够告知他们在不同的情势

---

〔1〕　本书的民法文化即域外民法文化，为了简化本书简称"民法文化"。

中，什么是正确的行事方式和什么是错误的行事方式的规则，才使得人类不断增强了与日益变化的情势相调适的能力，尤其是与本群体中的其他成员进行合作的能力。因此，一种独立于这类行为规则的单个个人而存在的行为规则传统，开始调整和支配人们的生活。"〔1〕在法律文化的体系中，民法文化因其最理性的精神指引和最有效的行为模式成为法律文化的基础和最具有代表性的文化形式。正如英国法史学家梅因所说：民法文化是现代法律文化的典范。民法文化"以市民社会和政治民主为前提，以自然法思想为哲学基础，以民法特有的权利神圣、身份平等、私法自治之理念为内涵，运作于社会生活而形成的、社会普遍的心理态势和行为模式"。〔2〕通过研究民法文化，有利于从更深的层次把握民法现象，深悟民法形式理性和价值理性之间的关系。民法典仅是一国民法文化的形式理性，若民法典中没有负载价值，法典也仅能徒具其形。价值需要载体，法典需要思想，两者完美联结方能使民法文化由观念走入生活，由理念变为现实。因此，民法典仅为民法文化的形式理性，绝非其魂魄之所在。不尊重人的意志、不平等的民法典，不是民法精神的产物，而是异化的畸形儿。民法典的编纂离不开优秀民法文化所给予必要的价值理念支持，一部好的民法典也会加深人们对民法文化的理解。从文化视阈来看，在民法典的制定过程中以民法文化的基本价值和理念净化传统文化，从而建构了一种融传统文化与域外民法文化于一体的、具有本国特色的新型的民法典，便于我们从更广域的文化视角审视中国传统民法文化的现代化。

　　探讨民法文化理论，不可回避与民法密切相关的"私法"概念。在许多国家的立法例中，民法与私法这两个法律术语有时作为同义词而使用。〔3〕对私法的研究有助于深刻理解民法和民法文化的成因，是解析民法文化乃至民法典所包含的文化因素的重要基础。"近年来，国内诸多学者已开始认识到重提这一划分重要性，而民法必然是澄清这一问题的最大的获益者。"〔4〕公私法的划分、商品经济和市民社会的发展、民主政治、自然法思想为民法文化的形成提供了经济、政治以及文化土壤。

---

〔1〕　[英]冯·哈耶克：《哈耶克论文集》，邓正来选编译，首都经济贸易大学出版社 2001 年版，第 605~606 页。

〔2〕　转引自江平、苏号朋：《民法文化初探》，载《天津社会科学》1996 年第 2 期。

〔3〕　[德]迪特尔·施瓦布：《民法导论》，郑冲译，法律出版社 2006 年版，第 3 页。

〔4〕　苏号朋：《民法文化：一个初步的理论解析》，载《比较法研究》1997 年第 3 期。

（一）公法私法的划分

学界对公法与私法的划分标准存在利益说、隶属说、主体说、法律关系说、意思说等争议。[1]尽管在划分标准上存在争议，但自古罗马法以来人们普遍承认公私法的划分方式。乌尔比安的利益说逐渐成为通说，并在其巨著《学说汇纂》中进一步指出：法律有的以保护公共利益为目的，有的以私人福祉为目的。公法常见于宗教事务、宗教机构与国家管理机构中。[2]罗马帝国皇帝查士丁尼在《法学总论——法学阶梯》中进一步明确这一划分方式："法律学习包括两部分，即公法与私法。公法服务罗马帝国的政体，私法则服务个人利益。"[3]不管对公法与私法的划分采取何种标准，可以肯定的是，公法关系中的主体地位是不平等的权力关系，主要体现国家的利益，而在私法关系中，主体地位是平等的自主关系，体现了私人的利益。公法与私法的划分与当时的经济背景密切相关，罗马社会商品经济的发展为私法的诞生提供了丰厚的经济土壤。当时的罗马社会中存在着"二元制"的立法体例，市民法主要在高贵的罗马市民中适用，而外来的人员则适用万民法，以此区分罗马市民与外来居民不同的身份，这种划分在根本上体现了政治国家和市民社会两种不同的社会关系。市民法主要以公法为主，来源于民众大会、元老院决议和习惯法规范等，万民法意为"各民族共有的法律"，内容与所有权和债法有关，来源于清除了形式主义的罗马固有的"私法"规范以及同罗马人发生联系的

---

〔1〕 如利益说，又被称为目的说，是古罗马法学家乌尔比安所创，主张按照法律所保护的利益的不同来划分公法和私法，公法保护国家利益，私法保护私人利益。但公益、私益之明显区分不易，甚至有行政行为同时具有公益与私益者，两者难以区分，因此不具操作可能性。故很多学者认为此区分标准不妥；隶属说由德国学者拉邦德所倡导，认为公法在本质上调整的是隶属关系，而私法在本质上调整的是平等主体关系；主体说，顾名思义，在划分标准上采法律关系主体，认为只要法律关系的主体，不管一方还是双方，只要有国家甚至国家所属的公共团体的都为公法；相反，如果法律关系的双方主体均是私人的则为私法。但对于现代国家有许多行政行为，是透过私法行为来达成，因此造成此说之不适用；意思说认为规定权力者与服从者的意思的为公法，规定平等者的意思的为私法；主体说认为适用于国家权力机关的法律是公法，而对任何人都适用的法律是私法，这种学说的缺陷在于忽略了大部分的法律其实是可以同时适用于国家和个人的；法律关系说为德国旧时通说。以法律规范的法律关系为判断分类标准。认为若双方当事人间有上下级服从关系，即有一方需要服从于他方，这种关系即为公法关系，规范这种公法关系的法律就是公法，若当事人之间处于平等关系则为私法关系，调整这种关系的法律规范就是私法。这种分类标准虽然能说明何以在公法关系中应该对国家的优越地位及其权力手段加以更多的防备，但却无法说明私法上亲权行使的情形。

〔2〕 [意] 彼得罗·彭梵得：《罗马法教科书》，黄风译，中国政法大学出版社1992年版，第9页。

〔3〕 [罗马] 查士丁尼：《法学总论——法学阶梯》，张企泰译，商务印书馆1989年版，第5~6页。

其他各民族的规范、地中海商人通用的商业习惯与法规等。在罗马法体系中，相比于市民法，万民法是较为成熟与发达的部分，构成了后期罗马法的基本内容。公元前 3 世纪后，万民法的原则适用到市民法，罗马帝国内部公民与非公民的区别逐渐消失，原先适用于不同法律主体的市民法和万民法之间的区别也失去实际意义。罗马非公民取得市民权后，万民法与市民法在内容上逐渐接近、融合。公元 212 年，卡拉卡拉大帝将罗马市民权普遍赋予罗马居民，市民法和万民法实现合流，并以市民法指称罗马法，在查士丁尼法典颁布后，两者最终被统一起来。

　　调整主体具有平等性以及维护私人利益为私法的显著特点，这些均建立在商品经济基础之上。一方面，商品经济的发展需要交易主体对自己交换的财产拥有所有权，能自由支配和行使权利，否则商品经济的交换将失去意义。另一方面，要求公平、平等的交易环境，"交换，确立了主体之间的全面平等"。[1]因此，商品经济的内在需求促使交易主体彼此间形成维护契约自由、主体平等、保护所有权的交易观念。这些交易观念对私法规范自主性的形成具有重要影响。随着罗马社会中不同主体之间商品交易活动的展开，主体之间形成的交易观念在商品交换中发挥重要作用。同时由于在罗马共和国的发展历程中，统一的中央集权国家欠缺权威性，导致其公法发展不足，但其私法部分却借助地中海沿岸的商品经济得以昌盛繁荣。不同的商品交换主体根据具体的交易习惯产生了一系列交易规则，这些交易规则不是建立在政府调控之下，而仅仅是私人实践活动的产物。"商人们自发地聚集在一起，商定共同的游戏规则，商业法律由此诞生。它没有得到国家的认可，完全是自行产生，自我裁决并强制实施，就像一个俱乐部的规章制度一样。"[2]地中海商人通用的商业习惯与法规成为万民法的法源，直接决定了私法的法律规范的任意性特征。17 世纪至 18 世纪欧洲商品经济迅猛发展，私法获得新的生命力，同时受中央集权国家政治环境的影响，公法的影响力逐渐增强，公法与私法的划分逐渐成为划分法律体系的基本结构形式。自 19 世纪《法国民法典》的编纂至 20 世纪末《德国民法典》的诞生，这一过程中公私法的划分得到广泛

---

〔1〕　佟柔主编：《民法原理》（修订本），法律出版社 1986 年版，第 3 页。

〔2〕　［美］麦特·里德雷：《美德的起源：人类本能与协作的进化》，刘珩译，中央编译出版社 2004 年版，第 221 页。

适用。"十九世纪末，当法学家们开始认真研究现实的法律规范和制度时，公私法划分就成为他们重建法律制度的基础。"[1]在资本主义高度发达的商品经济的滋养下，私法体系日臻完善逐渐成为社会生活中的一种文化现象。

民法作为一种文化现象，其生成和确立经历了较长的历史过程。民法文化产生于具有强大生命力的民法制度中，民法文化的孕育发展离不开民法。古罗马社会发展相对比较完备的罗马私法为其提供了可能性和机会，罗马法一般被认为是现代民法的起源，"作为'商品生产者社会的第一个世界性法律'的罗马法适应当时简单商品经济的需要，已开始在一定范围内确认了主体间的平等与法律行为的自愿性，初露民法文化的端倪"。[2]伴随着罗马法的衰败以及复兴的历史轨迹，直至《法国民法典》颁布，民法文化正式确立。民法文化作为法律文化中的基础性文化类型，既具有文化的一般属性，也具有自身的独特品质，私法的自由、平等、权利观念等对民法文化独特品质的形成具有深刻的影响。江平先生对民法文化"以市民社会与政治民主为前提，以自然法思想为哲学基础"[3]的界定，揭示了民法文化产生的经济基础、政治基础以及文化基础。

（二）商品经济和市民社会是民法文化诞生的经济基础

罗马人民通过智慧和勇悍建立了横跨欧亚非三大陆的极为强盛的罗马帝国，随着商品经济的发展，市民阶层应运而生。当时的贵族阶层开始重视商品经济，罗马政府通过开放口岸降低税收等政策，进一步刺激了贸易交流和工商业的发展。基于庞大的交换需求，市民阶层急需建立一套平等保护人身和财产关系的法律规范，保证商品交换的顺利安全进行，维护自身利益，对抗封建经济对商品经济发展的藩篱。在简单商品经济的基础之上孕育了当时最完备的罗马私法体系，因为独立、平等和自由是交换的基础，只有主体在人格独立和平等、自由的前提下才能让渡自己的财产，"交换，确立了主体之间的全面平等"。[4]罗马法对简单商品经济模式下一系列重要的财产关系，如买卖、契约与借贷均有着极为详细和明确的规定，这充分说明罗马帝国坚实的商品经济沃土孕育了罗马法和民法文化。当然，罗马法促

---

[1] [美]约翰·亨利·梅利曼：《大陆法系》，顾培东、禄正平译，知识出版社1984年版，第109页。

[2] 江平、苏号朋：《民法文化初探》，载《天津社会科学》1996年第2期。

[3] 江平、苏号朋：《民法文化初探》，载《天津社会科学》1996年第2期。

[4] 《马克思恩格斯全集》（第46卷·上），人民出版社1995年版，第197页。

进工商业发展的法律规定进一步刺激了商品经济的发展和文化的繁盛。

罗马帝国商品经济与"市民社会"有着密切的关系，市民社会是一个充满交换的社会，是"由市民的相互交往而建立的组织以及各种设施的总和"。[1]市民为市民社会的主体，对罗马法的产生具有至关重要的作用。此处的"市民"和现代词语不同，并非指代一般意义上的居住于城市的人，而侧重从与商品经济之间的关系角度界定其内涵。即市民是指基于商品交换从而依附于商品市场的主体，是当时罗马社会的一个阶层，正是这个阶层对商品交换的平等和安全需求刺激了罗马法的产生。市民是一个诞生于商品经济大潮中的"经济人"，以保护自己的财产和追逐私利为社会行为目的，任何一种所谓人权都没有超出利己主义的人，没有超出作为市民社会的成员的人，即作为封闭于自身、私人利益、私人任性、同时脱离社会整体的个人的人。自利是基于人性的理性分析，自利不同于自私，在本质上承认人的价值。尽管强调自己的利益，然而从理性出发，尤其是从"己所不欲，勿施于人"的道德观念出发，自利随时为了改进个人利益而与他人利益作出相应的妥协。只有那些自私的人还停留在蛮夷人的状态。[2]如果这部分主体在社会交往中毫无利己，那么也不会产生以自由、平等、诚信、维护权利等为内容的私法，私法又以法律的形式确认个人追求利益的正当性，作为法律基础的个人利益正当性观念在初期的民法文化中形成。

（三）民主政治是孕育民法文化的政治基础

对任何法律文化现象的考察都不能脱离经济和政治基础。在古罗马社会，随着商品经济的发展，市民阶层的力量逐渐强大，形成了以契约关系为纽带的经济、社会活动的私人领域和由社会团体、组织所构成的民间公共领域。市民社会在与国家权力的长期互动以及冲突、交流和合作中存在。进入奴隶制之后，罗马社会经历了王政、共和与帝制时期。即便在帝制时期下，也并未施行专制统治。[3]其中和私法产生有重要关系的是罗马共和国时期的裁判官和民众大会。裁判官是共和国时期重要的专职之一，接替了执政官与民事司

---

〔1〕　江平、苏号朋：《民法文化初探》，载《天津社会科学》1996年第2期。在该文中，作者进一步分析了对市民社会的不同理解，指出马克思借用了黑格尔"市民社会"的概念，并根据市民社会和政治国家的关系对市民社会作了两种理解。作为历史范畴的市民社会指人类社会的一个特定发展时期。在这个时期，存在着个人利益发展到阶级利益的过程，此点与市民法无关。作为分析范畴的市民社会，是对私人活动领域的抽象，是与作为公共领域的抽象的政治社会相对应的。

〔2〕　汪丁丁：《经济发展与制度创新》，上海人民出版社1995年版，第129页。

〔3〕　苏号朋：《民法文化：一个初步的理论解析》，载《比较法研究》1997年第3期。

法权有关的职责。随着社会发展，裁判官的职能划分越发精细，由专门负责审理当事人都是罗马市民的案件的城市裁判官，和审理当事人中至少有一人为异邦人的案件的外事裁判官组成。民众大会由全体市民组成，每个市民都有表决权，另外还存在平民会议，在一定程度上将立法权赋予民众中的最卑微的平民，保证了市民权利的享有，对于民法文化的产生至关重要。《李其尼·赛斯蒂法》彻底满足了平民的经济要求与政治要求：在每一年中，执政官中必有一人为平民护民官，逐渐演化为平民有权担任所有执法官的职务。[1]元老院作为国家的权力机构，尽管在帝制时期势力有所减弱，但仍然存在，并与元首形成牵制之势，所以罗马帝制仍为一种开明统治，并没有在政治上施行高压政策。[2]需要指出的是，在奴隶制的古罗马时期，政治权力的膨胀与扩张导致对私权的挤压与限缩，通过罗马市民的不懈争取，市民权利对政治权力的行使形成了一定的牵制，为市民社会充分和完善发展提供了政治氛围，这是民法文化得以发展和成熟的不可或缺的政治前提。

（四）自然法思想是民法文化产生的哲学基础

法律文化现象的发展离不开哲学思想的滋养，这是某种法律文化精神形成的重要的思想基础，民法文化亦然。自罗马法以后，诞生于 19 世纪的《法国民法典》以及 20 世纪的《德国民法典》均以自然法思想为精神指导。其主要代表人物有荷兰的格老秀斯，英国的霍布斯、洛克，法国的孟德斯鸠、卢梭，德国的普芬道夫和意大利的贝卡里亚等人。[3]自然法学派的历史可以追溯到古希腊的斯多葛学派，[4]该学派创始人芝诺被认为是自然法理论的真正奠基者。该学派主张世界理性决定社会万物的发展，自然统领宇宙的准则，

---

〔1〕　[英]巴里·尼古拉斯：《罗马法概论》（第 2 版），黄风译，法律出版社 2004 年版，第 8 页。

〔2〕　苏号朋：《民法文化：一个初步的理论解析》，载《比较法研究》1997 年第 3 期。

〔3〕　虽然这一学派内部在观点上存在诸多差异，如在政权形式上，卢梭主张民主共和国制，洛克、孟德斯鸠主张君主立宪制，霍布斯主张君主专制；在国家与人民的关系上，洛克主张国家不得侵犯自然法所赋予的个人权利，而霍布斯却认为国家权力至上；在自然法与人的理性或本性的关系中，格老秀斯认为人的本性在于人的社会性，霍布斯却主张人的本性是利己的，普芬道夫则中和了格老秀斯和霍布斯的主张，认为人的本性兼有利己主义和与人和平交往两个方面等。但是他们都从自然法理论角度对法律及政治的结构作批判性的评价，因此形成了一个完整意义的主流学派。

〔4〕　斯多葛学派又被称为斯多亚学派或斯多阿学派，是塞浦路斯岛人芝诺（Zeno）（约公元前336—约前264年）于公元前300年左右在雅典创立的学派，由于学派创始人芝诺（Zeno 非巴门尼德学生芝诺），通常是在雅典集会广场的廊苑聚众讲学，故该学派称为画廊学派或斯多葛学派（英文 stoic，来自希腊文 stoa；原指门廊或画廊，后专指斯多葛学派），斯多葛学派是希腊文化时代影响极大的一个思想派别。

但这种规则也是理性的，他们坚信宇宙间存在着建立在亘古长存的人类理性与宇宙理性之上的"神明的律法"。斯多葛学派认为，全宇宙都受到"神明律法"的管制，自然界的一切发展和变化都是有规律的、是符合理性的，人类社会也是有理性的，各国的法律条文只不过是模仿大自然法则的一些不完美法条罢了；该学派还主张人同自然界一样都产生于最高的理性，从而得出人人平等的结论。理性与平等是斯多葛学派最为重要的概念之一，被认定为是遍及宇宙的一种"神明律法"，是法律与正义的根基，"其核心是强调神法和理性法的无上权威，以及他对人类制定法的支配力，强调法律所应当体现的公平和正义，强调法律对当事人的自然权利的保护"。[1]斯多葛学派的自然法思想被罗马法学者吸收，古罗马的西塞罗第一次系统阐述了理性主义自然法理论，认为自然法在本质上是正确和理性的，这种理性是自然所赋予的，所以人应服从于自然。西塞罗将这种思想融入罗马法律制度中，对罗马法文化产生了重要的影响。

随着 17、18 世纪在欧洲兴起的反封建启蒙运动和革命斗争，自然法学派[2]得到长足发展，他们一方面继承古代、中世纪的自然法思想的部分内容，强调自然法是永恒和普遍适用的，并将自然法与抽象的正义观念并列。但两者也存在很大差别，在内容上，古典自然法学说强调人的理性、人性、正义、自由、平等，认为根据自然法，可以制定出详尽的、普遍适用的法典；而古代、中世纪的自然法思想则强调自然和宇宙的理性，特别是神的理性或意志，依附于神学，强调人的义务，并将自然法归结为少数几条道德箴规或宗教戒律。古典自然法哲学将人从中世纪宗教神学的统治中解放出来，在法学研究中以自由、平等、理性等抽象价值构建自己的理论体系，并在欧洲兴起了大规模的法律改革运动，《普鲁士腓特烈大帝法典》《法国民法典》《德国民法典》《瑞士民法典》等以此为哲学基础，通过赋予其效力范围内所有人以一定的自由、平等和安全，贯彻了古典自然法学派所提出的某些基本要求。[3]19 世纪

---

〔1〕 何勤华：《西方法学史》，中国政法大学出版社 1996 年版，第 6~7 页。

〔2〕 为了与古代、中世纪或 20 世纪的自然法学说相区别，并表示自然法学说在 17、18 世纪最为盛行，这一时期的自然法学派被称为"古典"自然法学派，主要代表人物有荷兰的格老秀斯和斯宾诺莎，英国的霍布斯和洛克，意大利的贝卡里亚，德国的普芬多夫和沃尔夫，法国的孟德斯鸠和卢梭等。

〔3〕 〔美〕E. 博登海默：《法理学：法律哲学与法律方法》，邓正来译，中国政法大学出版社 1999 年版，第 63~64 页。

末 20 世纪初，新自然法学派兴起，[1] 修正了古典自然法学派的某些哲学思想，但自然法中的平等、自由理念已融入民法典，进一步滋养着民法文化。

## 二、民法文化的品质

市民社会的商品经济发展的需求与自然法学派的哲学思想中都蕴含着平等、自由、保护私权等观念，为民法文化提供了丰厚的土壤。民法之所以成为一种文化现象，并在社会生活中历久弥坚影响深远，与其所包含的自由、人格平等、私权神圣的理念密切相关，[2] 理念属于观念的范畴，吸收了人类优秀的文化精华，来源于制度但非制度本身，而是以观念的形式根植于人心，最终形成了指引人生活的行为模式。民法文化以对人的终极关怀为价值理性，以民法典为形式理性，以其"对人类发展提供最理性的精神指引和为权利事实提供最有效的行为模式，成为人类社会整个法律文化构造中的基础"。[3]

（一）民法文化以人格平等、自由和私权神圣为理念

1. 平等理念

平等体现着人与人之间的关系，是人类社会文明进步的标尺。法律面前人人平等几乎是世界各国宪法中确认的基本原则，是区分法治社会与人治社会的主要标志。法治社会贯彻人人平等的基本原则，《世界人权宣言》指出："人人生而自由""在尊严和权利上一律平等""人人有资格享受本宣言所载的一切权利和自由，不分种族、肤色、性别、语言、宗教、政治或其他见解、国籍或社会出身、财产、出生或其他身份等任何区别"。从法律角度看，平等包含着诸多内容，以主体资格平等为核心内容，并在此基础上延伸出身份平等以及权利平等。

主体资格平等是罗马法市民社会商品经济发展的前提，只有主体享有平等的人格，即享有平等的权利能力，才能以独立的个体参与商品交换促进工

---

[1] 新自然法学派与 17、18 世纪的古典自然法学派不同，新自然法学派不主张探索永恒的自然正义，认为应当寻求可以适应现实环境的理想标准，即主张内容可变的自然法，倡导阶级调和。

[2] 民法在其千余年的发展史中，究竟孕育了几种理念，各说不一。有的认为民法有三大原则：私权神圣、契约自由和过错责任。有的认为有四个基本原则，即权利能力平等原则、私法自治原则、个人财产权重原则和过失责任原则。还有的认为有两个原则，即私权神圣和意思自治。有的认为是私权神圣、身份平等和意思自治，而过错责任则可归入意思自治之中。参见苏号朋：《民法文化：一个初步的理论解析》，载《比较法研究》1997 年第 3 期。

[3] 王利民：《论法律文化与民法文化》，载《法治研究》2010 年第 8 期。

商业经济发展。但是罗马帝国时代的平等与现代法意义上的平等有所差别，当时奴隶制的生产方式决定奴隶只能被视为商品交换的客体，"在希腊人和罗马人那里，人们的不平等的作用比任何平等要大得多"。[1]所以古罗马时代最初的市民法上的"平等"充其量是一种带有不平等因素的身份法，仅那些具有市民身份的社会成员，才有资格在其内部享受权利的平等。这遭到了平等意识觉醒的民众的激烈反对，一定程度上严重阻碍了商品交换的发展。公元212年，卡拉卡拉大帝将市民资格赋予罗马帝国境内的全体居住人员的法治改革，标志着"属人主义"的破产，消除了罗马社会中万民法与市民法的区别，市民法与万民法的合流使每一个居民都能平等享受法律的保护，即便是作为法律关系客体存在的奴隶，也有权通过解放自由人制度取得主体资格。"民法的民事权利能力、民事行为能力制度就是确立市民社会主体的这种适应商品经济需要的平等人格。自然人制度如此，近代民法创立的合伙制度如此，现代民法创立的法人制度也如此。"[2]

民事权利能力平等保证个体或者团体以独立主体身份参与社会交往活动，民事权利能力又被称为主体资格能力。平等观念受自然法学派思想的影响，在古罗马以自然法学派代表人物西塞罗的平等观念最负盛名。他借助自然法则的普遍性原理推论出人类在法律上天然平等，他指出应当把一起享用自然法的成员看成是隶属于同一个国家的人们，法律对全体人员都应该是平等的，否则就违背了自然法，而自然法又是不可违背的。在"世界国家"这个大家族中，共同遵从"自然法"的人，无论他原来的国家、种族、社会地位如何相异，即使是奴隶，也应是"与上帝共同享有理性"的公民。[3]每个个体从出生（团体自成立时）就具有这种能力，是不可剥夺的，这是个人或者团体之所以能成为主体的根本和前提条件。早期古典自然法学派的平等观念摆脱了

〔1〕 恩格斯对此作了进一步的说明："如果认为希腊人和野蛮人、自由民和奴隶、公民和被保护民、罗马的公民和罗马的臣民（该词是在广义上使用的），都可以要求平等的政治地位，那么这在古代人看来必定是发了疯。在罗马帝国时期，所有这些区别，除自由民和奴隶的区别外，都逐渐消失了；这样，至少对自由民来说产生了私人的平等，……但是只要自由民和奴隶之间的对立还存在，就谈不上从一般人的平等得出的法的结论……"参见［德］恩格斯：《反杜林论》，载《马克思恩格斯选集》（第3卷），人民出版社2012年版，第481页。

〔2〕 刘凯湘：《论民法的性质与理念》，载《法学论坛》2000年第1期。

〔3〕 法学教材编辑部、《西方法律思想史》编写组：《西方法律思想史》，北京大学出版社1983年版，第61~62页。

罗马时代狭隘的适用空间，是法律赋予的对全体社会成员所适用的，后几乎所有的国家的民法典都对民事主体的平等权予以规定。[1]人格上的平等在内涵上主要指机会的平等或者形式上的平等，即为主体参与民事法律活动提供平等的机会，保证每一个参与社会活动的人都享有主体资格，通俗地说就是取得"入门券"。从另外一个角度讲就是身份上的平等和在法律面前享受权利的平等（当然也包含平等地承担义务），平等应当是人格平等、身份平等和权利平等的统一。从法学理论上看，平等有形式平等和实质平等之分。在民法文化中的平等仅仅为形式平等，是机会上的平等，使每个主体享有的权利和承担的义务都"相同"。而实质的平等则取决于经济实力和利益衡量等因素，然后按一定的标准对行为主体进行分类，对不同种类的主体给予差别对待。因写作需要，本书在此不做赘述，将在后文中详细论述。

2. 自由理念

自由，在私法范畴内主要是指私法自治或者意思自治，其与平等均为揭示民法文化这一具有深厚文化蕴意概念的重要因素。民法文化的形成和发展建立在私法基础上，故私法的精神直接决定民法文化的品质，"私法的精神主要表现在平等原则与意思自治原则，其中特别重要的是意思自治原则，即私法自治原则，如果一种私法不体现这两种精神，那么它只是形式上的私法，而不是实质上的私法，它只具有私法的躯干，而不具有私法的精神"。[2]

私法自治的理念最早来源于理性主义的哲学思想，其认为自由是天赋的，是不需要予以论证的。近代欧洲的主体自由观主要围绕"意志自由"展开，法国著名的理性主义哲学家笛卡尔以自由天赋的观念确立了心身二元世界观和物质体系。[3]"我们有意志的自由，在许多情况下我们具有可以任意地给予或撤销我们的同意的能力。这是如此的明显，以至于意志的自由必须算作是天赋于我们的一个最基本和最普遍的观念。"[4]理性主义哲学的意志自由，在

---

〔1〕 如《法国民法典》第 8 条规定："所有法国人都享有民事权利。"《德国民法典》第 1 条规定："人的权利能力自出生完成时开始。"我国《民法典》第 4 条规定："民事主体在民事活动中的法律地位一律平等。"

〔2〕 王涌：《私权的分析与建构：民法的分析法学基础》，北京大学出版社 2020 年版，第 57 页。

〔3〕 虽然在欧洲哲学思想上对自由观有不同的理解，形成了不同的哲学自由观，但是本书因写作需要，不对各种不同的观点进行评判，仅拣选对本书主题写作有关的观点。

〔4〕 [英] 尼古拉斯·布宁，余纪元编著：《西方哲学英汉对照辞典》，王珂平等译，人民出版社 2001 年版，第 395 页。

私法范畴内指民事主体的意思自治，指民法尊重当事人的选择，民事主体可以以自己的意志自由地从事民事活动，而不受他人的干涉。"只有在自己有意识的活动进程中，那种选择行为才能被称作自由。"[1]在罗马市民社会中，人们参与商品交换需要以独立的意志支配自己的行为，从而在交换的过程中实现利益的最大化。主体在进行市场交换，追求私利的同时必须作出妥协和让步，在彼此间达成意志一致的契约并遵守，意思自治在此表现为契约自由。其一，缔约的自由。民事主体可以根据自己的意愿决定是否缔约。其二，选择缔约对象的自由。选择谁作为契约相对方完全是民事主体自愿选择的结果，任何人不得干涉。其三，缔约内容与形式的自由。缔约双方当事人有权自主决定双方的权利和义务以及契约采取的形式。其四，变更和解除契约的自由。契约的产生是双方当事人协商的结果，因主客观原因导致合同履行产生困难时，双方可以自由协商予以变更和解除。作为国家意志的民法必定要将市民的这些要求纳入其中，并通过立法促进市民社会与市民行为的有序化。以市民社会为基础产生的民法，正是以保障民事主体在生存发展中享有充足的意思自治为目标，最终形成了民法文化的自由理念。经过几千年的发展，民法文化的自由理念已经渗透到人们的日常生活，并以民法典为载体亘古流传。平等观念在法、德等国的民法典均有体现，我国《民法典》更是在第5条直接规定了平等原则规定："民事主体从事民事活动，应当遵循自愿原则，按照自己的意思设立、变更、终止民事法律关系。"这是市民社会对法律的内在需求，是私法领域的重要原则，也是民法文化的重要理念。

3. 私权神圣理念

公权和私权的划分与公法和私法的划分相关，这一划分方式最早来源于古罗马法学乌尔比安，依据公法所享有的权力即公权，私法所保护的权利则为私权。私权，即民事权利，是人享有的最基本的权利。私权神圣指私权受法律保护，任何人和机构非经法律程序不得随意的剥夺和侵害，"诚实生活，不害他人，各得其所（有权）"[2]最早揭示了私权神圣理念。私权是人存在于世界的最基本权利，在这个意义上，我们所谈及的权利概念往往指的是私

---

［1］　［德］康德：《法的形而上学原理——权利的科学》，沈叔平译，商务印书馆1991年版，第29页。

［2］　［意］桑德罗·斯奇巴尼选编：《正义和法》，黄风译，中国政法大学出版社1992年版，第39页。

权，如果人连主体资格都不具备，又何谈参与社会生活，从这个角度讲，私权又是公权的源泉，是人民行使政治权利的前提。因此，在权利本位的社会里，公权是为保障和促进私权而设立的。但由于公权和私权保护的利益不同，两者又具有对立性，为了防止公权对私权的侵害，维护正常的市民社会，必须强调私权神圣。在民法领域，私权神圣主要包括人格权神圣和所有权神圣。民法的宗旨在于确认"人"的主体地位并赋予其财产权，进而维护市民社会的有序发展，主体资格的人格权与物质基础的财产权是不可或缺的两个条件。

人格权以人格利益为客体，人格是指人之所以为人必须具备的自然要素和社会要素的总和，包括生命、身体、健康、姓名、名称、肖像、名誉、隐私、信用、自由、尊严等。人格是法律赋予民事主体独立、自主享有权利、承担义务的法律资格，《德国民法典》将"人格"概念演化为权利能力。人格权包括自然人人格权与团体人格权。自然人的人格权神圣，指自然人的生命、健康、名誉、荣誉等权利受法律的充分尊重和保护，任何人不得侵犯，这是保障市民社会成员作为民事主体生存和发展的首要条件。无论是法人还是非法人组织都由单个自然人组成，团体与单个自然人的差别在于以组织体形式参与社会活动，是自然人参与市民社会的手段，所以团体的人格也是神圣的。就此而言，自然人的人格权为本源价值和终极意义，因此也有学者认为私权神圣中的人格权神圣仅指自然人人格权神圣，[1]这是市民社会发展的必然因素。在市民社会中的人首先应拥有主体资格，逐渐演化成为民法文化中私权神圣的重要内容。所有权神圣最初受到自然法学派天赋思想的影响，认为私有财产是天赋的，神圣不可侵犯。不论这种观点是否具有时代局限性，私权神圣不可侵犯的观念对民法文化的影响不可小觑。

（二）民法文化以对人的终极关怀为价值理性

民法典的形成是法律理性化的过程，民法的理性由价值理性和形式理性构成。形式理性以民法典为具象，而价值理性就是人文关怀理念。民法典的价值理性使民法承载着对民事主体的终极关怀，为民事主体的自由发展提供广

---

〔1〕　参见苏号朋：《民法文化：一个初步的理论解析》，载《比较法研究》1997 年第 3 期。在该文中作者认为从实质上讲，法人只是自然人更好地参与社会生活的一种方式而已，作为一个团体的权利义务的承受者只能是自然人，因为是自然人的意志决定了团体的行为。随着现代社会法人的扩张，自然人受到生存的威胁，有志之士已经开始考虑起如何去改造法人，重还自然人尊严的问题了。民法作为人法，更应以维护自然人的权利为重。

阔的空间。民法文化孕育于市民社会的丰厚土壤中，市民社会催生了简单商品经济，在商品交换活动中，市民在财产自由的前提下平等地缔结契约达到追求私利的目的，在此过程中催生了意思自治、契约自由等观念，并以法律的形式固定下来，"民法准则只是以法的形式表现了社会的经济生活条件"。〔1〕商品经济在民法发展中的地位固然不可替代，但并不能简单地将民法等同于财产关系。从事商品交换时以具备主体资格为最根本的前提，若不属于最基本的市民社会成员，何谈财产所有权和商品交换行为。在这个角度上，主体资格或者人的存在是财产关系产生的基础，在民法的整体发展过程中应关注对人的关爱和成长，"人性的首要法则，是维护自身的生存，人性的首要关怀，是对于其自身所应有的关怀"。〔2〕在民法中理应首先关注人的价值和人格发展，包括对人的尊严、自由和才能的尊重。罗马法虽然没有现代法上健全的人格权制度，并未充分体现对人的价值的尊重，但通过上文相关论述不难发现，罗马法已经萌生了对奴隶之外的自由民的关爱思想。文艺复兴推动了人本主义思想的跨越式发展，著名的思想家伏尔泰、孟德斯鸠的人权、平等和自由等理念不仅丰富了人本主义的内涵，也在不同程度上影响了近代民法人格权制度和自由原则的发展，经过康德的人性哲学思想的光芒照耀，人本主义的内涵和体系渐趋完善。对大陆法系民法典立法影响深远的《法国民法典》《德国民法典》等在立法思想上体现了民法的人文关怀理念，"《德国民法典》的精神基础是伦理学上的人格主义"。〔3〕人文关怀理念伴随民法制度的发展不断健全和完善，我国民法典将人文关怀理念作为法典立法的重要理念，实现了对人终极关怀的目标。强调民法的人文关怀就是要将个人的福利与尊严作为国家和社会的终极目的，而非作为实现其他目标的手段。现代化不再是单纯的经济现代化，更重要的是人自身的现代化。民法在特定意义上也被称为人法，作为保障民事主体的全面发展的最主要的法律形式，现代民法离不开人文关怀理念的保障。〔4〕

---

〔1〕　［德］恩格斯：《路德维希·费尔巴哈和德国古典哲学的终结》，载《马克思恩格斯选集》（第4卷），人民出版社2012年版，第259页。

〔2〕　［法］卢梭：《社会契约论》，何兆武译，商务印书馆1963年版，第9页。

〔3〕　参见［德］卡尔·拉伦茨：《德国民法通论》（上册），王晓晔等译，法律出版社2003年版，第45页。

〔4〕　王利明：《民法的人文关怀》，载《中国社会科学》2011年第4期。

（三）民法文化以法典化为形式理性

民法的价值理性体现为民法的人文关怀的价值理念，民法典的形式理性对民法价值理性的形成具有重要影响，前者使民法成为相对封闭和相对自足的体系，保障民法的纯粹性质，使民法免受道德、伦理、宗教和政治等因素的侵染而保有自己的个性，获得其作为日常生活规范的历久不衰的力量。[1]民法的形式理性彰显着民法的价值理性，是价值理性的介质。形式理性是现代法律特有的精神气质，特指民法典自身具备的体系完整、逻辑自洽、规范严密的理性品质。罗马法以《民法大全》为形式理性达到了法律安定的目的。德国著名社会学家马克斯·韦伯曾说，现代市民阶层对继受罗马法体展现出强烈的兴趣，但并不是基于对实体法律内容的偏爱，而是期望沿袭罗马法的形式化的特质，以此达成法律安定的目的。寻求法律安定最有效的办法便是将法律，尤其是习惯法系统地编写成法典，公之于世。在罗马法时代，民法文化成为市民阶层维护自身利益的利器，促进了商品经济的发展，到了近现代，实质理性和形式理性推动了民法典的发展。19世纪民法法典化运动如火如荼，民法典在市民社会中的规范功能也愈加全面与合理。法国、德国、瑞士、日本以及我国的民事立法都以民法典作为民法文化价值理性的载体。民法典的法典化受自然法哲学思想和人本主义哲学思想的影响，自然法哲学思想确认人的自然权利，坚信通过理性的力量可以将自然法的规则和原则纳入到法典中，供人类普遍遵守。在人文主义运动中，确立了尊崇人的理性观念，使人坚信法律可以构建在理性的基础之上，这种理性的动机引发了法律的变革，加速了理性与民法传统的结盟，推动了官方法典的编纂。[2]

# 第二节　中国传统民法文化

在世界文化史法系的类型划分中，中华法系是重要而独立的法系之一。世界上曾存在过多种法系，但在漫长的发展历程中或因融入其他法系而逐渐地消弭，或因国家灭亡而消失，或因其他复杂的原因而中断。唯有中华法系

---

〔1〕 肖厚国：《民法法典化的价值、模式与学理》，载《现代法学》2001年第2期。

〔2〕 ［美］艾伦·沃森：《民法法系的演变及形成》，李静冰、姚新华译，中国政法大学出版社1992年版，第144页。

历经数千年的发展，始终未曾中断。这种悠久性、完整性、系统性和典型性，是世界上其他法系所不具有的。[1]它是中华民法理性与智慧的结晶，体现了中国传统民法文化的博大精深，"我们的先人们早就开始探索如何驾驭人类自身这个重大课题，春秋战国时期就有了自成体系的成文法典，汉唐时期形成了比较完备的法典。我国古代法制蕴含着十分丰富的智慧和资源，中华法系在世界几大法系中独树一帜。要注意研究我国古代法制传统和成败得失，挖掘和传承中华法律文化精华，汲取营养、择善而用"。[2]当今时代，在深入学习和研究民法典的过程中习近平总书记的重要论述为本书的研究指明了方向，中华法系的形成孕育了中国传统民法，其所蕴含的中国传统法文化浸染了中国传统民法文化。通过对中华法系的研究，论证中国传统民法的存在以及对中国传统民法文化的影响。以此揭示出中国传统民法文化对促进国家发展与社会和谐稳定方面发挥的文化引导作用，为中国传统民法文化的现代化提供历史借鉴的同时，探究中华法系还展示出一种导向，即珍摄历史文化遗产，珍摄中华民族的智慧、理性与伟大创造力，以此提升民族自豪感与建设伟大中国的自信心。[3]

## 一、中华法系的形成

### （一）"法系"之争

"法系"一词，在比较法研究中常被提及，是对世界法律体系进行整体研究和横向比较考察的重要途径，同时也能促进具体法系内部纵向的发展沿革。

"法系"系译来词，在英文中表达为"Genealogy of Law"，Genealogy 来源于希腊词语"Geneos"，本意强调具有共同源流关系的事物所构成的一个整体，如家谱、世系。顾名思义，一个法系就是在时间上纵向传宗接代、空间上向周边辐射繁衍的法律家族，在这一范围内，时间不同、国别相异的法律制度有着相同的"基因"（Genaelogy — Gene）。[4]这一概念是学者们对法律

---

〔1〕 张晋藩：《中国法律的传统与近代转型》（第4版），法律出版社2019年版，第59页。

〔2〕 习近平：《加快建设社会主义法治国家》，载《理论学习》2015年第2期。

〔3〕 张晋藩：《中华法系的回顾与前瞻》，载《中华法系国际学术研讨会文集》2006年，第13~14页。

〔4〕 俞荣根、龙大轩：《中华法系学述论》，载《上海政法学院学报》2005年第4期。

问题进行分类思考后的主观结果，[1]注定了该概念从诞生之初就饱受争议。除争议较大的"类型划分"外，对"法系"基本概念的界定在学界亦众说纷纭。

在法学界，一般认为"法系"概念最早是由日本法学家穗积陈重博士提出。穗积陈重博士将"法系"称为"法族"，被认为是研究法系的公认范式。[2]在1884年发表《论法律五大族之说》一文中，穗积陈重博士将那个时代的法律体系分为"印度法族、中国法族、伊斯兰法族、英国法族和罗马法族"，"法族"一词就是法系最早的汉译名。[3]正如民国时期对法系研究作出卓越贡献的杨鸿烈先生在1937年出版的《中国法律对东亚诸国之影响》一书中所言："若就区别世界诸法系而论，则最早主张'法系'之说者厥为日本之穗积陈重博士。"[4]自"法系"引入我国，不同学者在界定法系的概念时，因研究切入点有所差异，导致理解上存在不同，如国内学者存在"法律传统""谱系"[5]"不同类型的法律"等不同主张。如陈朝璧教授认为就法律体系而言，某国固有的法律同某些从外国继受而来的法律，或者同本国历史上长期累积起来的法律结合起来，形成一种独特的体系，这就是所谓的法系。[6]徐尚清教授认为法系应当包含四个不容忽视的因素，[7]基于此考虑，徐尚清教授认为，可将资产阶级长期使用的法系理解为具有某些相同特征和历史传统，彼此间又

---

〔1〕 如法国学者勒内·达维德在《当代主要法律体系》一书中提到"法系的概念没有与之相对应的生物学上的实在性，使用它只是为了便于讲解，为了强调在各种法之间存在的相似之处和区别"。参见［法］勒内·达维德：《当代主要法律体系》，漆竹生译，上海译文出版社1984年版，第24页。

〔2〕 黄震：《中华法系与世界主要法律体系——从法系到法律样式的学术史考察》，载《法学杂志》2012年第9期。

〔3〕 参见俞荣根、龙大轩、吕志兴编著：《中国传统法学述论——基于国学的视角》，北京大学出版社2005年版，第1页。

〔4〕 杨鸿烈：《中国法律对东亚诸国之影响》，中国政法大学出版社1999年版，第2页。

〔5〕 参见陈守一、张宏生主编：《法学基础理论》，北京大学出版社1981年版，第2页。

〔6〕 陈朝璧：《中华法系特点初探》，载《法学研究》1980年第1期。

〔7〕 徐尚清教授认为法系包括以下因素：（1）构成同一法系的诸国在法律上都有直接或间接的继承关系，各国之间发生过程度不同的影响；（2）由于各国的政治、经济条件以及历史、民族、风俗习惯等因素的影响，促成各法系形成了自己的历史传统；（3）属于同一法系的诸国，在法律内容或形式上有着共同的、类似的特征；（4）同一法系的诸国，均有一个或几个代表性的国家，同时，在大多数法系中，一般有一个或几个典型的法律文件作为标志。参见徐尚清：《世界主要法系探讨》，载外国法制史研究会编：《外国法制史汇刊》（第1集），武汉大学出版社1984年版，第7页。

存在着继承关系的同一类型或相异类型法律的划分。[1]由于法系论自身的局限性，加之研究者的众口不一，以至于有部分学者断定法系研究的时代应该终结了。[2]但本书认为，"法系"的研究曾给法学界带来诸多的启迪，也正因为其研究饱受争议，使得研究愈加弥足珍贵。法学界为我们留下了宝贵的可借鉴资料，有助于我们把握世界上不同国家或地区的法律相互间的影响，以及如何促进法律文化的发展，在此基础上总结不同法律制度和法律文化的共同点和差异性，有助于对法律的继承和移植的研究。"虽然法系的划分是以世界上存在的法的外部关系为根据，没有涉及法的本质及其发展的规律性，但由于它可以概括地标识出某些国家或地区法律的特色、归宿与源流，有助于相互之间的比较、借鉴与吸收，所以至今仍然被沿用。"[3]因此，从研究目的而言，本书更赞成徐尚清先生对"法系"的界定。本书在研究思路上以"法系"作为切入点，重点分析中华法系，通过对中华法系的成因以及气质等相关问题的研究，为中华法系内蕴的优秀传统法文化在我国《民法典》的彰显提供研究素材。

（二）中华法系学说的发展

中华法系学说既是近代中国民族主义话语的重要组成部分，同时又在近代中国民族国家的构建进程中扮演着重要角色。中华法系学说的形成，既服务于近代中国民族国家观念的建构，同时这一学说自身也成为近代中国民族国家历史演进的一部分。[4]对中华法系学说的研究不仅能窥探它的发展和演

---

〔1〕 徐尚清：《世界主要法系探讨》，载外国法制史研究会编：《外国法制史汇刊》（第1集），武汉大学出版社1984年版，第7页。

〔2〕 持此观点的学者不少，如武树臣先生在《走出"法系"——论世界主要法律样式》一文中认为"法系"由于其划分方法的缺欠，特别是长期以来世界各地法律实践活动的巨大变化，从而使得"法系"的研究方法显得日益陈旧，主张让法律样式从"法系"的古老领域中独立出来；黄文艺教授在2011年第3期《政法论坛》上发表文章《重构还是终结——对法系理论的梳理与反思》，认为无论是一般意义上的法系理论，还是各种具体的法系分类理论，都存在着诸多理论上和方法论上的缺陷。法系分类的缺陷和困难表明，对当今世界各国的法律体系进行整体性的、切割式的法系分类已经失去了方法论基础和认识论价值。因此，法学家应当放弃那种试图划分法系的理论雄心，放弃那种试图提供一幅固定不变的世界法律地图的宏大努力。我们这个时代或许就是法系终结的时代！参见武树臣：《走出"法系"——论世界主要法律样式》，载《中外法学》1995年第2期；黄文艺：《重构还是终结——对法系理论的梳理与反思》，载《政法论坛》2011年第3期。

〔3〕 张晋藩：《重构新的中华法系》，载《中国法律评论》2019年第5期。

〔4〕 耿密：《民国时期重构"中华法系"思潮研究回顾与展望》，载《法律史评论》（总第14卷），社会科学文献出版社2020年版，第94页。

进历程，同时能深刻地参透蕴涵其中的中国传统民法文化的民族性和本土性。

法学界存在众多关于法系划分的不同标准，以及在不同标准之下关于法系的不同类型，具有代表性的法系划分标准就多达 14 种。[1]归纳起来，不外乎以地缘、法律渊源、种族、法律文化特征等作为不同的划分依据。中华法系或者中国法系作为法系的类型之一，在穗积陈重的"民族差异划分法""谱系划分法"与威格摩尔的"客观罗列划分法"中曾被多次提及。目前世界文化史上公认的法系类型有两类：活的法系和死的法系。[2]尽管法学界对活法系和死法系的划分标准及其之下的 10 种法系类型也存在质疑，但由于本书最现实的问题在于对中华法系本身及其特点的考察，对其他法系的"活"或"死"，在此姑置不论。

虽在日本学者穗积陈重与美国学者威格摩尔的法系划分中多次提及"中华法系"之称谓或"名"，但其"实"，即内容并未被进一步研究。后直至 19 世纪末 20 世纪初中华法系引入中国，通过不同时期学者的深入研究才得以蓬勃发展。

在此需要说明的是，我们现在用的"中华法系"称谓来自于西方的译语，在英文中表达为"Chinese Legal System"，按照字面理解翻译出现了"中国法系"和"中华法系"两种不同的称谓。20 世纪 30 年代至 40 年代因为民族主义情感的发展和话语的兴起，与"中国"相比，"中华"一词不仅是一种地域概念，更代表着一种民族与文化类型。[3]在此背景下，时任全国律师公会委员及上海律师公会会长的李次山在《丛刊》发表《世界法系中之中华法系》一文，这是我国首篇将"Chinese Legal System"翻译为"中华法系"的文章。"中华法系"的称谓暗示了民族性的认同感，寄托着学者的民族热忱和情感，后被大部分学者所采用。尽管"中华法系"的方案胜过了"中国法系"，但并不意味着"中国法系"的称谓永远退出了中国的历史舞台。实际上，在当时的研究中，"中华法系"和"中国法系"是并用的，如杨鸿烈、居正两位

---

〔1〕 这十四种代表性的划分标准为：种族差异划分法、谱系划分法、文明程度划分法、种族与语言划分法、法律渊源划分法、客观罗列划分法、局部参照划分法、法律实质划分法、社会形态划分法、双重标准划分法、样式划分法、法律形式划分法、法律文化划分法以及复合划分法。

〔2〕 活法系是指与现行法律联系紧密的法系，包括中华法系、印度法系、阿拉伯法系、罗马法系和英吉利法系；死法系指的是埃及法系、巴比伦法系、犹太法系、波斯法系和希腊法系。死法系则指与现行法律无关紧要的法系。

〔3〕 赖骏楠：《建构中华法系——学说、民族主义与话语实践（1900~1949）》，载《北大法律评论》2008 年第 2 期。

教授依然使用"中国法系"。[1]在学者的研究中，两者在本质上并无二致。

跳出"中华法系"还是"中国法系"称谓之争的窠臼，在中国最早对"中华法系"进行论证的是戊戌政变后流亡日本的梁启超。尽管当时他并未直接用"中华法系"这一名称，仅用了"我国法系"的字眼，但是这一开创性的研究，学界普遍认同他最早运用法系的概念判断中国传统法律的价值。梁启超在《中国法理学发达史论》与《论中国成文法编制之沿革得失》两篇长文中均谈及了"我国之法系"问题，他认为：

> 近世法学者称世界四法系，而吾国与居一焉，其余诸法系，或发生蚤于我，而久已中绝；或今方盛行，而导源甚近。然则我之法系，其最足以自豪于世界也。夫深山大泽，龙蛇生焉，我以数万万神圣之国民，建数千年绵延之帝国，其能有独立伟大之法系，宜也。[2]

由于当时所处的特殊年代，梁启超的论作并未从法理学上对"我国之法系"进行系统的研究。民国时期的学者对"中华法系"的研究起到了实质意义上的推动作用，涌现出杨鸿烈、丁元普、程树德、陈顾远等十余位著名学者。[3]他们的研究成果极大地丰富了中华法系的内容，不仅界定了中华法系在世界法系的地位、中华法系的特质以及思想基础，而且也为重构中华法系贡献了重要的研究思路，为后世研究中华法系提供了详实而丰富的第一手资料。

新中国成立后，对中华法系的研究进入了一个崭新的历史阶段，

1980年陈朝璧教授发表了《中华法系特点初探》一文，将中华法系的研究重新提上日程，同年张晋藩教授发表了《中华法系特点探源》，进一步深化了对中华法系的研究视角，后张晋藩教授陆续发表了《再论中华法系的若干问题》《中华法系研究新论》等一系列对中华法系进行专题研究的论著，为中

---

〔1〕　杨鸿烈教授曾在1937年出版了《中国法律对东亚诸国之影响》一书，在此书中他充分肯定了中国法系，指出："若以诸法系之历史比较，则中国法系延长数千余年，较最古之埃及、美塞布达米亚等法系之寿命而犹过之……"1946年居正在大东书局出版了名为《为什么要重建中国法系》的专著。

〔2〕　范忠信选编：《梁启超法学文集》，中国政法大学出版社2004年版，第69页。

〔3〕　其中杨鸿烈先生于1937年出版的《中国法律对东亚诸国之影响》一书，可谓对中华法系的研究具有开创之功。丁元普先生在1931年发表的论文《中华法系成立之经过及其将来》以及陈顾远先生在1936年和1937年间曾连续发表了三篇文章《儒家法学与中国固有法系之关系——关于中国固有法系回顾之一》《家族制度与中国固有法系之关系——关于中国固有法系回顾之二》《天道观念与中国固有法系之关系——关于中国固有法系回顾之三》等。

华法系的研究作出了卓越的贡献。中国政法大学张中秋教授曾专门为此撰文《张晋藩先生的学术理路与研究范式和特色贡献》，高度肯定了张晋藩先生的学术贡献。在此阶段，沈宗灵教授、韩玉林教授、赵国斌教授等重要的法学家也一直倾心于中华法系的研究。[1]对中华法系的研究论著数量庞大，在研究内容上不断深化，研究视野愈加开阔，主要包括但不限于对中华法系的内涵、成因、特点以及复兴等问题的研究。学者们在中华法系的成因、特点以及复兴等问题上基本达成了一致的观点和意见，但是在界定中华法系的内涵时，因为对中华法系的时间界定以及研究视角存在偏差，因而在内涵的理解上出现了分歧。

（三）中华法系的内涵

界定中华法系的内涵时，其存在时限以及概念本身所揭示的本质内容是两个最为不可回避的关键性问题。

1. 中华法系的起讫和解体时限

中华法系的存在时限包括起讫时间和解体时间，对前者的认定存在"中国有法以来中华法系即已形成"和"中华法系开端于封建时代"两种不同见解；对后者存在"解体于辛亥革命时期"和"清朝末期"之争，此外还存在"社会主义的法律时期的法律"是否隶属于中华法系之辩。所有的争议可以归结为一个问题，即按照社会形态将中国法律划分为奴隶制时期——封建制时代——社会主义法制时代三个阶段，中华法系存在于其中的部分阶段还是全部阶段中。

张晋藩教授认为，就中国封建时期的法律而言，它的形成经历了一个漫长的发展历程，有其历史的渊源……中华法系的某些特点……早在中国奴隶制时代已见胚胎，这个历史的发展过程，不能割断也不应割断。至20世纪初期，随着封建社会的解体，中华法系也失去了其独立存在的社会土壤。清末清廷通过变法修律，开始输入资本主义的法治，特别是经由日本输入而至的大陆法系，逐渐占据了主导地位，中华法系终于解体了。[2]而韩玉林、赵国

---

〔1〕 沈宗灵教授1987年出版学术专著《比较法总论》，其中就中华法系进行了专门研究；韩玉林、赵国斌两位教授在1983年《吉林大学社会科学学报》第4期发表了《略论中华法系特点及其形成和消亡的途径》；刘海年、杨一凡教授在1983年《人民司法》第1期上发表了《中华法系的形成及其特点》；乔伟教授在1986年《文史哲》第2期发表了《中华法系的基本特点》；刘广安教授在2011年《政法论坛》第2期发表了《中华法系生命力的重新认识》；王立民教授在2018年《法制与社会发展》第3期发表了《复兴中华法系的再思考》等。

〔2〕 张晋藩：《再论中华法系的若干问题》，载《中国政法大学学报》1984年第2期。

斌教授则认为"中国民族资产阶级领导的辛亥革命才从根本上打破了中华法系的古老传统"。[1]徐尚清教授认为中华法系"是指中国奴隶制、封建制的法律特点而言"。[2]

就社会主义法律是否隶属于中华法系的问题，形成了两种不同的观点，由此出现了广义中华法系和狭义中华法系、传统中华法系和现代中华法系之分。以张晋藩教授为代表的部分学者普遍赞成中华法系仅指"中国封建时代的法律而言"。[3]徐尚清教授对此持相似观点。[4]而陈朝璧教授则认为，广义的中华法系很显然应包括三个历史阶段中本质相异的中国法制。[5]王立民教授实质上也采取了广义的中华法系观点，只不过"为了区别已经解体的中华法系与现在要复兴的中华法系，把前者称为'传统中华法系'，后者称为'现代中华法系'。另外，'传统中华法系'属于死法系范畴，'现代中华法系'则应属于活法系范围"。[6]

本书认为将中华法系的起讫时限无限扩大至"中国自有法以来"，将造成中华法系的时间跨度范围过广。同时，对中国何时有法的时间节点问题，学界本来就存在争议，并且法律发展的时代不同，极易造成对特质的研究不够具有典型代表性，"这种将中华法系无限外延，造成了极大混乱，因而持相同意见者甚少"。[7]不宜将奴隶时期的法律纳入中华法系内。至于社会主义法制时代是否属于中华法系，本书更赞成张晋藩教授的观点，中华法系是存在于中国某一个历史阶段的具有特有气质的法律体系的全称，社会主义法制时代

---

〔1〕 韩玉林、赵国斌：《略论中华法系特点及其形成和消亡的途径》，载《吉林大学社会科学学报》1983 年第 4 期。

〔2〕 徐尚清：《世界主要法系探讨》，载外国法制史研究会编：《外国法制史汇刊》（第 1 集），武汉大学出版社 1984 年版，第 18 页。

〔3〕 张晋藩：《再论中华法系的若干问题》，载《中国政法大学学报》1984 年第 2 期。

〔4〕 徐尚清教授主张所谓中华法系，是指中国奴隶制、封建制的法律特点而言，根本不包括社会主义的法律特点在内。"参见徐尚清：《世界主要法系探讨》，载外国法制史研究会编：《外国法制史汇刊》（第 1 集），武汉大学出版社 1984 年版，第 18 页。

〔5〕 陈朝璧教授进一步解释了这三种不同的法制，是指历三千年之久的封建法制，近代史上昙花一现的半封建法制，后来居上的社会主义法制。社会主义法制，对前两者来说在本质上是根本对立的，是由中华民族这条红线把本质不同的三种法制连成一体，通过民族的和历史的纽带关系，这三种法制共同形成了一个整体——广义的中华法。参见陈朝璧：《中华法系特点初探》，载《法学研究》1980 年第 1 期。

〔6〕 王立民：《复兴中华法系的再思考》，载《法制与社会发展》2018 年第 3 期。

〔7〕 张晋藩：《再论中华法系的若干问题》，载《中国政法大学学报》1984 年第 2 期。

的法律与我国封建制时期的法律具有本质上的差异，将它们放在一个法律体系内显然是不科学的，况且广义中华法系和狭义中华法系的称谓人为地造成了理解上的困惑。因此，中华法系仅特指形成于唐朝而终结于清朝末期的我国封建制时代的法律，随着20世纪末期清朝结束而解体的这一历史时期内存在的全部法律。

2. 中华法系的实质性内容

在对中华法系所蕴含的实质性内容上，由于不同学者切入点的不同，从而亦形成两个不同认识角度的概念。

一类概念以强调成文法传统在中华法系的功能为切入点界定中华法系的概念。如沈宗灵教授突出强调《唐律疏议》在中华法系的地位，认为中华法系一般是指以《唐律疏议》为代表的中国封建时代的法律以及毗连国家仿效这种法律而制定的法律的总称。[1]沈教授的这一概念受到了不认同中华法系解体于清朝末年学者们的质疑，但据此概念得出的"中华法系在清朝末年引进大陆法系后解体，随封建王朝灭亡而消亡"的结论与本书所持观点一致，故本书将采纳和认同该概念。

另一类概念是从民族的传统文化角度认识中华法系。以陈顾远教授关于中国文化与中国法系的论述为代表。陈顾远教授在《中国固有法系与中国文化》一文中论述了华夏族文化对认识中华法系的意义，他认为中华文化的最早形态就是华夏民族的华夏文化，而华夏民族并非由一部族为主，而是融合各部族并交错其文化，形成了早期的华夏民族的华夏文化，因为出自多元，便有诸夏之称。华夏文化创立后，又接受了鲜卑等族的文化，构成了隋唐时代中华民族的再次形成，后唐又吸收了西域各邦的文化，经各朝代的文化间的纵向和横向交融，至明代西方基督教东来，又与西方的文化开始接触而至今日。总之，始终多元的中国文化影响中国固有的法系，无论其创始、建立和延续，都依照同样的情形。按照陈顾远教授的观点，中国文化无论在创始还是延续上均为多元，是一族文化吸收了他族文化融合的结果。陈顾远教授对中华法系的传统文化角度的界定，与本书的研究主题相一致，这一认定使中华法系具有开放性和包容性，也为我们研究法律移植以及中华法系传统法文化对中国传统民法文化的影响提供了更为广阔的解释空间。

---

〔1〕 沈宗灵：《比较法总论》，北京大学出版社1987年版，第43页。

上述两类对中华法系概念的不同界定，缘于研究视角的不同。因此，就学术研究态度而言，不易褒此贬彼，可因研究择需而用。本书在下文中华法系传统法文化气质对中国传统民法文化的影响以及与民法典的关联等问题的研究上，将因研究需求对上述两类概念作出不同程度的吸纳。

## 二、中国存在传统民法

"古代中国是否存在民法?"这一论题自20世纪初首次提及起就备受瞩目，直至20世纪80年代至90年代再度引发热议。就目前看来，对这一问题的争论并无"休战"的迹象，甚至有的学者认为，很可能关于"古代中国有无民法"的争议永远不可能有一个确凿的答案。[1]这一论题也成为研究民法典法文化根基问题的关键前提。回顾近一个世纪的讨论可以发现，这一问题聚焦"否定说"和"肯定说"两个学派的对峙，[2]对该问题的两种相反立论，反映了近代以来对中国法律现代化进程的两种不同理解。通过梳理中国古代法律，本书认为中国古代虽然不存在形式上的民法，但存在实质意义上的民法却是不争事实，只是由于中国固有的以维护三纲五常为内在特质的封建法律体系与现代法律体系中尊重个体发展的自由原则差异较大。因此，中西法律的差异性逐渐被异化为法律文化的落后与先进，进而否认中国古代存在民法。诚然，在特定时空下产生的中华法系有其自身的局限性和弊病，"但其主流却是中华悠久文化中的民主性精华，不因其时代久远而覆灭其光彩"。[3]我们应该以理性的态度重新审视中国传统民法文化，承认中华法系民法文化的存在，从中提炼出超越时空的法律思维和价值取向，并找到它与域外民法文化的契合点，将其有机地融入新时代的法治化进程中。这是在社会主义新时期对我国

---

〔1〕　俞江:《关于"古代中国有无民法"问题的再思考》，载《现代法学》2001年第6期。在该文中，作者进一步提出，但我们以前却从来没有认真思考过这些可能性。或者，即使有所考虑但仍然不甘心放弃找寻答案的努力。但是，我们是否考虑过问题本身有什么缺陷？它或许设问的方式不够精确，或许根本就是一个伪问题。并认为这个问题的提出方式是有缺陷的，现有分歧的原因已不仅仅是资料利用问题，而是来自于对资料的分析，甚至是对待资料的态度。因此为了使讨论获得更广阔的空间，问题本身需要得到更精确的限定。

〔2〕　当然对此问题争议所形成的不同观点，其他学者另有不同的界定，如潘维和先生曾将中外学者对此问题的争议归纳为"否定说""肯定说""民刑合一说"与"民法与礼合一说"四派。而本书认为后两种学说在本质上仍为"肯定说"。

〔3〕　张晋藩:《中华法系的回顾与前瞻》，载《中华法系国际学术研讨会文集》2006年，第11页。

传统民法文化进行创造性转化和创新性发展的因子，也是中国传统民法文化的现代化转型和重构之路，更是我国民法典的法文化根基之所托。

（一）中国"传统民法"有无的学术之辩

"传统民法"一词，在不同学者的研究中称谓各异，存在"古代民法"或"固有民法"等不同的指代，[1]统指产生于中国古代社会，在中华土壤上孕育的具有本土化特点的民事法律。在中国古老的中华法系中是否存在民法一直备受中外学者的关注，形成了"否定说"和"肯定说"两个学派，他们观点相左，争议颇多。

1. 否定说

20世纪初受西方中心论的影响，很多国外学者相继提出了中国古代无民法的论调。如1902年日本学者浅井虎夫指出："（中国）上下四千载，法典数目百种。无虑皆公法典之属，而私法典乃无一焉。"[2]对中国传统文化颇有研究的另外一位日本学者滋贺秀三持相同观点，认为（中国）始终没有从自己的传统中生长出私法的体系来。[3]最早提出中国古代无民法观点的中国学者是梁启超先生，他在《论中国成文法编制之沿革得失》一文中提出："我国法律之发达垂三千年，法典之文，万牛可汗，而关于私法之规定，殆绝无之。""夫我国素贱商，商法之不别定，无足怪者。若乃普遍之民法，据常理论之，则以数千年文明之社会，其所以相结合相维护之法律，宜极详备。乃至今日，而所恃以相安者，仍属不文之习惯。而历代权者，卒未尝为一专典以规定之，其散见于户律户典者，亦罗罗清疏，曾不足以资保障，此实咄咄怪事也。"[4]王伯琦先生认为，在中国从唐律到《大清律例》的内容都是公法性质的，不

---

〔1〕"古代民法"或者"固有民法"和"传统民法"称谓在本质上并无二致，均指代我国古代时期的民事法律制度，如"固有民法"中强调"固有"一词，一是为了与近代资产阶级民法划清界限，二是凸显中国古代民事法律的特点价值。本书为了与近现代民法相区别，且为了凸显中国传统民法文化，故选用了"传统民法"一词。所以不同称谓仅仅是学者研究的视角不同所致而已。参见张晋藩：《从晚清修律官"固有民法论"所想到的》，载《当代法学》2011年第4期。

〔2〕[日] 浅井虎夫：《中国法典编纂沿革史》，陈重民译，中国政法大学出版社2007年版，第268页。

〔3〕[日] 滋贺秀三：《中国法文化的考察——以诉讼的形态为素材》，王亚新译，载 [日] 滋贺秀三等：《明清时期的民事审判与民间契约》，法律出版社1998年版，第2页。

〔4〕梁启超：《论中国成文法编制之沿革得失》，载梁启超：《饮冰室合集》（16），中华书局2015年版，第52~53页。

存在私法性质的民事法律。[1]新中国民法先驱谢怀栻先生同样认为，中国几千年来不存在什么"私法"或者"民法"。诸如婚姻、买卖等这些现在认为隶属于私法范畴，在古代的中国也是一部分归之于刑律之中，一部分归之于"礼"中。[2]

2. 肯定说

主张中国古代存在民法的"肯定说"最早可以追溯到清朝末期的修律活动。清末的修律大臣俞廉三及法律馆参与起草《大清民律草案》的法学家们在《奏呈编辑民律前三编草案高成折》中说："吾国民法，虽古无专书，然其概要，备祥周礼地官司市以质剂，结信而至讼。"[3]俞廉三等人认为虽然中国古代不存在民法典，但对中国古代民事法律的基本方面进行详细说明，用以证明"此为中国固有民法之明证"。[4]我国著名的民法学者梅仲协先生从"礼"的角度进行了阐释。[5]著名的法制史研究专家张晋藩教授曾多次撰文肯定中国古代存在民法，在《论中国古代民法研究中的几个问题》一文中，他提出不能从主要法典编纂形式上的民刑不分得出中国古代没有民法的结论，认为："尽管直到 20 世纪初清朝变法修律之前，基本上仍维持着固有的诸法合体的法典编纂形式，但不能由此得出中国古代没有民事性质的立法的结论。"[6]1983 年 6 月，张晋藩教授在西安召开的中国法律史学会第一次年会上提出"民刑不分，诸法合体"的提法应该改为"民刑有分，诸法并

---

〔1〕　王伯琦先生指出："（历代律令）中户役、田宅、婚姻、钱债等篇，虽亦含有个人与个人间应遵循之规范，但其所以制裁者，仍为刑罚，究其目的，仍在以政府之政治力量，完成安定秩序之作用。其间之关系，仍为公权力与人民间之关系，仍属公法之范畴，与所谓民事法之趣旨，不可同日而语。如现行刑法有侵占、诈欺、背信、重利等罪之规定，其中无不含有民事上债权物权关系之规范在内，但其为刑事法而非民事法，固不待言也。"参见王伯琦先生所著《民法总则》。

〔2〕　谢怀栻：《大陆法国家民法典研究》，中国法制出版社 2004 年版，第 106 页。

〔3〕　故宫博物院明清档案部编：《清末筹备立宪档案史料》（下册），中华书局 1979 年版，第911~912 页。

〔4〕　故宫博物院明清档案部编：《清末筹备立宪档案史料》（下册），中华书局 1979 年版，第911~912 页。

〔5〕　梅仲协先生认为："我国春秋之世，礼与刑相对立。刑为震服庶民之工具，礼则为贵族生活之规范。礼所规定之人事与亲属二者，周详备至，远非粗陋之罗马十二表法所敢望其项背者。依余所信，礼为世界最古最完备之民事法规也。"参见梅仲协：《民法要义》，中国政法大学出版社 1998 年版，第 14~15 页。

〔6〕　张晋藩：《论中国古代民法研究中的几个问题》，载《政法论坛》1985 年第 5 期。

用"。[1]孔庆明教授认为：在中国春秋时代就早已存在争财之讼的法律概念，到了南宋便有了清晰的民讼的概念，这是中国民法概念的肇端，同时，民事法律关系中的物权、债、契约、主体、客体等概念也都齐备无疑。因此可以肯定，宣称中国古代不存在民法是不符合史实的。[2]陈景良教授同样认为："它们（律典、令典、礼典、户绝条贯、户部则例等）没有冠以'民法'的字样，没有像现在的民法典一样以'意思自治'与'权利平等'为价值支撑来规范社会生活，但它们所蕴涵的种种功能及其在这种功能中所体现出来的规则体系，若以民事法规目之，则也未尝不可。"[3]

3. "民法与刑法合一说"

持此观点的学者认为中国古代的民法与刑法合一，虽然在古代的律典中存在着民事和刑事的本质区别，但是因民事规范较为简单和欠发达，所以仍可以将中国古代的成文律典作为公法色彩鲜明的民刑合一的法律体系。持此立场的学者人数众多，如民国时期对中华法系研究作出重要学术贡献的杨鸿烈先生[4]，另外还有胡长清先生以及杨幼炯、徐道邻、张镜影、林咏荣及浅井虎夫等法学名家。胡长清先生主张，在《刑律》中散见规定了民事法律性质的户役、田宅、家庭、金钱债，故"谓我国自古无形式的民事则可，谓无实质的民法则厚诬矣"。[5]

4. "民法与礼合一说"

这派学者主张中国古代民法除了存在于国家正式的典章或礼制外，还表现为以"礼俗习惯"为存在形态，礼规范的对象就是私法关系，认为古代中

---

〔1〕 张晋藩教授进一步阐释："中国古代统治者对财产关系是很重视的，这在立法上也有表现，至少从西周时就是这样，到了宋代更为重视。清朝的《户部则例》就是民法性质的单行法。过去说民事用刑法解决，但许多问题事实上不用刑法，而是调处解决（即运用民事法律条款解决）。"参见张晋藩：《论中国古代民法——以清代民法为视角》，载《清史研究》2020 年第 5 期。

〔2〕 孔庆明等编著：《中国民法史》，吉林人民出版社 1996 年版，第 1~2 页。

〔3〕 陈景良：《突出"民族性"是中国民法典编纂的当务之急》，载《法商研究》2017 年第 1 期。

〔4〕 杨鸿烈先生曾指出："以中国上下几千年长久的历史和几百种的成文法典而论，公法典占绝大的部分，纯粹的私法典简直寻找不出一部。在现时应该算是私法典规定的事项也包含在这些公法典里面，从来没有以为是特种法典而独立编纂的。并且这些公法典里的私法的规定也是很为鲜少，如亲族法的婚姻、离婚、养子、承继，物权法的所有权、质权和债权法的买卖、借贷、受寄财物等事也不过只规定个大纲而已，简略已极。"参见杨鸿烈：《中国法律思想史》（下），上海书店 1984 年版，第 250~251 页。

〔5〕 胡长清：《中国民法总论》，中国政法大学出版社 1997 年版，第 15~16 页。

国的民法与礼是合在一起的。李宜琛先生认为："我国古代，因儒家思想之影响，重礼制而轻法治。""虽名为礼制，实亦我国固有私法重要法源，为吾人所不能忽视。"[1]我国著名的法制史专家陈顾远、民法学家史尚宽先生[2]以及潘维和先生[3]等均持此相同立场。

上述后两种学说均以肯定中国古代存在民事法律为前提，只是立论的角度相异。如果认为中国古代民法存在于国家颁布的正式律典中，即认为民法和刑法是合一的；如果认为中国古代民法还存在礼中的一部分，即所谓的民法与礼合一说。[4]所以仍可将这两种学说归结为广义的"肯定说"范畴。

（二）中国存在"传统实质民法"之证成

回顾这持续了近一个世纪，并且还将继续下去的争论，可以发现如从不同的视角观察法学界这两种看似截然对立的立场均具一定的合理性，然两派学者又相持不下，其症结就在于对"民法"二字的内涵没有达成统一的认识。在法理学和民法学研究中，"民法"有广义和狭义之分，即形式意义的民法和实质意义的民法，学者称法典化的成文民法为形式意义的民法，实质意义的民法在外延上要广很多，不论是否标明"民法"二字，凡具有民法性质的法都是民法。[5]"否定说"学派受西方中心主义法学的影响，在西方法学的语境下，以市民社会、具备形式理性的私法规范体系以及独立的民事诉讼程序的形式意义的民法为标准衡量中国古代的法律，认为中国古代的法典编纂民刑不分、诸法合体，由此得出中国古代无民法的结论。这种以"从主要法典编纂形式上的民刑不分得出中国古代没有民法的结论"是不符合中国法制历

---

〔1〕 李宜琛：《民法总则》，中国方正出版社2004年版，第14页。

〔2〕 史尚宽先生曾言："盖吾国法书，本义辅翼礼教，礼教所不能藩篱者，然后以法律正之。清之律令，渊源于明，明之律令，渊源于唐，唐之律令，渊源于隋，隋本于北齐、后周、卒皆形式稍变，而用意不变。侧重公法之制度，而私法关系，大抵包括于礼制之中。然亦有私法关系为法书规定之内容者。如所谓户律、婚律、户婚、户役、田宅、婚姻、钱债等篇目是也。四中法条之规定，且有随时代增祥之趋势。可谓皆民法也，不过混杂于刑法之中，且未见其 发达耳。"参见史尚宽：《民法总论》，中国政法大学出版社2000年版，第47页。

〔3〕 潘维和先生更为直接的指出："若谓古来民刑区分，民法并无专典，而礼中之一部分，除刑事、政事外，即为民事规范，或无大误。"潘维和：《中国近代民法史》，汉林出版社1982年版，第54页。

〔4〕 在此需要说明的是，杨鸿烈先生并不区分律典和礼制，而是礼、经和律典相为奥援。如有关婚龄的规定，先生既引述了历朝律典中的条文，又引述了《礼记》《周礼》《尚书》《孔子家语》等经书典籍。换言之，杨氏认为礼和律典中都存在实质的民法。参见俞江：《关于"古代中国有无民法"问题的再思考》，载《现代法学》2001年第6期。

〔5〕 魏振瀛主编：《民法》（第8版），北京大学出版社、高等教育出版社2021年版，第3页。

史现实的。[1]中华法系所对应的中国古代社会是一个封闭的以自然经济为基础，高度中央集权的封建主义社会，不存在公法与私法划分的传统，所以"如果说中国古代没有近代资产阶级性质的民法，无疑是正确的，且属于赘言"。[2]但无论从马克思主义历史唯物主义还是中国古代的法制现状而言，拥有着 5000 年灿烂文明的中国古代社会如果没有调整人身关系和财产关系的民事法律规范则是不客观和不准确的。下文将从应然和实然两个角度予以证成。

1. 应然角度

"中国古代存在民法"的结论符合马克思主义唯物史观。根据马克思主义，人类不管在什么样的社会下生活，都需要一定的物质作为最基本的生活保障，"我们首先应当确定一切人类生存的第一个前提也就是一切历史的第一个前提，这个前提是：人们为了'创造历史'，必须能够生活。但是为了生活，首先就需要衣、食、住、行以及其他东西"。[3]为了获取这些物质资源，人类需要通过自己的辛勤劳作获取一定的物质财富，随着生活资源的充沛他们就会进行简单的物品交易，促使一定的财产进行有序的流转。同时为了增强人类的整体生存能力，提高生产效率，他们就会结婚组建家庭，繁衍后代。这是任何人类社会发展的最基本模式，不管是在自由浪漫的资本主义经济体制下还是在封闭保守的自然经济结构下，只要有人类生存、有国家和社会的发展，就存在这样的人类共通模式。具体到我国古代，在数千年古代社会的发展以及历史文化的演进过程中，中国古代的先人们同样需要交往和生活，同样要面临婚姻、家庭等问题。家庭必然与婚姻有关，不可能在日常活动中脱离对物质财产的依靠和保障，婚姻关系、家庭维系、财产规制、商品交换以及日常活动的所有行为也都不可能在无序的状态下展开。以此而制定的规则或在日常活动中形成的模式或习俗，即是中国古代的法律体系。[4]依据社会发展的客观规律，凡是有财产流转和商品交易的地方，必然存在民事法律制度。[5]不可否认，在中国传统社会经济生活中同样存在着婚姻、继承等人

---

[1] 张晋藩：《论中国古代民法研究中的几个问题》，载《政法论坛》1985 年第 5 期。

[2] 张晋藩：《从晚清修律官"固有民法论"所想到的》，载《当代法学》2011 年第 4 期。

[3] 《马克思恩格斯全集》（第 3 卷），人民出版社 1960 年版，第 31 页。

[4] 陈景良：《突出"民族性"是中国民法典编纂的当务之急》，载《法商研究》2017 年第 1 期。

[5] 孔庆明等编著：《中国民法史》，吉林人民出版社 1996 年版，第 1~2 页。

身关系和契约等财产关系，在古代的中国社会"除了纵向的身份等级结构外，尚有横向的社会活动和经济交往。正是这种活动和交往，才是传统中国契约发生作用的场域"。[1]况且这仅是一个国家或者社会维系的最为基础的模式，实际上，任何一个国家或者地区的社会活动都不可能这么简单地运作着，人类的社会活动是极其丰富的，社会关系也极为复杂，这同样影响了法律关系的复杂性和调整方式的多样化。按照马克思主义唯物史观的观点，任何一种类型的法律都是某些特定社会关系的产物，在一个社会"如果只存在罪与罚的刑法，那样的社会关系岂不是太简单了？那样的社会还会存在吗？作为调整财产关系和人身关系的民事法律，在任何一个文明社会，都是不可或缺的。"[2]

2. 实然角度

古代中国不存在形式上的民法，但存在实质的民法。就古代中国社会结构而言，很显然不存在近代法典形式的民法。正如"民刑合一说"与"民法与礼合一说"所持立场，古代中国民法要么依附于强大的刑事立法，表现为刑民不分和重刑轻民，要么作为"礼"的一部分直接表现为"礼"或包含于"礼"中。[3]由此观之，中国古代民法确实完全不同于古代欧陆民法，更不同于西方近代民法。源于罗马法和日耳曼法的欧陆民法，制定了以罗马法为基础的近代民法典，已然形成了较为健全的民法传统，进而可将其分成法国法系与德国法系。我们不能以古代中国民法与古代欧陆民法相异，就得出古代中国无民法的结论。况且民法与民法典作为西言西语，在中国传统社会的确难以找到精确的对应物，我国固有法上没有民法典，也没有制定法上的民法法源，但若放开视野就会发现，中华传统法中纵然无法找到标明"民法"和"民法典"字样的法律，但是各式各样的民事主体，多姿多彩的民事法律关系，甚至独具特色的民事法律术语都是客观存在的，那种仅仅因无成文的、专门的民法典，就断然否认中国有民法、有民事法律的观点是偏颇的。[4]换言之，在评价一国民法文化之有无时，不能以成文法的有无作为标准，更不

<hr />

[1]　徐忠明：《小事闹大与大事化小：解读一份清代民事调解的法庭记录》，载《法制与社会发展》2004年第6期。

[2]　张晋藩：《从晚清修律官"固有民法论"所想到的》，载《当代法学》2011年第4期。

[3]　这是"民法与礼合一说"学派内部，因学者观察角度所引发的略有差异的观点。

[4]　赵晓耕主编：《新中国民法典起草历程回顾》，法律出版社2011年版，第21页。

能以外国法律文化为标准，中国古代虽然不存在以"民法"命名的形式意义上的民法，但却存在大量调整民事社会法律关系的实质意义上的民法，甚至可以说古代中国"除了没有完整的形式意义上的民法典外，中国古代律令中的民法体系是完备的，是独特的，可以将其称为中华法系民法"。[1]

（1）多样性的民事法律渊源弥补民事制定法的不足

民法渊源是指民事法律规范借以表现的形式。在证成中国古代存在实质民法时，对我国中华法系中民法的渊源进行实证考察是非常有必要的。相较于其他法系，中华法系法律渊源众多为其独特性表现之一，对多样性的法律渊源进行研究也是我们打开中国存在实质民法问题的钥匙。

从规范功能上区分中国古代法律规则，其包括属于国家法范畴的国家法规范如律令、例规等，也有隶属习惯性范畴的自治规范的礼制、家法族规、风俗、民约等。但由于"诸法合体"的立法传统，中国古代法律规则一般是以律为代表的基本法典，由此造成了中国古代"重刑轻民"的法律特色，这也是否认中国古代存在民法的根据之一。通过分析现有历史资料，可以发现中国古代实质民法不仅存在于礼制等自治规范中，还大量存在于律令等国家法规范内。

中国古代是国家主导型的社会，在社会和国家治理的结构上，皇帝拥有至高无上的权威，控制着整个国家。尽管中央机构主要受皇帝直接控制，但对国家机构的治理一般是由皇帝授权的官员进行，而皇帝和这些官员最为关心的是如何维护国家政权的稳定，由此形成了重公权轻私权的现状。[2]民间性的经济交往被视为"细故"，国家主要通过思想意识形态产生影响，通过族统与私人自治达成与国家政统观念相符的社会秩序。[3]这些私人领域受国家力量的影响较小，体现了充分的自治性，在一定程度上导致这些自治领域内的身份依附性，多依附于族长或家长。在自治领域内取得财产、交易、婚姻、

---

[1] 杨立新：《百年中的中国民法华丽转身与曲折发展——中国民法一百年历史的回顾与展望》，载《河南省政法管理干部学院学报》2011年第3期。

[2] 古代中国的执政者将重点放在了国家安全的维护上，并加以详细的规制，这和私权的保护形成了鲜明的对比，"国家似乎把法律智慧和规范技能大多倾注在预防和惩治犯罪方面。在律令、例规之中，对国家造成危害的行为，都做了细致、明确的规定，并且采取的是强制义务性的规定，不得有何种不忠、不孝、不仁、不义的行为，违者处以何种刑罚，必须服何种劳役、必须纳何种税赋，如此等等"。参见张生：《中国"古代民法"三题》，载《法学家》2007年第5期。

[3] 张生：《中国"古代民法"三题》，载《法学家》2007年第5期。

家庭等社会关系受风俗、礼制、家法族规等的影响越来越大，它们中相当一部分在国家的认可下逐渐演变为习惯法。如清代的乡规民约关注保护山林、水、村庙等财产，防止本村落之外的他人侵害；家法族规主要在本宗族和家庭内部适用，用以调整家庭成员彼此间的权利和义务关系，其民事部分主要表现在人身和财产关系两个方面，用来确认宗族成员的身份与行为能力与调整宗族内部的财产关系。

在国家法规范的典、律例与礼规中亦散见着大量的民事法律规范，它们不仅分布在"诸法合体"的基本法典中，而且散见于其他法律文献中，如汉比、唐令、宋敕和清户部则例等。因此，上述这些文献中的民事法律规范都应是民法的渊源。但是这些民事法律规范的认定比较复杂，因为它们"不仅分布在某一法律文件中的某些篇目和某些条款中，而且分布在某些条款的某些部分。因而既不能抽象地确定该条法律的性质，也不能简单地将两个条文僵硬地分割成几段来分别确认其性质，而只能从逻辑上划分其规范，并确认其性质"。[1]如果仅为纯粹的民事法律规范，其认定比较简单，但是这类规范数量极少，如对典卖的收赎有两个条件限制："经过三十年后并无文契约""虽执文契，或难辨真伪者"。[2]对于既有民事又有刑事或者行政性质的法律规范的区分实属不易，但应加以区分，如《大清律例·户律》"盗卖田宅"条：

一　"凡盗卖换易及冒认，若虚钱实契典买，及侵占他人入田宅者，田一亩、屋一间以下，笞五十；每田五亩屋三间，加一等，罪止杖八十，徒二年，系官者，各加二等。若强占官民山场湖泊茶园芦荡全金银锡铁冶者，杖一百，流三千里。若将互争及他人田产妄作己业，朦胧投献官豪势要之人，与者受者各杖一百，徒三年。田产及盗卖过田价，牛递年所得花利各还官给主。若功臣有犯，照律拟罪，奏请定夺。"

上述条文既包括民事法律关系也含有刑事法律关系，具备民事法律规范与刑事法律规范的双重性。在这种综合性的条款中，逻辑上的民事部分也应被视为民法的渊源，这类法律规范在律例、典中也占有很大的比例。

---

〔1〕　詹学农：《中国古代民法渊源的鉴别问题》，载《比较法研究》1987 年第 2 期。

〔2〕　薛梅卿点校：《宋刑统》，法律出版社 1999 年版，第 231 页。

需要说明的是，上述存在于不同性质的两类规范中的民法渊源之间具有共通互补性。由于存在于典、律例等国家制定法中的民事规范较为宏观，缺乏具体实施细则，为自治性规范发挥作用留下了空间。在中国古代，家法族规、风俗、礼制等这些多样性的民法渊源在一定程度上弥补了民事制定法的不足。

（2）中国古代民事立法观念与状况[1]

在中国古代，随着中华法系的发展，民事立法的发展可以相应地划分为三个阶段：萌芽阶段——夏、商、周；确立阶段——秦汉至唐；发展阶段——宋至明、清。

第一，萌芽阶段：夏、商、周

中华法系肇端于夏商周奴隶制时期，在这一时期，自然经济占垄断地位，商品经济发展极为微弱，处于萌芽状态，与当时经济基础相适应的民事法律规范也呈现出该阶段的独有特征。商朝在所有权、婚姻家庭以及继承方面都有了一定的发展，周朝的民事法律无论在内容还是在适用范围上都有所扩大。

首先，土地由国有向私有过渡。"井田制"的土地制度造成了"溥天之下，莫非王土；率土之滨，莫非王臣"的土地国有制状态，[2]国王拥有全国土地的所有权，将土地的占有权和使用权赐予诸侯。后随着经济的进一步发展和地方诸侯势力的强大，井田制遭到了破坏，土地逐渐向贵族土地私有过渡，直至公元前594年"初税亩"制度正式确立了土地的私有权。

其次，财产流转关系较为普遍，且受"天道"约束。根植于土地的私有化状态，在贵族群体内出现了以土地作为客体的赠与、交换、租赁等形式的民事法律关系，"地讼以图证之"。[3]受土地国有历史传统以及生产力低下的影响，作为最基本和最宝贵的生产资料，土地禁止买卖。但是土地之外的其他动产，包括奴隶，法律都是允许买卖的。由此，以契约为基础的财产流转关系得到进一步的发展，当时社会已经出现了买卖契约和借贷契约等。因为在当时社会深受"天道"的影响，在契约关系的订立中为做到诚实信用，要求契约双方对天起誓，虽带有一定的神秘色彩，但却也具有了诚信的意蕴。

---

[1] 在此借用张晋藩教授对中国古代民法的阶段划分法。
[2] 《诗经·北山》。
[3] 《周礼·地官司徒》。

最后，婚姻家庭领域受宗法制度的强烈影响。中国古代社会由家到国的发展轨迹，造就了血缘关系在维系家庭生活中具有核心地位，宗法制度在此基础上产生，确立了"尊尊、亲亲、长长"的原则，在其支配下形成了中国奴隶制时期独特的婚姻家庭制度，如嫡长子继承制以及一夫多妻制等。

第二，确立阶段：秦汉至唐

这一阶段是中华法系形成过程中最为主要的发展阶段，秦朝统一六国后建立了中央集权制国家，且重视法治，是中国成文法法律体系全面确立的时期。两汉时期进一步发展了秦代的法律制度，"罢黜百家，独尊儒术"使儒家思想成为治理国家和立法的主要思想。虽然三国两晋南北朝社会动荡不安，但是法律制度在前朝的基础上得到了迅速的发展。直至唐代，中国古代的法律制度发展到鼎盛时期，以《唐律疏议》为代表的唐律在中华法系中具有相当重要的地位。中国古代的实质民法在这样的背景下加速发展，并正式确立。

首先，所有权制度得到法律的普遍确认。不仅土地的私有权得到了国家法律的普遍承认，同时也放开了土地的买卖行为，进一步促成了土地私有权的法律确权，产生了土地私有权的法律观念。但是由于封建制的时代特征，这个时期的土地私有权在某种程度上带有人身依附的性质。

其次，财产流转关系迅猛发展。商品经济的发展必然伴随着财产的流转，尤其是土地买卖得到法律的确认后，进一步刺激了财产流转，契约制度也迎来了发展的最佳时机。契约形式呈现多样化和复杂化特征，出现了诸如买卖、租佃、债务契约等不同形式，同时还通过法律的形式强化了契约的履行，增加了债务担保、时效以及损害赔偿等法律制裁手段，债权法体系日渐完善。

最后，伦理色彩的封建婚姻家庭制度得到了全面确认。在汉代，儒家思想成为法律的指导思想，儒家三纲五常的伦理观念直接影响婚姻家庭制度的立法。"父权、夫权"成为了婚姻家庭制度的基本原则，全面地贯彻在婚姻家庭领域中，对婚姻关系作出了各种限制，体现了非常明显的男尊女卑的不平等观念。这是封建制时代人身依附关系在婚姻家庭领域中的具体反映，在婚姻家庭领域内侧重的是义务而不是权利。

第三，发展阶段：宋至明、清

这一时期，经济生活基础的重大变化对中华法系产生了深远的影响，并直接影响到民事法律规范。伴随社会最主要的生产资料土地买卖的合法化，土地的流转加快，并一定程度上刺激了手工业和商业的发展，城市日渐兴起，并直接影响到了人们的"义利观"的变化，促进了商品经济的繁荣。传统的重农抑商的政策受到前所未有的挑战，尤其是清朝末期随着西方国家的入侵，中国沦为半殖民地半封建社会，中华法系受到猛烈的冲击，促使民事法律制度快速发展和蜕变。

首先，为了适应商品经济的发展现状加强民事立法活动，民事法律规范日渐完备。如《宋刑统》30卷，其第12卷至第14卷是户婚，属于民法规范；元代的《典章》在户部中有分析、婚姻、继承、田宅、钱债等民法内容。明代的《大明律》《明令》《问刑条例》等等。《大明律》中属于民法范围的户律，内分户役、田宅、婚姻、仓库、钱债等。清光绪三十三年，更是下诏沈家本、俞廉三等为修订法律的大臣，并聘请日本法学家松冈义正起草大清民律，至宣统三年（1911年）八月，包括总则编、债权编、物权编、亲属编与继承编共五编的《大清民律草案》制定完毕，这也是旧中国第一部统一的民法典（草案）。后随着清政府的灭亡，草案虽未来得及实施，但开我国古代形式意义上的民事立法之先河，为后世民法典的立法工作积累了宝贵的经验。

其次，财产权体系进一步完善。《大明律》对"典"和"卖"作了较为详细的规定，后经清代立法扩大至对典权人利益的保护。契约制度得到了前所未有的发展，强化了债务的履行和担保制度等。同时，加强了对侵权行为的制裁，使债权的体系日渐完备。

再次，人身依附性有所减弱。这主要表现在佃农对地主以及借贷关系中的债主和债务人之间的关系上。

最后，婚姻家庭领域受家法族规等习惯法的调整。自宋代起，统治阶级为了加强专制统治，维护自己的统治地位，特别强调家长对家族成员的控制力。国家也承认在社会上通行的习俗、礼制以及家训和族规等具有家内法的效力，成为全族和整个家庭必须遵行的行为规则。

3. 中国传统民法的私法气质

中华法系是世界法系中独树一帜的法系，它"产生在中华民族的文化土壤之中，是古圣先贤智慧的结晶和治国经验的总结，从来未受到外国法文化的影响，以至于民国时期的学者曾经自诩中华法系是最纯洁的法系"。[1]以农业为根本的自然经济、皇权神圣的专制主义政治、宗法家长制的思想观念以

---

〔1〕 张晋藩：《重构新的中华法系》，载《中国法律评论》2019年第5期。

及儒家纲常伦理学说的文化环境构成了中国古代的基本国情，塑造了独具特色的以中华传统法文化为核心的中华法系。习近平总书记在主持十八届中央政治局第十三次集体学习时的讲话中指出，"深入挖掘和阐发中华优秀传统文化讲仁爱、重民本、守诚信、崇正义、尚和合、求大同的时代价值"。[1]中华法系蕴含的博大精深、历史悠久的中华传统法文化，是中华文化的重要组成部分，是中华法制文明的集中代表，在我国乃至世界法文化发展史上占有重要的地位，为中国传统民法文化的形成奠定了坚实的基础。

（1）儒家学说的指导思想

中华法系是以儒家文明为特征的法文化，[2]儒家思想对中华法系或者中华传统法文化哲学基础的形成具有核心性作用，"先秦时期的重民思想，经过儒家的提炼和升华，终于演绎成以人为本的价值理念"。[3]自汉武帝以降，儒家思想对古代法律的发展一直发挥着极为深远的影响，儒家众学者专注于对四书五经的注解，儒家思想对立法和司法的解释成为当时社会裁判的重要依据，以至"引经决狱"之风盛行一时。在儒家的思想体系中，倡导"仁、义、礼、智、信"，认为这些品德都根植于人心，得出"人之初性本善"的结论。因此，在法律适用中应发挥人的道德修养，重视道德的教化功能，形成了中华法系"礼法并重"的特色。儒家认为"礼之用和为贵"，"和"是礼的核心要素。在儒家的思想体系里的"中和"之法，即体现为"中和""中正"和"时中"这三个重要的原则，这三大原则体现着法律的公平和正义。"为中国法系中心思想的儒家学说，最重视礼教"，[4]以儒家思想为指导的中华法系是一个礼法体制，体现了法律和道德的融合，在刑罚的适用上，强调"德主刑辅"。

（2）人本主义的基本原则

中华传统的人文主义思想沿着中华法系的发展轨迹逐渐成形。在夏商时代，由于生产力所限人类战胜自然的能力比较低下，因此，在主观意识上信奉"天道"，在这种观点的影响下，社会上的一切现象都可以用"受于天命"

---

〔1〕　习近平：《培育和弘扬社会主义核心价值观》，载《习近平谈治国理政》（第1卷），外文出版社2018年版，第164页。

〔2〕　参见耿密：《民国时期重构"中华法系"思潮研究回顾与展望》，载《法律史评论》（总第14卷），社会科学版文献出版社2020年版，第98页。

〔3〕　张晋藩：《中国法律的传统与近代转型》（第4版），法律出版社2019年版，第120页。

〔4〕　陈顾远：《中国固有法系与中国文化（1952）》，载《法律文化研究》2014年第0期。

来解释，人类以祈求鬼神赐予天佑的途径。后随着周朝的灭亡，统治者在主观意识上感受到"天命靡常"，[1]开始关注民心对维持权力以及国家兴衰的重要性，将天命和民众结合在一起，并提出了"以德配天"，"民之所欲，天必从之"，民众的力量和价值得到了重视，"水能载舟，亦能覆舟"。与此相对应，鬼神天命的价值被贬低，直至发展为"人道"和"天道"的截然分立，[2]人的价值和主观能动性进一步得到了强化，这是人本主义的萌芽时期。在秦朝经过儒家思想的洗礼最终产生以人为本的思想价值理论诞生了，儒家思想的"仁学"观是其成熟的标志。后经过历代的思想家的传承和发展，彰显中华民族性格的人文主义思想进一步成熟和完善，"并体现在立法和私法的许多方面，成为中华法系的标志之一。"[3]中华传统法文化的哲学基础也由重视人价值的人本位替代了听天命的神本位。在传统的中华法文化中人本主义关爱人的价值和尊严，主张人高于万物，人是有理性的并受到道德的约束，在社会生活中人人相互关爱。以人为本的哲学思想直接影响了当时的法律传统，"德主刑辅，注重教化"即为明证，统治者提倡尚德、重民，体恤老幼妇残等弱势群体；在使用刑法时，"慎罚"，"不乱杀无辜"，宣传德礼，重视道德的感化作用，充分发挥法律自身的教化功能。后汉文帝汉景帝时代废除肉刑，体现了宽仁慎刑、珍爱生命，是人道主义精神的体现。

中华法系以人伦道德的自觉为逻辑起点，在欠缺现代民事权利主体观念的语境下，中国古代的民事法律规范以其特有的功能，规制着社会生活中的人身关系和财产关系。中国古代遵循天道观，"天道"中的"礼"被视为最为核心的道德精神，这种道德精神是中国古代社会及人们心灵世界的支撑力量，也是民事主体的价值理念。古代社会中，人们常以"君子"和"仁人"自居，强调对自身的修身养性，在一定的历史文化条件下生活的人是一个注重"性善"和"行善"的"伦理人"，他不是"一个高度自由的单个的原子，而是一个由父母亲所生的天然的具有伦理道德与血缘关系亲情的人。讲仁义、懂伦理"。这"也是中国人区别于西方人、中华法制文明区别于西方法制文明

---

〔1〕《诗经·大雅·文王》。

〔2〕 如在郑国子产执政时期，提出了"天道远，人道迩，非所及也，何以知之"的著名论断。参见《左传·昭公十八年》。

〔3〕 张晋藩：《中国法律的传统与近代转型》（第4版），法律出版社2019年版，第131页。

的逻辑起点与根本所在"。[1]除了讲仁义、懂伦理，在中华法制文明中从事民事活动的主体更强调"集体"或"团体"性，这也是由中国古代重视宗法血缘关系的伦理观念导致的，在这样一个弥漫着浓厚伦理道德的亲情社会中生活的人，更多的是"轻利重义"，讲求奉献和义务的履行。主体的这种价值观在民事法律关系上产生以下影响：首先，直接影响了民事法律规范的性质，在中国古代的民事法律规范更多地表现为禁止性条款而不是授权性条款；其次，人在这种观念之下被塑造成善良的道德民事法律关系主体，自觉履行义务，因此"一切民商交往就变成了仁义君子之间的礼尚往来，制定严密完善的民商事法律规范就显得不那么重要和紧迫了"。[2]最后，强调团体的功能。生产力低下的社会现实以及重视宗法血缘的观念，注定了人为了谋求生存必然要进行家族凝聚力的扩张，并以追求人伦和谐为自我价值实现的目标，从而淡化了单个自然人的独立性。

这种在儒家思想指导下的人本主义的立法原则，对财产关系和人身关系的立法起到了纲领性作用。

（3）德治和法治结合的本质特征

礼，是古代中国的社会现象之一，古代人曾在不同的场合使用"礼"，它起源于原始社会祭祀的一种仪式，因此，一般而言，它的含义是指一般性的礼仪节度。作为一种社会现象，礼随着社会的变迁得到了系统化和规范化的发展，确立了尊卑贵贱的等级观念，以国家为后盾，由法律强制实施，严格遵守不得逾越，所以，"礼"有时兼指道德规范和行为规范。[3]这一过程，也反映了具有仪式感的"礼仪"的"礼"向"法治"方向的"礼"演变，后来随着"礼的政治作用的不断强化，礼的原始含义已经湮没。后人论礼的思

---

〔1〕　陈景良：《突出"民族性"是中国民法典编纂的当务之急》，载《法商研究》2017年第1期。

〔2〕　范忠信、黄东海：《传统民事习惯及观念与移植民法的本土化改良》，载《法治现代化研究》2017年第2期。

〔3〕　《周礼·地官·大司徒》："以五礼防万民之伪而教之中。"据注云："五礼，谓吉、凶、宾、军、嘉"。也是说关于祭祀之事（吉）、冠婚之事（嘉）、宾客之事（宾）、军旅之事（军）、丧葬之事（凶）各有相应的礼制来区别各人相互间尊卑、贵贱、亲疏的等级关系，借以推行《尚书·虞书·舜典》所宣扬的"五教"（父义、母慈、兄友、弟恭、子孝等"五常"之教）。古代统治阶级所需要的，主要是如此这般的"五礼"因为这样的"礼"可以用来"防万民之伪"，把他们引入"正轨"。礼制的加强，实际上就是通过一定的礼仪节度，对臣民进行以"子孝"为核心的封建教育。参见陈朝璧：《中华法系特点初探》，载《法学研究》1980年第1期。

路不外乎'经国家，定社稷'，'明贵贱，序尊卑'"。[1]正如上文所证，在"天命"思想观念的指引下，统治者将权力看作是上天或者神的恩赐，从而无视人类的主导作用，这势必会限制"礼"的发展。从这一角度而言，"礼"观念的形成，说明当时的统治者将重点放在了"皇天无亲，惟德是辅"，重视民众的社会统治上。随着统治者"德治"观念的出现，"礼"的内涵进一步得到了深化，郭沫若先生曾有名言："礼是由德的客观方面的节文所蜕化下来的，古代有德者的一切正当行为的方式汇集了下来，便成为了后代的礼。"礼以"德"为核心，强调野蛮与文明的区别，在国家治理和规范人们的行为时倡导道德的感化功能，"明德慎刑""以政为德"，"礼"培育了中国古代的道德政治观。

与儒家礼观截然相反的法家持"重法轻礼"和"以法治国"的思想，强调"不别亲疏，不殊贵贱，一断于法"，"君臣上下贵贱皆从法，此谓大治"。[2]把法治作为治理国家的强制性手段，排斥儒家"仁、义、孝、悌"的道德准则，认为这些都是"愚诬之学"和"亡国之言"。

虽然儒家的德礼和法家的法治在治理国家的观念和手段上截然不同，但是这两种思想都以维护国家的稳定为目标。因此，在功能上具有一致性，在不同的社会发展阶段，由于统治阶级治理国家需求的不同，对这种思想的运用各有所侧重，"或为了维护法律的权威按法处理，或为了弘扬德的价值按德进行，最终都以国家利益为依归"。[3]在古代中国的国家治理中形成德法共治的模式，在两者的运用上，由于侧重点的不同，在不同的发展阶段，德法共治的具体适用也有所差异。在中国古代曾出现了"明德慎罚""德主刑辅"以及"德礼为政教之本、刑罚为政教之用"等不同内涵的德法共治，形成了中华法系最鲜明的特征，也是中华传统法文化的主要气质。

（4）财产关系的义利观

中华法系儒家思想、天人合一、人本主义等特质对应到民事法律规范的财产利用关系上即"义"和"利"的关系。中国传统价值观主张以义为先、以义导利，在"利"和"义"产生冲突时，应"重义轻利"，进而实现"义

---

〔1〕 张晋藩：《中国法律的传统与近代转型》（第4版），法律出版社2019年版，第16~17页。

〔2〕 参见《管子·任法篇》。

〔3〕 张晋藩：《中国法律的传统与近代转型》（第4版），法律出版社2019年版，第9页。

利统一",以此达到社会和谐。[1]在中国古代,人们在财产利用等利益分配关系中,不会单纯地片面追求物质利益,更强调作为一个伦理人的"义",也就是义务和责任。在中庸思想的影响下,尽量做到义和利的平衡。尤其在财产交易关系中,特别强调"重义轻利",维护"仁人之君子"卑谦的形象。"义利观"对中国传统民事法律制度的形成产生了深远影响:一是崇公抑私的法律思想;二是单向的权利和义务关系;三是以忠孝为内核的社会等级关系。通过以法律的形式确认和强化"义"所蕴含的道德义务,以此逐步压制民众对权利的认识与追求。诸如契约关系和侵权行为等现代意义上的民事规范难以在中国古代孕育和生长,与此大有关系。[2]但是在此值得一提的是,随着财产利用和交易关系的发展,具有财产流转性质的债法在清朝末期已经具备了自由、平等、依法等原则。[3]

(5)家族本位的伦理色彩

在原始社会,宗法血缘关系是维护氏族社会稳定的核心性要素,早在尧舜禹时代,王位的继承与宗法血缘已经融为一体。随着阶级的产生,原始社会向封建社会过渡,以宗法血缘为核心的"家"组成了"国",实现了宗法血缘为特质的"家"与强权政治的"国"的结合。当时占统治地位的封闭和保守的自然经济基础使大家族制度得以蓬勃发展,封建家长制的家庭成为当时社会最基本的细胞和元素。家长或者族长拥有管理整个家庭或者大家族的权力,调整家庭或者家族成员内部的权利义务关系,国家认同家长或者自主治理家庭或家族的权力。随着儒家思想的发展,引"礼"入"法",礼法并重结合,形成了中国古代特有的法律与道德并重的伦理色彩的法制,从而塑造了中国古代的家族伦理法与国家制定法并存的独有气质。"中国人自有文化

---

[1] [日]寺田浩明:《权利与冤抑:寺田浩明中国法史论集》,王亚新等译,清华大学出版社2012年版,第233~236页。

[2] 沈玮玮:《传统观念与民法结构:再论中国古代民法的价值》,载《广东社会科学》2016年第1期。

[3] 尤其是在主体制度方面,针对上文的论述本处借用张晋藩教授的论述对上文作进一步的补充说明,在中国古代法律中,确有"良贱"之分,位列"贱籍"者,以其身份的特殊,无立约资格,但位列贱籍的,在整个社会构成中所占比重极小,而位列良籍者,则包含绝大部分的社会构成,如官僚地主、农民、手工业者、商人、兵丁等等,凡位列良籍者,如相互缔约,权利义务是平等的,意志是自由的,这是法律所保障的。参见张晋藩:《从晚清修律官"固有民法论"所想到的》,载《当代法学》2011年第4期。

以来，从未以国家为人类最高共同体。其政治论常言天下，而国家不过与家族同为组成天下之一阶段。"〔1〕后儒家确立了"三纲五常"的思想，由此进一步强化了封建家庭和家族内部"父权"和"夫权"的核心地位，出现了诸多"家规"和"家训"等族内适用法的形式。由于家法族规是国家认同的治家之法，是道德规范、精神信仰的法律化，而它的产生是在祖祖辈辈先祖的训谕中得到源泉的，〔2〕因此具有强制性。但其与国家法律有所不同，"家法"与"国法"相比，内容较为细致，调整的主要是涉及家庭和家族内部的如财产、婚姻继承、尊卑秩序等领域。在具体权力的行使上，家长或族长对子女的婚姻具有决定权，"取妻如之何，必告父母"，〔3〕"必待父母之命，媒妁之言"，〔4〕妇女不享有任何权利。妇女的社会地位极其低下，不仅没有财产的处分权也不具有管教子女的权利，更不允许出外活动，妇女要严格依附于男子，"妇人，在家从父，出嫁从夫，夫死从子"；〔5〕家长对财产享有绝对的控制权。这是遵循家长制尊卑秩序的重要表现，也是儒家思想礼的重要规范之一。在宗亲家族本位的思想统治下，亲情关系逐渐渗透到社会生活的各个方面。又由于家庭或者家族成员业已习惯了这种伦理关系的束缚，使得亲属关系逐渐演化为重要的社会关系之一，这也印染了中华法系和中华传统法文化的伦理色彩。"家族是中华传统文化的堡垒。中国文化之所以这样富有柔韧性和绵延力，原因之一就在于有这么多攻不尽的文化堡垒。"〔6〕

在礼法结合的中华法系中，"'礼'是一种社会性的，而'法'则是一种政治性的"。〔7〕因此，像婚姻家庭这样的"细故"一般由"礼"来规制，受家法族规的调整，这是中华法系具有家族本位的伦理色彩的主要原因。在宗族法中，婚姻、家庭和继承占有较大的比重，主要涉及婚姻的缔结、解除、夫妻行为、家庭关系的调整、财产的继承等方面。在婚姻缔结方面严禁族内通婚，这是不可撼动的宗族法原则；在婚姻的解除以及夫妻和家庭关系上遵循着男尊女卑的观念，以三纲五常为基本原则；在继承方面，尊卑有序，以

〔1〕 王焰编：《梁启超学术论著》，浙江人民出版社 1998 年版，第 5 页。

〔2〕 张晋藩：《综论独树一帜的中华法文化》，载《法商研究》2005 年第 1 期。

〔3〕 《诗经·南山》。

〔4〕 《还魂记·婚走》。

〔5〕 《大戴礼记·本命》。

〔6〕 殷海光：《中国文化的展望》，上海三联书店 2002 年版，第 98 页。

〔7〕 钱穆：《湖上闲思录》，生活·读书·新知三联书店 2000 年版，第 48~51 页。

男尊女卑为基本原则。

(6) 天人合一的理论基础

在中国古代社会由于人类战胜自然的能力低下，人们敬畏神秘的自然现象，奉行"天理"的价值观，这不仅支配当时的日常生活，也在国家的立法活动中广泛适用。在法律的制定中遵循"天理""天罚有罪，五刑五用哉"，[1]这里的天即为天理，是以天理为依据的法律思想，其来源于自然界的某些自然现象，区别于西方古代法律来源于某些具有特定人格意义的"神"的授权，被贴上重重的宗教色彩，而中华法系鲜受宗教的影响，这是中华法系区别于其他法系的特征之一。天理虽然是当时的统治者治理国家以维护统治阶级利益的手段，但是的确包含着一定的哲学原理，体现了人与天相通的"天人合一"理论。"天理决定法律的法律思想，富有哲学意味，从实际出发，而又面向现实，在一定程度上接近于欧洲中世纪自然法学派的理论水平。"[2]后来经过儒家思想发扬光大，天人合一理论不断完善和体系化。[3]天人合一理论是人与天的相通，是自然和谐与社会和谐的相通，"古代中国人在整个自然界寻求秩序与和谐，并将之视为一切人类关系的理想"。[4]所以，天人合一理论的深层含义即人与自然的和谐，其终极目标是社会和谐。儒家思想体系中的"中庸之道"就是讲求"中立而不倚"，不偏不倚地营造和谐氛围。

# 第三节　小　结

在私法文化体系中，民法文化是基础，民法文化的形成与公法私法的划分密不可分。市民社会和政治民主、自然法思想的哲学基础直接孕育了以权利神圣、身份平等、私法自治为理念的民法文化，直接影响社会生活，并最终成为体现人生存与生活的文化真谛。中华法系是世界众多法系中的一个具有独特

〔1〕《虞书·皋陶谟》。

〔2〕 陈朝璧：《中华法系特点初探》，载《法学研究》1980年第1期。

〔3〕 如汉代的儒学家董仲舒以《公羊春秋》为主干，兼采阴阳、法、道、名等诸家学说，并以"天人感应"为哲学基础，构建了完整的新儒学体系。其思想的核心是"圣人则天之所行以为政"，即为现实的统治寻来来之于天的合理性，在法制上的表现就是"明德慎罚""则天行刑"。参见张晋藩：《综论独树一帜的中华法文化》，载《法商研究》2005年第1期。

〔4〕 潘吉星主编：《李约瑟文集——李约瑟博士有关中国科学技术史的论文和演讲集（一九四四——一九八四）》，陈养正等译，辽宁科学技术出版社1986年版，第338页。

气质的独立性法系，是指封建王朝建立以来绵延数千年直至清末的法律传统，自成一体，传承而不殆。自成一体的中华法系是中国传统民法的"母体"，中华法系的传统法文化气质直接影响和塑造了中国传统民法文化。从民族的传统文化视角界定的中华法系与中国传统文化之间存在紧密的关联性，"因中国文化的创立延续，乃逐渐而有中国固有法系的形成。离开中国文化，自不能说明中国法系[1]的使命所在。然在中国法系方面，求其与中国文化的关系，可素描、可透视。素描的结果，便知中国法系受中国文化的熏陶，而表现于外的特征，显然与其他法系有其异致。透视的结果，兼知中国法系与中国文化融合为一体而蕴藏于内的本质，随之而使中国法系的特征有所附丽。"[2]

虽然中国传统民法文化与民法文化存在较大的异质性，但是中国古代民事法律体系的形成及其独特品质的培育，有其特殊化路径及本土化渊源。深入中国法制的发展历程进行细致的研究发现，中国古代的民法史同样源远流长，在中国独有的以儒家思想为核心的法律文化的浸染下独具气质，以丰厚的历史有力地回击了认为中国古代没有民法只有刑法或者民刑不分的论调。当然每一种法律文化各有其不同的源流和时代特殊性，中国古代的民事法律制度，虽然不能完全用西方的法律发展的模式来要求，更不能用近现代的民法观点来衡量，但毕竟在中国几千年的封建王朝中展现了其与众不同的风采，并以独特的方式调整了当时社会经济生活的发展，为中国留下了丰富的绚烂多姿而有价值的中华传统私法文化资源。因此，需要破除认为西法输入中国以后才有民法的西方中心论。

---

〔1〕 陈顾远先生此处所言的"中国法系"即"中华法系"，此问题上文已有简论，此处不再累叙。
〔2〕 陈顾远：《中国固有法系与中国文化（1952）》，载《法律文化研究》2014年第0期。

# 第三章

# 中国传统民法文化现代化的历史进路

从未中断的拥有五千年文明史的中国传统民法文化，凝聚着中华民族的智慧，是中华民族最宝贵的文化资源。习近平总书记曾指出："中华民族有着深厚文化传统，形成了富有特色的思想体系，体现了中国人几千年来积累的知识智慧和理性思辨。"[1]中国固有的传统民法经历了萌芽、确立与发展三个阶段，在完全封闭的中华民族文化土壤里，沿着陈陈相因的纵向传承发展轨迹，形成了以儒家人本主义为核心的私法气质，以其独特的规范功能维持了封建经济生活的和谐运转。但是这种岁月静好随着1840年鸦片战争的爆发化为水花镜月。西方法文化随着西洋人的坚船利炮输入到中国，使中国的政治、经济、文化发生剧变，中国传统法律的封闭状态被打破，而中华传统文化的封闭性在这样的环境里，很显然缺乏"一套足以和西方社会相竞争的话语体系"。[2]在与西方法律文化的不断碰撞和冲突中，中国固有的传统法文化被迫向近现代法律文化转型，而中华法系民法也开始了继受欧陆民法的近代化进程。随着晚清政权的覆亡，中华法系因失去了存在的载体而彻底瓦解，中华法系民法在经历西学东渐、清末修律、民国民律草案和民国民法典的浸染后实现了华丽的蜕变，中华法系民法以另外一种姿态进入一个崭新的发展阶段，"法文化的变迁本身就是法律规范、法律制度、法律思想、司法实践乃至法律意识等因素同步发展的过程"。[3]中国传统民法文化在中国历史上随着社会的

---

[1] 习近平：《加快构建中国特色哲学社会科学》，载《习近平谈治国理政》（第2卷），外文出版社2017年版，第340页。

[2] 杜涛：《从"法律冲突"到"法律共享"：人类命运共同体时代国际私法的价值重构》，载《当代法学》2019年第3期。

[3] 黄源盛：《晚清民国的社会变迁与法文化重构》，载《法制与社会发展》2020年第3期。

变迁，历经近代化转型、现代化重构并最终形成全新的形式理性——民法典，彻底完成了现代化之路，实现了中国传统民法文化的现代化，这是中国传统民法文化的创造性转变和创新性发展，更是中国传统民法文化的创造性继承，并以其独有的民族特色再次彰显了中国文化自信。

## 第一节　中国传统民法文化的近代转型

1840 年鸦片战争爆发，中国社会随之发生了翻天覆地的变化，中国几千年的"礼乐文化"遭遇了西方"法治文化"的强烈冲击，在中国广袤的土地上，中西方法律文化纵横交错，形成了"旧的东西显然无法维持其故态，但又不甘退出历史舞台，新的东西名噪一时，咄咄逼人，却苦于无坚厚的社会基础而捉襟见肘"。[1]面对如此混沌的社会，龚自珍、魏源、康有为、梁启超等有识之士开始审视中国的传统文化观念，倡导西方"自由、平等"的现代法律理念，呼吁对中国政治法律进行全局性改革，这逼迫清政府不得不被动地进行变法修律，中华法系彻底解体。本书在这一问题的研究中，主要采取"脉络化"研究方法，以历史时代为主线，静态描述和动态分析相结合，不仅着眼于不同历史时代法律制度的表象，更探讨表象背后内在的社会结构、法律文化渊源等。按照上述的研究方法，中华传统法的近现代化转型可分为《大清民律草案》、北洋政府《民国民律草案》与南京国民政府《中华民国民法》三个历史时代。

### 一、西方法文化的输入与中华法系的解体

在中国传统社会，自给自足的自然经济长期占据统治地位，实行重农抑商的政策，形成了一个相对封闭的状况，这是中华法系没有受到其他法系影响的根本原因。这种封闭保守的社会状态随着封建王朝的更迭演变愈发强烈，至清朝已演化为"闭关锁国"，但是清政府的"闭关锁国"政策并未将自以为是的盛世局面稳固化。在腐败的统治下，社会各种力量暗潮涌动，将清政府拉入了"内忧外患"的泥沼中。随着西方资产阶级革命的完成，他们开始向外扩张势力，西方法文化随着政治和经济的渗透政策传播到中国，引起了

---

〔1〕　参见武树臣等：《中国传统法律文化》，北京大学出版社 1994 年版，第 510 页。

中国传统民法文化观念的转变，在这场文化思潮的碰撞中，中华法系被迫解体。

（一）清政府的社会变迁

在康熙后的清朝，通过制定一系列的法章，发布上谕和官方文书等形式限制和防范外夷，严格限制国外商人在中国交易的期限和交易内容，并对外国船舶进行严密的监视。除了对中外的经济往来进行限制外，清政府还阻碍了中外文化的交流。其实，早在明代万历年间，西方以利玛窦为代表的传教士来华传教，在传教的同时，已将西方有关科技和文化等方面的译著传播到中国，开启了"西学东渐"之风。[1]中国人开始对西方的自然科学和社会科学有所蒙悟，这虽并未在本质上威胁到中华传统思想文化，但的确对中华传统思想文化产生了一定的触动。清政府建立后，压制西方文化在中国的传播，康熙年间，曾下令驱逐在中国的西方传教士，并在国内实行高压的文化专制政策，压制民族主义思想和反清意识，维护清朝统治。在康熙时期，大兴文字狱，禁止学术思想上的一切探讨，造成国人缺乏辨识能力和脱离实际的学风，缺乏对海外世界最根本性的了解，清朝"对外国的创造发明拒不接受，达到了登峰造极的地步"。[2]清政府的政治统治愈加腐败，皇权专制发展到极致，这造成了官僚政治的没落，朝廷里几乎没有敢于说真话的臣子。[3]政治上的腐败加剧了司法的混乱，徇私枉法现象严重，出现了大量的冤假错案。在"闭关锁国"高压政策下的清政府并未出现国强民富的盛世境况，相反，

---

〔1〕从广义上讲，泛指自上古以来一直到当代的各种西方事物传入中国都可谓"西学东渐"，但在中国史学者的研究中，普遍认为是指从明朝后期到近代的西方学术思想在中国的传播，通常指在明末清初以及晚清民初两个时期之间欧美等地学术思想的传入。具体而言包括两个发展阶段：（1）从明代至清代前期，这段时期可以被称为"西学东来"，因为这段时期的西学并未对中国传统思想构成任何实质性的威胁；（2）晚清（或"近代"）以来转型时代，这才是真正意义上的"西学东渐"，因为西学确实对中国传统思想构成了根本性的挑战。正如誉为"中国留学生之父"的容闳所言："以西方之学术，灌输于中国，使中国日趋于文明富强之境。""借西方文明之学术以改良东方之文化，必可使此老大帝国，一变而为少年新中国。"

〔2〕［法］佩雷菲特：《停滞的帝国——两个世界的撞击》，王国卿等译，生活·读书·新知三联书店1993年版，译者序言第4页。

〔3〕龚自珍在《明良论》中形象地揭示了当时的阿谀奉承的官风："官益久，则气愈愉。望愈崇，则谄亦益固。地益近，则媚亦益工。至身为三公，为六卿，非不崇高也，而其于古者大臣巍然岸然师傅自处之风，匪但目未睹，耳未闻，梦寐亦未之及。臣节之盛，扫地久矣。非由他，由于无以作朝廷之气故也。"参见（清）龚自珍：《明良论》，载《龚自珍全集》（上册），王佩净校，中华书局1959年版，第32页。

由于高度集中和垄断的土地政策，大量的土地集中在皇帝和其他富户手中。据载"近日田之归于富户者，大约十之五六。旧时有田之人，今俱为佃耕之户；每岁所入，难敷一年口食"。[1]农民不仅手中无田而且还要交各种苛捐杂税，加上频频发生的自然灾害，农民流离失所，封建社会固有的矛盾空前尖锐，在清朝中期爆发了规模空前的"白莲教起义"，清政府的统治急遽衰败。

此时的西方主要资本主义国家英国和法国，已经通过资产阶级革命稳固了资产阶级的统治地位，并完成了产业革命，他们为了争夺资源和经济市场开始向海外大肆扩张，而资源丰富的印度和中国为他们的首要目标。古代中国的富庶得到了西方学者的一致认可，德国学者贡德·弗兰克认为古代中国在世界经济及其中心等级体系中占有中心的位置和角色。[2]最早完成工业革命的英国，在19世纪前期通过一系列的殖民战争将印度变成其殖民地，同时开始对中国输入鸦片，严重损害了清政府的国力和财力，"若犹泻泻视之，是使数十年后，中原几无可以御敌之兵，且无可以充饷之银"[3]是对当时历史的真实写照。清政府迫于无奈，任命林则徐为禁烟大臣办理禁烟事务，由此引发了震惊中外的第一次鸦片战争。这次战争以清政府败退，被迫与西方列强签订《南京条约》《虎门条约》《望厦条约》等一系列不平等条约求和而结束，严重损害了包括税收权、沿海自由航行权和独立的司法裁判权在内的传统权力体系的完整性和独立性，中国开始沦为半殖民地半封建社会。

（二）传统法观念的转变

西方资本主义国家随着资本输出，将经济剥夺和占领延伸到世界各国，清朝自我封闭的门户被彻底打开，过去独立的保守的文化格局也被打破，"被各民族的各方面的互相往来和各方面的相互依赖所取代了"。从而使中国传统的法制文明与西方的法制文明产生了初步的接触和激烈的碰撞。[4]

---

〔1〕（清）杨锡绂：《陈明米贵之由疏》，载贺长龄编：《皇朝经事文集》（第39卷），文海出版社1972年版，第1398页。

〔2〕［德］贡德·弗兰克：《白银资本——重视经济全球化中的东方》，刘北成译，中央编译出版社2001年版，第28页。

〔3〕（清）林则徐：《钱票无甚关碍宜重禁吃烟以杜弊源片》，载中国史学会编：《鸦片战争》（第2卷），神州国光社1954年版，第142页。

〔4〕《马克思恩格斯选集》（第1卷），人民出版社1972年版，第252页。

1. 西方法文化的输入

1840 年鸦片战争后，西方传教士大量涌入中国，据不完全统计，1876 年在中国的传教士就有 473 人，到 1889 年增至 1296 人，而 1910 年已高达 5000 多人。[1]他们通过宗教传播以及开办文化出版机构等方式将其一些观念带到中国。鸦片战争后，西方资本输入刺激了中国近代的商业和贸易活动，商人在经济交往过程中进一步发展了私文化，西方商人带动了契约自由、私权神圣等理念在中国的传播。西方国家通过不平等条约取得了中国的领事裁判权，在中国领土上首次出现了"夷人治夷"的现象，西方国家在践踏中国司法主权的同时，将西方的刑法、民法以及程序法等输入到中国，西方法文化多途径的输入和传播，影响了中国人对西方法律文化的看法，也激发了许多有志之士对旧制度进行改造的斗志。

2. 由固守传统到师夷变法

在中国近代史上"睁眼看世界"的第一人林则徐，首次冲破了"19 世纪初期中国国家和社会仍认为自己是东亚文明的中心，它和周围非中国人的关系是假定以中国为中心的优越感"这一前提，[2]开始主持翻译西方的文化书籍，[3]并委托好友魏源完成《海国图志》的编纂。这是一部介绍西方国家的科技和文化以及对西方法律制度进行评析的综合性著述，主张学习西方国家的科学技术，冲破封建传统的藩篱。在该书的序言中明确提出了"为以夷攻夷而作，为以夷款夷而作，为师夷长技以制夷而作"[4]的师夷长技以制夷的先进思想，直面自身认知不足的事实，立志向西方学习增强自我，这种学习不仅包括学习西方的自然科学知识、工业技术还包括政治法律文化，这是对清王朝"天朝上国"妄自尊大和"重道轻器"传统观念的巨大冲击，也为西方法文化的输入制造了舆论准备。后洋务派在吸收"师夷长技以制夷"的思想基础上，将其进一步发展为"师夷长技以自强"，并以"中学为体、西学为用"为宗旨，以官员曾国藩、李鸿章、左宗棠、张之洞为代表。洋务派虽然

〔1〕 ［加］许美德等：《中外比较教育史》，上海人民出版社 1990 年版，第 65 页。

〔2〕 ［美］费正清编：《剑桥中国晚清史 1800—1911》（上卷），中国社会科学院历史研究所编译室译，中国社会科学出版社 1993 年版，第 33 页。

〔3〕 林则徐曾主持翻译了《滑达尔各国律例》《四洲志》《华事夷言》《在中国做鸦片贸易罪过论》等书籍。

〔4〕 （清）魏源：《海国图志·原叙》，载魏源全集编辑委员会编校：《魏源全集》（第 1 册），岳麓书社 2004 年版，第 1 页。

也主张保持孔孟圣贤，但与传统的顽固派有本质的不同，主张应适应社会新境况酌取西方法律思想进行社会变通，这是"由盲目排外到中体西用，是治国思想的大转变，是传统的法制走向近代化的开端"。[1]洋务派开始在比较的基础上为中国的发展探索改革思路，探索如何将西方的政治法律文化移植到中国，他们提出加强法治、强调权利的口号。梁启超提出了"法治主义，为今日救时唯一之主义"。[2]伴随着西方法文化的输入和传播，中国传统的人治思想发生了改变。甲午战争后，为了救亡图存，维新派应运而生。其主张通过变法图强，要求彻底改变清朝相关的典章法律，建立西方的法律体系与制度，尤其在自由和平等权利的享有上，他们认为自由权和平等权也是基本的人权，"仁人皆天生，则直隶于天，仁人皆独立平等"，[3]严厉地批判了传统社会的三纲五常的道德规范。维新派在法律思想上，吸收了西方孟德斯鸠和卢梭等人的学说和观点，在当时的中国社会呈现出崭新的道德价值。在这场法律文化思想浪潮的冲击下，中华法系面临空前的挑战，随着清末修律的开始，中华法系产生了剧烈的质变，其中所蕴含的民事法律制度和体系也随之遭变，传统的中华法系解体，中国传统民法文化也开始转型，迈向了新纪元。

## 二、《大清民律草案》：中国传统民法文化与域外民法文化的遭遇

清政府面对"内忧外患"的境况，不但没有采纳革新的思想，反而采取各种极端手段维护专制主义统治。清政府借口维护祖宗成法，对革新改良进行镇压，1898年以慈禧太后为首的统治者镇压了维新变法运动。但是历史的车轮不会倒退，1900年席卷全国的义和团运动爆发，给苟延残喘的清政府以最沉重的打击。面对前所未有的政治危机，清政府不得不寻求出路，被迫接受戊戌变法，宣布革新。《大清民律草案》的制定充分展现出一个古老民族如何在外来压力下，学习西洋法学思想，以求生存的决心、挣扎及奋斗。[4]

（一）《大清民律草案》的起草

1902年慈禧太后和光绪帝从西安返回后，清廷向军机大臣发布诏谕支持

---

〔1〕 张晋藩：《中国法律的传统与近代转型》（第4版），法律出版社2019年版，第368页。

〔2〕 梁启超：《中国法理学发达史论》，载梁启超：《饮冰室合集》（15），中华书局2015年版，第43页。

〔3〕 （清）康有为：《孟子微 礼运注 中庸注》，楼宇烈整理，中华书局1987年版，第129页。

〔4〕 王泽鉴：《民法学说与判例研究》（第5册），中国政法大学出版社2005年版，第2页。

变法，根据清廷最高掌权者的谕旨，清廷决定以西方法律为摹本进行修法和改制。至此清朝的变法修律正式拉开帷幕：

> 中国律例，自汉唐以来，代有增改。我朝《大清律例》一书，折衷至当，备极精详。惟是为治之道，尤贵因时制宜，今昔情势不同，非参酌适中，不能推行尽善。况近来地利日兴、商务日广，如矿律、路律、商律等类，皆应妥议专条。著各出使大臣，查取各国通行律例，咨送外务部；并着责成袁世凯、刘坤一、张之洞，慎选熟悉中西律例者，保送数员来京，听候简派，开馆编纂，请旨审定颁发。总期切实平允，中外通行，用示通变宜民之至意。[1]

1903 年清政府成立修订法律馆，任命沈家本、伍廷芳担任修订法律的大臣，但是伍廷芳由于后被调任其他官职，遂不再担任修订法律的大臣。因此清末的修律主要是在沈家本的主持下完成的，他的思想和观点直接影响了修律活动。沈家本虽然生活在半殖民地半封建社会，但是他能正视当时国家和社会因为外来法文化冲击产生的影响，在修律时坚持"会通中西"的原则，采取创新与改良的立法思路。他深知中国传统法律已经不是治理国家的良法，高度重视西方法文化所包含的进步因子，"取人之长，以补吾之短""彼法之善者，当取之，当取而不取是之为愚"。[2]在他的主持下制定的新律在体系和内容上仿效西方，对旧律的修改体现出寓创新于改良的思想，但是由于他对西方法文化的理解较为肤浅，加之当时外界环境的影响，[3]决定了这场修律仅限于对中国传统民法文化的表层改良和中西方法律文化的表层联结，并没有触及传统法的封建本质。在沈家本的主持下，共翻译出几十种外国的法律法规和法学名著，为清末修律提供了可观的参考范本。从翻译的文本看，前期主要集中对英美法律的翻译，后期尤其是在 20 世纪转向了以罗马法系为渊源的

---

〔1〕《大清德宗景（光绪）皇帝实录》，华文书局 1964 年版，第 495 页。

〔2〕（清）沈家本：《历代刑法考》，邓经元、骈宇骞点校，中华书局 1985 年版，第 2236~2237 页。

〔3〕当时主持清朝大政并握有实权的很多官僚，以封建的纲常为理论武器，攻击沈家本的"会通中西"的立法原则，以此抵制中国传统法律的近代化，沈家本虽然尽全力进行了辩解，但是不能不有所顾忌，甚至作出了无可奈何的妥协。他曾说："创法难，变法尤难"，"变而不善，其弊益滋"，"此不可不慎也"。参见张晋藩：《中国法律的传统与近代转型》（第 4 版），法律出版社 2019 年版，第 446 页。

日本法律的翻译，而《大清民律草案》也是参照大陆法系的体系进行构建。

在光绪三十三年（1907 年）五月，民政部奏请速定民律：

> 查东西各国法律，有公法私法之分，公法者，定国与人民之关系，即刑法之类也。私法者，定人民与人民之关系，即民法之类是也。二者相因，不可偏废……民法所以防争伪于未然之先，治忽所关，尤为切要。各国民法编制各殊，而要旨闳纲，大略相似。举其荦荦大者，如物权法定财产之主权，债权法坚交际之信义，亲族法明伦类之关系，相续法杜继承之纷争，靡不缕晰条分，著为定律。临事有率由之准，判决无疑似之文，政通民和，职由于此。中国律例，民刑不分，而民法之称，鉴于尚书孔传。历代律文，户婚诸条，实近民法，然皆缺焉不完。……窃以为推行民政，激究本原，尤必速定民律，而后良法美意，乃得以挈领提纲，不至于无所措手。拟请饬下修律大臣斟酌中土人情政俗，参照各国政法，厘定民律。会同臣部奏准颁行，实为图治之要。[1]

奏折的内容较为明确，首先论证制定民律的理由，其次简要评析西方各国的民法并就民法的调整对象进行说明，最后初步规划制定民律的步骤。后又有张之洞等多位大臣进一步论证和阐述制定独立民律的必要性。[2]除了清政府的官僚大臣极力主张制定民法外，社会舆论也广为响应，当时的《时报》发表《论改良法律所应注意之事》一文，主张人民的权利应得到尊重，实现民法和刑法相分离。在多方论证和呼吁下，清政府终将编纂民法典列入修律行列，1908 年 11 月修订法律馆聘任日本学者志田钾太郎、松冈义正为立法起草顾问，负责起草民律的总则、债权和物权三编，1909 年 3 月任命章宗元、朱献文等人合同礼学馆完成民律的亲属和继承两编。至 1911 年完成《大清民律草案》，共 5 编 1569 条。这是中国法制史上首部部门法意义的民法典，在历史上被称为"第一次民草"，但因清朝覆灭未颁布和实施。该草案包括总

---

〔1〕 如张之洞于同年的七月在《遵旨核议新编刑事民事诉讼法折》中表明："民法一项，尤为法律主要，与刑法并行。盖东西诸国法律，皆分类编定，中国合各项法律为一编，是以参伍佰错综，委屈繁重。今日修改法律，自应博采东西诸国律法。详加参酌，从速厘订，而仍求合于国家政教大纲，方为妥善办法。"参见（清）朱寿朋编：《光绪朝东华录》，张静庐等点校，中华书局 1958 年版，第 5682~5683 页。

〔2〕 李贵连编著：《沈家本年谱长编》，山东人民出版社 2010 年版，第 168 页。

则、债权、物权、亲属、继承五编，仿照西方大陆法系民法典，尤其是《德国民法典》和《日本民法典》的编纂模式与立法原则，完全突破了中华法系的传统，"传统的中华法系的制度构建被西方大陆法系的立法模式所取代"。[1]草案前三编以"模范列强"为主，受起草者松冈义正等人的影响，参照西方民法典或者最新的法学理论，在总则编突出了对私有财产所有权的保护，在债权编中规定了债的关系中有关当事人的权利和义务，在物权编中强调了对财产权的法律保护及使用等。这三编内容完全取自西方民法理论，并未考虑中国当时的习惯和文化，体现出极为明显的西方民法特征。本着"西学为用，中学为体"的原则，草案的后两编亲属、继承篇则"以固守国粹为主"，由修订法律馆和礼学馆起草，保留了中国传统民法文化，参照中国当时现有的法律、经义、道德及礼教民俗，所有关涉亲属关系及与之相关联的财产关系均以中国法律文化的传统为主。

（二）中国传统民法文化与西方民法文化的堆砌与隔离

整部草案前三编和后两编体现了完全不同的民法价值，在前三编吸收了西方民法的基本原则，但是在亲属和继承两编，又表现了传统礼制的影响。[2]受封建时代所限，这部法典在立法时选取中西方法律文化两种截然不同的立法价值，体现了这部法典既想照搬西方又要保持本土化的矛盾立法心理。遗憾的是，很显然草案并没有兼顾两者，反而造成了中西方法律文化的抵牾。虽然通过制定草案，"大陆法系民法，尤其是德国民法的编纂体例、概念、理论、原则和制度被引入中国"，[3]但在立法技术和立法思想上，并未实现对西方的民法制度与中国传统民法的整合，使得这部草案成为西方法与本土法的"混合物"。一部法律"二元价值"的立法思想带来极大的弊病，"而此等法典之得失，于社会经济消长盈虚，影响极巨，未可置之不顾"。[4]

民律草案的制定也带给了后人较为鲜明的启迪。首先，在制定中采取明

---

〔1〕　马俊驹：《中国民法的现代化与中西法律文化的整合》，载《中国法学》2020 年第 1 期，第 108 页。

〔2〕　具体表现为："在总则、物权、债权三编照搬西方法制发达国家之先进民法，以致有些内容脱离中国国情而无法实现；在亲属和继承两编因沿袭封建宗族家法太多，使得该法前后内容之立法精神相互抵触。"参见于语和、郑晓辉：《〈大清民律草案〉——外来法与本土法的混合产物》，载何勤华主编：《法的移植与法的本土化》，法律出版社 2001 年版，第 183～184 页。

〔3〕　梁慧星：《民法总论》（第 3 版），法律出版社 2007 年版，第 18～19 页。

〔4〕　谢振民编著：《中华民国立法史》（下册），中国政法大学出版社 2000 年版，第 903～904 页。

确的立法指导思想，修订法律的大臣俞廉三、刘若曾在《民律前三编草案告成奏折》中，完整地表述了制定这部民律的指导思想："注重世界最普通之法则，原本后出最精确之法理，求最适于中国民情之法则，期于改进上最有利益之法则。"[1]其中所包含博大精深的立法指导思想对现在民法典的制定仍具有重要的借鉴意义。在这一指导思想的影响下，《大清民律草案》在形式和部分内容上体现了其进步性。首先，在立法的形式上采取较为先进的大陆民法潘德克吞式编纂模式，将财产权和人身权分编规定；在立法原则上也吸收了西方先进的立法原则，虽然后两编在内容的编写上保留了封建传统民法的因素，但是也部分吸纳了近代民法的精神。其次，《大清民律草案》结合西方民法对传统民法规范进行相应的保留或修改。关于民事主体的权利能力、行为能力以及责任能力的规定体现了主体的平等性，并在草案中规定了法人制度。在物权部分明确了私有财产权以及土地的所有权受法律保护，删除了具有中国传统社会特色的典权制度，仿照德国法设置了不动产质权。同时，首次以立法的形式承认奴婢不再是民法上的客体物，这是历史性的进步，并就物的特性进行了明确规定。在债权编对债权人的权利作了较为详细的规定，确认诚实信用原则。在亲属编仍采家属主义，贯彻宗法精神；在结婚制度上仍保留父母同意以及同姓不婚的封建性规定，在夫妻财产和家庭关系上保留了夫权和父权，并继续实行宗祧继承制度。

综上，这部法典草案开中国民法和刑法单独立法之先河，在整合中国传统民法和西方民法的过程中，开始和近代西方民法接轨，在中国民法发展史上具有里程碑意义，开启了中国传统民法文化近代化的重要一步。但是由于历史的局限性，处于"传统与近代的困境"中的清政府不能也不可能通过这部民律草案完成中国传统民法的近代化转型，一些私法精神的标志性原则如平等原则、私权神圣、意思自治原则等未能在这部草案中建立起来。草案中存在诸多封建落后的法律规范，由此造成"清末编纂《大清民律草案》在传承传统法方面是不成功的，在财产法方面，应当传承的而未传承；在身份法方面，应当改造发展的而未改造发展"。[2]后草案随着清政府的灭亡而未来得

---

〔1〕 参见张晋藩：《中国法律的传统与近代转型》（第4版），法律出版社2019年版，第466页。

〔2〕 张生、周玉林：《传统法：民法典的社会文化根基——中国社会科学院法学研究所张生研究员访谈》，载《社会科学家》2020年第8期。

及实施，但却为民国政府制定民法典提供了重要的参照。

### 三、《民国民律草案》《中华民国民法》：中国传统民法与域外民法文化的初步整合

随着 1911 年辛亥革命的爆发，清政府走向灭亡，中国民法发展迎来了新的机遇。在吸收《大清民律草案》立法经验的基础上，北洋政府在 1926 年完成《民国民律草案》，后因军阀连年混战而未能正式公布。虽然《民国民律草案》有很多未尽妥善之处，但仍具有中国传统民法文化的近代化转型的进步意义，初步呈现出传统民法与继受民法在价值取向上的趋同化，并对后来南京国民政府民法典的起草产生了深远的影响，具有重要的历史价值。[1]

（一）《民国民律草案》

1. 起草

随着晚清政府被推翻，统治中国数千年的封建专制制度也随之宣告终结，保障人权、提倡民主共和成为这个时代的主旋律。北洋政府执政后，军阀连年混战，政局动荡不安，中国的社会经济生活和政治体制发生了重大的变化。虽然《大清民律草案》未来得及实施，但在一定程度上动摇了传统民法固有的价值体系，原有的儒家人本主义伦理观在尊重人权、自由、平等的西方民法文化的冲击下处于瓦解的边缘。当时社会中外商贸活动频繁，整个社会关系随着工商业的发展不断变化，要求相应的民事法律规范进行调整和保护，而当时在民事法律的适用极为混乱，[2]裁判依据包括大清现行刑律民事有效部分、民事习惯、民法学说，甚至伦理道德规范等。同时，尽管多元化的规范各自有据，但却无法涵盖所有的民事法律关系，无法构建统一的民事法律体系，凌乱无章的法律规范和日滋纷繁的民事案件置大理院于困厄之境。[3]

---

〔1〕　潘维和：《中国近代民法史》，汉林出版社 1982 年版，第 86~87 页。

〔2〕　在北洋政府执政后将清末的各项法典以及法典草案进一步完善。在法律适用上，开始虽然宣称援用清末的民商事法规，但是没有讲清适用的是清现行刑律中的民法部分还是《大清民律草案》，因此，形成适用法律上的混乱。后又明确"前清现行律关于民事各条，除与国体及嗣后颁行成文法相抵触之部分外，仍应认为继续有效"废弃《大清民律草案》。参见杨立新：《百年中的中国民法华丽转身与曲折发展——中国民法一百年历史的回顾与展望》，载《河南省政法管理干部学院学报》2011 年第 3 期。

〔3〕　黄源盛：《晚清民国的社会变迁与法文化的重构》，载《法制与社会发展》2020 年第 3 期。

加之当时的北洋政府想借助法典化的法律体系实现收回领事裁判权，[1]客观环境和主观因素的结合，促使北洋政府加快了民法典的立法进程。

1914 年北洋政府的法律编委会着手民律的制定，至 1915 年编成共 7 章的《民律亲属编草案》，1918 年北洋政府重设法律修订馆，设置总裁、副总裁、总纂、纂修和调查员继续民律的制定。在这一阶段，加强对各省民商事习惯的调查工作，以《大清民律草案》以及西方各国的立法为参照，聘任相关人员参加编纂并进行合理的分工。[2]《民国民律草案》的总则编、债编、物权编于 1925 年完成，1926 年相继完成亲属编和继承编，至此，修订法律馆完成了《民国民律草案》全部编章，共 5 编 1522 条。但后来因为军阀连年混战以及内阁政府的更迭使得该草案未能进入立法程序予以公布。但《民律案总则编债编暂行参酌采用令》规定，各级法院可以将其作为条例适用，在法院的司法实践中起到了一定的规范作用。

2. 中国传统民法文化与域外民法文化的浅层联结

《民国民律草案》是在《大清民律草案》《民律亲属法草案》以及大理院民事裁判、民事习惯的基础上编纂而成，弥补了《大清民律草案》的诸多弊病，在立法价值、立法技术以及具体民事制度上都有较大的进步，实现了中国传统民法与现代民法的浅层联结，使中国传统民法文化的近代化转型迈出了实质性的一步。"《民国民律草案》的突出特点和价值，在于它对中国传统民法与西方民法的整合"并"对于传统民法中的最具有封建色彩的部分，进行了力所能及的改造，使个人在宗族、家庭中，得到了新的定位。这说明立法者对于移植外来法律如何与本土文化相结合的认识的提高"。[3]

首先，在立法理念上将西方民法与中国传统民法的价值相融合。《大清民律草案》的二元价值立法论遭到学界的严厉批判，尤其是仍然保留严重的封

---

〔1〕 1919 年，第一次世界大战各主要参战国在巴黎召开和会，中国代表提出收回领事裁判权问题，列强以中国法律未臻完备为借口，未做实质性答复。1922 年华盛顿会议召开，中国代表再次提出领事裁判权的撤废问题，与会列强仅答应组成各国联合考察团，考察中国法治状况之后再做决定。为应法权会议之考察，1922 年北洋政府修订法律馆迅速修订完成民、刑事诉讼条例之后，便以民法典的修订为急务。参见张生：《民国〈民律草案〉评析》，载《江西社会科学》2005 年第 8 期。

〔2〕 总编由大理院院长余棨昌负责制定；债编由修订法律馆副总裁应时、总纂梁敬錞主稿；物权编由北京大学教授黄右昌起草；亲属、继承二编由修订法律馆总纂高种和起草。相关资料请参见潘维和：《中国近代民法史》，汉林出版社 1982 年版，第 86~87 页。

〔3〕 张晋藩：《中国法律的传统与近代转型》（第 4 版），法律出版社 2019 年版，第 491、492 页。

建礼教伦理精神，没有处理好中国传统民法文化与西方民法文化的有效整合，在不同的民事法律制度中采用完全不同的两种立法价值和理念，未将中国传统民法文化和西方民法文化加以整合，只是简单地将它们堆砌到《大清民律草案》中，造成中国传统民法文化与西方民法文化的隔离和抵牾。北洋政府重新审视《大清民律草案》的立法思想和立法原则，结合西方最新的民事立法经验，将与时代相符合的民事立法理念运用到民律的制定中，形成了统摄整部民律的法律社会化的立法原则。实际上，早在《大清民律草案》制定之前，西方民法已经过渡到民法的近代化时代。由于罗马法的复兴，西方各国掀起了民法法典化运动的高潮，其中以 1804 年《法国民法典》最具代表性，形成了以"私权神圣""契约自由"和"过失责任原则"为特点的西方近代民法文化。受《法国民法典》的影响，19 世纪末 20 世纪初西方国家再掀民法典的制定高潮，1900 年施行的《德国民法典》奠定了西方民法的现代化趋势，该民法典结合资本主义经济发展现状，对近代民法的三原则进行了相应的限制，标志着西方民法近代到现代的转型，1912 年的《瑞士民法典》更为彻底和全面地体现出明显的私法"公法化"的倾向。但《大清民律草案》制定时，因为当时的统治者从内心排斥西方文化，负责立法的官僚对当时的西方民法和思想领略不精，导致《大清民律草案》二元价值观的立法。北洋政府时期，随着西方思潮的进一步输入和异质民法文化在国内的传播，在制定《民国民律草案》时已经能够用批判的眼光审视《大清民律草案》，正视西方民法与中国传统民法的价值观的异同，认识到唯有将两者相互融合才能适应当时的社会经济状况。在当时的社会情境下这种理念无疑是进步的，对其积极意义必须给予肯定。《民国民律草案》的立法理念体现了改造传统民法和移植西方民法文化的态度。在此我们可以得到一个有益的启发：完全在中国的古圣经义或传统伦常礼法中去寻找改变法文化的契机是不够的，必须要敞开大门，汇纳世界其他先进法律文化，注入非中国法文化的精神，加以比较、选择与吸收，截长补短，才有可能产生新的法律文化。[1]

其次，立法理念直接影响草案的立法术语、立法形式以及具体民事法律规范等方面。在立法术语上，尽量做到中国传统民法与西方民法的趋同，改变传统民法中晦涩的古体文言文，采用通俗的文言文，对外来的西方民法术

---

[1]　黄源盛：《晚清民国的社会变迁与法文化的重构》，载《法制与社会发展》2020 年第 3 期。

语进行相应的改造，尽量减少直接运用。在立法形式上，继续采用潘德克吞的编排模式，设总则编、债编、物权编、亲属编和继承编，突破了传统民法中诸法合体立法思想，再次彰显了民事立法向近现代的转型。在具体民事制度的设置上，总结《大清民律草案》立法经验，针对《大清民律草案》在总则编、债权编和物权编将重点放在西方民法制度上，而忽视中国传统民法文化的精华，而亲属编和继承编又过多因袭中国传统宗法礼教，排斥西方民法平等原则的事实，《民国民律草案》在具体制度中进行了相应的调整。该草案并未照搬西方民法典，将《大清民律草案》中的第二编债权编改为债编，体现了平等保护债权关系中的债权人和债务人的立法理念，这与西方民法"社会化的价值观相契合，又能与中国固有民法抑强扶弱的价值理念相适宜"。[1]考虑到典权制度是具有中国特色的制度，在民事生活中适用广泛，故将被《大清民律草案》删除的典权制度重新纳入《民国民律草案》中，并在参照各地习惯以及大理院的判例和解释的基础上，对典权制度进行了完善。在物权编结合中华传统法律文化对所有权进行限制，与中国传统民法的"重义轻利"、重义务轻权利、追求和谐的价值取向保持一致。草案吸收德国和日本民法的夫妻财产制度，承认妻对夫对等的契约关系，将夫妻财产区分为约定财产制和法定财产制，设立以家庭为单元的家庭财产制度；认可了妻子和女儿的继承权。《民国民律草案》相较《大清民律草案》在对待中国传统民法文化与西方民法文化的态度上有本质的区别，前者认识到了两者之间的联系性，并在统一的立法理念下，实现了两者的浅层联结，形成了中国传统民法文化与西方民法文化的整合或者融合的基础，矫正了清末制定民律时传统民法与继受民法简单统合的偏误，更为客观合理地将传统民法与继受民法整合为一个近代民法体系，既满足了当时各级司法机关和民间的规范要求，也为后来南京国民政府新民法典的制订完成作出了重要贡献。[2]限于立法的局限性，草案虽较《大清民律草案》有了较大的进步，但仍保留了很强的封建礼教制度，这尤为体现在亲属编和继承编中。

（二）《中华民国民法》

南京国民政府成立后开始着手民法典的起草，在 1929 年 1 月组建民法起

---

〔1〕 马俊驹：《中国民法的现代化与中西法律文化的整合》，载《中国法学》2020 年第 1 期。

〔2〕 张生：《民国初期民法的近代化——以固有法与继受法的整合为中心》，中国政法大学出版社 2002 年版，第 2 页。

草委员会，先后完成了民法典各编草案，后经过立法院通过，自 1929 年 5 月至次年 12 月由国民政府相继公布实施，这是中国第一部颁布生效的民法典，自此结束了中国无民法典的历史，成为中国民法现代化转型的一个重要标志。[1]这部法典着重将继受西方先进的民法文化与本土化改良相结合，同时又保留了中华传统法中的优秀元素，"在立法精神上既否定了中国传统民法中的国家本位和家族本位，又在一定程度上剔除了西方'个人本位'思想，顺应了世界民事立法社会化的趋势，符合近现代的私法精神"。[2]但因各种主客观原因，该部民法典缺乏对中国传统民法文化和西方民法文化在本质上的创造性联结，总体表现为"混合继受"西方民法、"去中国化"，对中国传统民法文化的传承较少。

1. 《中华民国民法》的起草工作

南京国民政府成立后，宣布以"三民主义"为最高立法原则，法律必须面向全体人民、以整个社会为目标，用以调整个人与社会的利益关系，并促进社会共同福祉的发展。[3]而《大清民律草案》和《民国民律草案》早已不足反映时代需求，于是在 1928 年 12 月，南京国民政府成立立法院，开始着手民法典的起草工作。1929 年 1 月 26 日，南京国民政府立法院第九次会议作出决议：在训政开始的背景下，各种法规均有待成立，根据轻重缓急确定立法先后顺序，应先起草与日常生活紧密联系的民法、商法、土地法、自治法以及劳工法五种。[4]又因要为收回领事裁判权创造条件，民法典必须迅速出台，将民法典起草工作放在了首位。[5]照立法院的计划民法典必须在一年内完成，当时的立法院选任国内最为优秀的法律专家担此重任，在 1929 年 1 月 29 日的立法院第十次会议上，立法院院长胡汉民选任傅秉常、焦易堂、史尚宽、郑毓秀和林彬五人组成"民法起草委员会"，并聘任王宠惠、戴传贤和法国人宝道三人为民法起草顾问。立法专家团队里既有精通中国传统法的学者，也有深入研究外国法的学者，既有外国法的专家也有中国法的专家，体现了南京国民政

---

〔1〕　马俊驹：《中国民法的现代化与中西法律文化的整合》，载《中国法学》2020 年第 1 期。

〔2〕　马俊驹：《中国民法的现代化与中西法律文化的整合》，载《中国法学》2020 年第 1 期。

〔3〕　叶孝信主编：《中国民法史》，上海人民出版社 1993 年版，第 604 页。

〔4〕　谢振民编著：《中华民国立法史》（上册），中国政法大学出版社 2000 年版，第 230 页。

〔5〕　当时出台民法典的急迫情形，曾有学者如此描述："现在所缔结中比、中丹、中西、中意各商约，以十九年一月一日或是日以前颁布民商法为撤销领事裁判权之条件，为撤销不平等条约计，民法之起草尤不容缓也。"参见俞江：《近代中国民法学中的私权理论》，北京大学出版社 2003 年版，第 3 页。

府在民法典制定中"会通中西"的立法理念，目的是将中国传统法与外国法进行整合后在民法典中融为一体。法典后陆续完成了总则编、债编、物权编、亲属编和继承编，于1930年完成《中华民国民法》草案，共5编1225条。

2.《中华民国民法》"去中国化"

在《中华民国民法》的起草过程中，充分借鉴大陆法系的德国、瑞士、日本、法国等国的民法典，"采德国立法例者，十之六七，瑞士立法例者，十之三四，而法、日、苏联之成规，亦尝撷取一二，集现代各国民法之精英，而弃其糟粕，诚巨制也"。[1]同时以清末以来的民律立法经验为基础，保留了中国传统法中优秀因素。民法思想由19世纪初期的"个人主义思想"向19世纪后期的"社会本位思想"转变，据此，在立法的指导思想上，该法典以社会本位主义为核心，注重在维护民事主体合法权利的同时尊重公序良俗维护社会秩序。这一立法思想在整个法典的分编都有具体体现，在总则编贯彻社会本位主义的立法原则，对民事主体从事民事法律行为作出了严格的限制；在债编对近代民法上的过失责任原则进行限制，确立了无过错责任原则；在物权编限制所有权的行使，规定个人行使财产所有权必须在法律限定的范围内进行。《中华民国民法》果断改革我国传统法中的封建陋习，在后两编尤为突出，废除了在中国存在数千年的宗祧继承，以立法的形式明确了男女平等原则，破除了数千年的男尊女卑、"三从四德"的恶习，明确了夫妻有相互继承遗产的权利；删除了传统的家产制度，削弱家长的权利等。《中华民国民法》的制定在中国近代法制建设中具有重要的意义，促成了中国"六法体系"[2]的建立，也标志着中国真正成为大陆法系国家的成员。

在立法过程中，由于西方民法典清晰且适用而中国传统法零散且模糊，加之立法时间短，立法院未能在实质上开展习惯调查，导致这部法典并没有实质性地将中国传统法文化的传承与西方继受法的精华加以创造地联结与融通。[3]最为典型的表现就是对西方民法的"混合继受"，缺少对传统民法的

---

[1] 梅仲协：《民法要义》，中国政法大学出版社1998年版，序言第1页。

[2] 中国近代的"六法"体系包括宪法、行政法、民法、刑法、民事诉讼法和刑事诉讼法。在当时南京国民政府除行政法以《省政府组织法》《交通部组织法》《国籍法》等单行法规形式颁行外，其他五法均有专门的法典，《中华民国刑法》（1928年）、《中华民国刑事诉讼法》（1928年）《中华民国民法》（1930年）、《中华民国训政时期约法》（1931年）、《中华民国民事诉讼法》（1932年）史称中国近代"六法"体系。

[3] 马俊驹：《中国民法的现代化与中西法律文化的整合》，载《中国法学》2020年第1期。

继承。当时参与立法的著名法学家吴经熊先生在《新民法和民族主义》一文中曾作如是评价："我们试就新民法从第 1 条到第 1225 条仔细研究一遍，再和德意志民法及瑞士民法和债编逐条对校一下，其百分之九十五是有来历的，不是照账誊录，便是改头换面……"〔1〕换句话说，《中华民国民法》"95%的条文"都继受于外国法，还有"5%的条文"是中国传统法，而对民国时期的民法进行分析发现其中有 30 多条涉及"习惯"，主要出现在总则编、债编、物权编，被称为"习惯条款"，但是这些"习惯条款"同样是对外国法的继受，属于"照账誊录"而来，并且这些"习惯条款"没有规定具体的习惯规则，只是允许在一定条件下可以援引地方性习惯。因此，从这个层面讲 30 多条习惯条款仍不属于"规则层面的传统法"。亲属编中的"婚约""家制"和"亲属会议"是中国传统法，再加上继承编的部分条文，其实仍不足民法典"5%的条文"，需要加上物权编的"永佃权"与"典权"两章的内容，这才约达到吴经熊先生所说的"5%的条文"。而再对这"5%的条文"加以深入分析，就会发现"永佃权""婚约"和"亲属会议"其实都是来源于日本民法和德国民法的相关制度，外形看似传统法，实则为继受的外国民法，只有"典权"与"家"是中国典型的传统法。通过对两者的深入研究，又会发现"典权"在很大程度上已经被德国物权理论改造为从"用益物权"为主的"他物权"，所保留的可以"找贴"一次，30 年的最长的存续期间，也仅仅是中国传统民法的一个尾巴而已，就此分析只有所剩的"家"（包括小家庭和大家庭）才是在这部法典中传承下来的唯一纯正的传统民法，主要来自中国传统的普遍性习惯。〔2〕

　　诚然，这是我们结合吴经熊先生的评论，对照《中华民国民法》进行的实证分析，如果我们将吴经熊先生的评论补充完整，就会发现一个愈发有意思的讨论空间，我们且先行看完吴先生的这段表述（接上文"便是改头换面"——本书作者注）：

　　……这样讲来，立法院的工作好像全无价值了，好像把民族的个性全然

---

〔1〕　吴经熊：《新民法和民族主义》，载吴经熊：《法律哲学研究》，清华大学出版社 2005 年版，第 171~176 页。

〔2〕　以上关于《中华民国民法》对传统法的传承数据分析，参见张生、周玉林：《传统法：民法典的社会文化根基——中国社会科学院法学研究所张生研究员访谈》，载《社会科学家》2020 年第 8 期。

埋没了！殊不知内中还有一段很长的历史，待我分解一下吧：第一，我们要先明白，世界法制，浩如烟海，即就其荦荦大者，已有大陆和英美两派，大陆法系复分法、意、德、瑞四个支派。我们于许多派别当中，当然要费一番选择工夫，方始达到具体结果。选择得当就是创作，一切创作也无非选择；因此，我们民法虽然大部分以德、瑞民法作借镜，也不能不问底细就认为盲从了……俗语说得好，无巧不成事，刚好泰西最新法律思想和立法趋势，和中国原有的民族心理适相吻合，简直是天衣无缝！〔1〕

读完吴先生的这段话，是否使我们上述关于中国传统法传承极少的分析有断章取义之嫌？事实果真如此吗？再回头仔细研究吴先生的表述，从中可以看到当时民国政府"选择得当就是创作，一切创作也无非选择"的"会通中西"的决心。不可否认，在中国传统法和西方现代法的整合上，《大清民律草案》和《民国民律草案》与其不可比肩，但是两种法律自身各具其独特的法文化秩序价值，况且就中华传统法的纵向的承继而言，过去的法律也未必都与现今的国情相吻合。所以，"尤其是最后两句'刚好泰西最新法律思想和立法趋势，和中国原有的民族心理适相吻合，简直是天衣无缝'是否果如其然？仍有讨论的空间"。〔2〕就笔者看来，吴先生的最后一句话恰也说明他也认可《中华民国民法》的大部分条文的确借鉴了外国法的事实。当时参与立法工作的傅秉常先生曾说："起草民法，是先由德文译成中文、译成英文、译成法文，再由英文法文转译成中文，然后将此三种中外文对参，（看）文意有否歧异；直到与德文原意无差分毫，始成定草。可知当日照抄，是何等审慎周密！"但部分学者对吴先生的上述言论质疑，认为这是对西方各国相关法律或者机构的随意采撷、模仿和杂烩。〔3〕我国著名法律史专家张生教授从一个国家固有法的创造性转化的条件出发，认为中国固有法的创造性转化，必须以社会文化的重塑为前提，在此前提下才能完成传统法的"学术法"的升华，然后才有法典中的新的传统法要素。而南京国民政府时期，文化重塑和传统法

---

〔1〕 吴经熊：《新民法和民族主义》，载吴经熊：《法律哲学研究》，清华大学出版社 2005 年版，第 171~176 页。

〔2〕 黄源盛：《晚清民国的社会变迁与法文化的重构》，载《法制与社会发展》2020 年第 3 期。

〔3〕 范忠信、黄东海：《传统民事习惯及观念与移植民法的本土化改良》，载《法治现代化研究》2017 年第 2 期。

"学术化"均未完成，因而，只有简单采用外国法，遗弃了传统法。[1]对于这一议题尚无定论，只能留给历史去评判。

## 第二节　中国传统民法文化的现代化重构

中国民法的现代化也可以说是中国传统民法文化的现代化，这是一次实现中国传统民法革新的运动，涉及对中国传统民法文化的继承和对西方民法文化的继受，既是西方民法文化在中华传统文化条件下的继受与新发展，也是中国传统民法文化在西方民法文化条件下的更新与现代化。[2]从清末《大清民律草案》的修订到南京国民政府时期《中华民国民法》的制定，皆以"参考古今，博稽中外"为原则，未能从根本上改革中国传统民法文化，而以混合继受外国法文化为能事。正如蔡枢衡教授所言："三十年来的中国法，起初完全是在比较各国立法的氛围中产生出来的。后来的立法理由中虽常常可以发现'斟酌中国实际情况'的语句，事实上，实在没有斟酌过什么，也没有多少可以斟酌的资料。"[3]因此，数千年的中国传统民法文化在近现代化的进程中发生断裂，造成了传统与现代的隔离，使中国近现代的民事立法失去了中国传统民法文化的滋养。1949年2月，中共中央发布《关于废除国民党六法全书与确定解放区司法原则的指示》，废除"六法全书"，这标志着清末至民国时期所创建的民商事法律制度在中国大陆地区被停止实行，[4]同时也

---

〔1〕　张生：《〈中华民国民法〉的编纂：一个知识社会学的分析》，载《第四届罗马法、中国法与民法法典化国际研讨会论文集》，2009年，第724页。

〔2〕　王利民、张国强：《中国民法现代化的传统性》，载《社会科学辑刊》2015年第5期。

〔3〕　蔡枢衡教授进一步指出："所以事实上依然没有超出'依从最新立法例'的境界。这种情形，从现象上看，比较的法例一多，采择自然容易乱。结果不仅每一条文的继承，不能和各该国家的学说、判例、历史或批评之间取得联络，加以考虑。就是连条文和条文之间的关系，原则和例外间的境界，也不容易把握正确。因此，法规成立之后，解释上常可发现主观上出于立法者意料之外，客观上近于笑话的矛盾，不平衡和不一致的现象。若从本质上看，唯新是求的精神实在是无我的表现，也就是次殖民地的反映。"参见蔡枢衡：《中国法理自觉的发展》，清华大学出版社2005年版，第55页。

〔4〕　对于废除"六法全书"这一历史事件的功过，法学界一直没有一个明确的说法。熊先觉先生在《炎黄春秋》2007年第3期发表《废除〈六法全书〉的缘由及影响》一文，对此进行了深刻的反思，值得一读。另可参考蔡定剑：《对新中国摧毁旧法制的历史反思——建国以来法学界重大事件研究（五）》，载《法学》1997年第10期。范进学：《废除南京国民政府"六法全书"之思考》，载《法律科学（西北政法学院学报）》2003年第4期。参见柳经纬：《回归传统——百年中国民法学之考察之一》，载《中国政法大学学报》2010年第2期。

改变了中国三十年来全面继受西方法律的传统。中国传统民法文化是中国传统文化的重要组成部分，在数千年的平稳发展中已经形成了其独特的体系和私法气质，如何客观认识、传承和发展中国传统民法文化也是新中国成立后需要持续完成的文化事业。伴随着中国数次的民法典起草工作，中国的传统文化也随之进入现代化重整阶段。但这一时期的重整之路也不顺畅，自 1954 年启动第一次民法典编纂工作，至 2020 年民法典正式通过，共历时 66 年，在这一漫长的历史进程中，中国的民事立法工作几经磨难，在确立民法典的立法指导思想和立法价值理念上也曾走过很多弯路，这直接影响了对中国传统民法文化的创造性改造。〔1〕改革开放后，中国传统民法文化的创造性改造迎来新的契机。

## 一、1954—1975 年间的两次民法典编纂：中国传统民法文化对现代民法文化的偏离

在 1949 年 2 月中共中央废除"六法全书"，并于同年 9 月通过《共同纲领》，这标志着中国新政府彻底全盘否定了国民党反动政府制定的一切压迫人民的法律和法令以及司法制度，决定重新制定保护人民的法律并建立相应的司法制度，为新中国的法制建设奠定了基础。但是从法律文化的语境来看，当时全面废除《中华民国民法》的决定值得深思，因为面临着新政权刚刚建立稳定政权的压力，无暇进行民法典的立法工作，也不能在短时期内制定一部全国通用的民法典。因此，在历史过渡时期，保留调整人身关系和财产关系的基本民事法律制度是很有必要的，尤其是新中国刚刚建立，更急需调整社会经济关系的私法促进市民秩序的建立。在我国清末民初的三次民法典立法活动中，新政权均贯彻了这个思想，辛亥革命推翻清廷统治后，民国司法部曾将《大清民律草案》作为《中华民国暂行民律草案》公布，后南京国民政府成立之初因为欠缺民法典，也是继续沿用北洋政府的民事法规和判例。〔2〕在国外的政权更迭过程中有关民事法律的存废同样也是如此，如俄国在十月革命胜利后，苏维埃政权选择性地保留了沙皇俄国的民法典。这是由民法的

---

〔1〕 马俊驹：《中国民法的现代化与中西法律文化的整合》，载《中国法学》2020 年第 1 期，第 111 页。

〔2〕 梁慧星：《中国民事立法评说：民法典、物权法、侵权责任法》，法律出版社 2010 年版，第 36 页。

本质所决定的，民法是"社会生活百科全书"，社会生活中离不开民法的调整，民事法律关系在任何时候都不可能出现空白时期。[1]

（一）1954年的第一次民法典编纂

新中国成立初期，为了解决经济生活中的实际问题，制定了大量的单行的法律法规。1950年4月16日由中央人民政府公布的《中华人民共和国婚姻法》（以下简称《婚姻法》）是新中国成立后的第一部民事单行法，1950年5月1日正式生效实施。该法剔除了中华传统法中以封建礼教为原则的落后的法律制度，[2]曾被毛泽东同志誉为"普遍性仅次于宪法的根本大法"。但调整财产关系的民事法律规范则主要以行政规章的形式出现。在1954年，全国人大开始组织制定民法典，但因为当时民国时期的"六法全书"已被全部废止，在制定民法典的过程中无法参照西方民法，而自清末以来积累的关于中西民法文化联结的研究成果也被阻断，加之当时追求彻底的革命，与过去落后愚昧的制度彻底划清界限，新中国斩断了与以往中国传统民法文化之间的关系，传承中国传统民法文化的理论研究和实践操作变得愈加曲折。《苏俄民法典》早在1923年就已正式生效实施，鉴于当时中苏是政治友好的国家，两国法律文化交流比较频繁，我国翻译了大量的苏联民事法律和法学论著，并派遣留学生去苏联学习。[3]因此，在此民法典起草工作中，立法机关自然将立法模本转向了苏联并基本参照《苏联民法典》，至1958年立法机关为制定民法典作了大量工作，起草的草案和相关研究资料累计约950万字，[4]形成了包括总则、所有权、债（通则、分则）、继承四编制的民法典草案。鉴于当时《婚姻法》已单独立法，故未将婚姻编放在民法典草案之中。后由于种种原因，[5]

---

　　[1]　杨立新：《百年中的中国民法华丽转身与曲折发展——中国民法一百年历史的回顾与展望》，载《河南省政法管理干部学院学报》2011年第3期。

　　[2]　该法明确宣布废除包办强迫、男尊女卑、漠视子女利益的封建婚姻制度；实行男女婚姻自由、一夫一妻、男女权利平等、保护妇女和子女合法利益的新民主主义婚姻制度，而且规定了新型的家庭成员关系。

　　[3]　当时的局面是"我国法学界在学习苏联法学理论时，采取的是简单照搬的办法，把它作为不可怀疑的经典全盘接受……而且给法学教育本土化造成了极大的障碍。凡是苏联的法律制度，都可以适用于中国"。参见杨心宇、陈怡华：《我国移植苏联法的反思》，载《社会科学》2002年第8期。

　　[4]　该数据来自何勤华教授主编的《新中国民法典草案总览》上下卷。

　　[5]　参见项淳一：《党的领导与法制建设——纪念中国共产党诞生七十周年》，载《中国法学》1991年第4期。

导致民法典的起草工作被迫停止。新中国成立后第一次民法典起草工作基本参照苏联立法，而当时的《苏联民法典》带有极强的意识形态，彻底否定了近现代以来西方民法以人文主义为核心的思想和价值体系，以及民法关于规范市场及相关交易的制度体系，将民法当成公法，否定意思自治原则，表现在立法上就是过度维护公有制而压制民法私权，以调整财产交易关系为基本使命的民法的作用范围被大幅度地压缩，且没有规定物权，只规定了所有权。[1]按照苏联的上述立法指导思想，我国1954年启动的民法典起草工作，以阶级斗争为纲，中国传统民法文化在这部法典草案中几乎没有体现。

（二）1962 年的第二次民法典编纂

为强化法治观点、整顿经济秩序，1962 年 3 月 22 日，毛泽东主席强调要制定民法典。[2]随后，全国人大常委会按照毛泽东主席的指示启动了第二次民法典制定工作，这次起草是在以"阶级斗争为纲"的背景下进行的，不仅没有借鉴西方的民事立法成果，也禁止借鉴参照《苏联民法典》，加之中华民国的"六法全书"早已被废止，所以在立法的指导思想上倡导总结自己的经验，创建全新的立法模式。[3]经过两年的努力，1964 年 11 月 1 日完成《中华人民共和国民法（试拟稿）》，这次民法典的编纂完全抛弃了西方民法典以及苏联民法典，具有鲜明的政治色彩和革命特性。在立法模式上，既放弃德国"潘德克吞式"的总则、债权、物权、亲属和继承的五编制体例，也未采纳法国的"法学阶梯式"的人法、财产法和取得财产方法的三编制体例，更未采用苏联民法典的总则、所有权、债（通则、分则）、继承四编制，而是设计了全新的立法体例，形成了包括总则、财产的所有及财产的流转三编内容，造就了这个时代民事立法的特色化。[4]在民法强调财产法的观念下，将亲属

---

〔1〕 孙宪忠：《中国近现代继受西方民法的效果评述》，载《中国法学》2006 年第 3 期。

〔2〕 1962 年毛泽东主席在谈话中提道："不仅刑法要，民法也需要，现在是无法无天。没有法律不行。刑法、民法一定要搞。不仅要制定法律，还要编案例。"参见王利明、郭明瑞、方流芳：《民法新论》（上册），中国政法大学出版社 1988 年版，第 98 页。

〔3〕 马俊驹：《中国民法的现代化与中西法律文化的整合》，载《中国法学》2020 年第 1 期。

〔4〕 对于这部民法草案，曾亲自参与起草的魏振瀛教授客观、全面地概括了该草案的基本特点：（1）当时我们正处在美国和苏联的双重压力下，在指导思想上强调独立自主，反对霸权主义，因此不仅不借鉴西方民法典，连苏联的民法典实际上也被否定了。强调总结自己的经验，一是国家政策，二是实际部门的规章和经验。（2）在内容上突出保护公有制，强调按国家计划办事。（3）在民法条文上强调自己创造，不讲法人、企业、自然人，没有传统的民法概念物权、债权。参见张新宝、张红：《中国民法百年变迁》，载《中国社会科学》2011 年第 6 期。

法、继承法排除在外，将税收、预算等关乎公法的内容纳入进来，这样的立法内容表明该试拟稿的公法性质，相较上一次的民法典草案更强化了对公有制经济关系的保护。后因"四清"运动，第二次的民法典编纂工作再次被迫终止，随着 1966 年"文化大革命"的爆发，民事立法工作也彻底搁置。

这一阶段民法典的编纂，坚持阶级斗争的观念，通过批判西方资本主义民法的腐朽性，彰显"社会主义性质民法"的优越性。[1]同时也彻底断开了与过去全盘接受苏联的社会主义民法基础上发展起来的民法之间的关系，除了一些概念和基本架构与清末民初的民法相似外，几乎没有其他的任何联系，中国传统法文化也被排除在了民事立法外。

## 二、民事单行法、民法典：中国传统民法文化与域外民法文化的深度整合

自十一届三中全会确立改革开放、解放思想的方针后，我国的民事立法活动也从过去陈旧的思维中解放出来，为中国法学的繁荣创造了条件。中国法学界关于"法的阶级性与继承性"等问题的激烈讨论，收获了丰厚的学术研究成果，学者们聚焦法律文化的"继承"这一主题，对刑法史和民法史等进行了系统化研究，在传统法制与现代法制之间搭建了沟通的桥梁，为部门法的研究和法制建设提供了丰富的研究史料，而其中的研究成果认为法律存在继承性，实现了历史和今天的连接，[2]为我国第三次民法典的编纂工作提供了学术思想上的支持。在 1978 年中央工作会议闭幕式上，邓小平同志提出：应该集中力量编纂刑法、民法、诉讼法以及其他各种必要的法律。[3]我国民法立法出现了前所未有的发展契机。1979 年成立了民法典起草小组，在这次的编纂工作中，立法思想较为开放，并深入相关地区和部门进行调查研

〔1〕柳经纬：《回归传统——百年中国民法学之考察之一》，载《中国政法大学学报》2010 年第2 期。

〔2〕在当时的学术讨论中，法史学的学者担当了主力军的作用，在学术问题上承担起了时代赋予的责任。在"法的阶级性与继承性"讨论中，法史学者都积极参与并产生了很多具有影响力的观点。如"法的阶级性与继承性"问题，复刊后的《法学研究》在第 1 期登载林榕年先生题为《略谈法律的继承性》的文章，第 2 期登载栗劲先生题为《必须肯定法的继承性》的文章，引发法律史学界的一系列讨论。学者们最终论证认为，法律的阶级性不能否定法律的继承性。参见张生：《新中国法律史学研究 70 年：传统法律的传承与发展》，载《四川大学学报（哲学社会科学版）》2019 年第 5 期。

〔3〕中共中央文献研究室编：《三中全会以来重要文献选编》（上），人民出版社 1982 年版，第 25页。

究，不但借鉴苏联以及东欧社会主义国家的立法经验，并且适当汲取西方国家的立法体例。[1]经过三年努力，于 1982 年 5 月制定了八编制的《民法草案（第四稿）》，[2]这部草案最为重要的是从内容上明确了民法的调整范围不包括国家财政、税务以及劳动等属于行政法调整的财产关系，体现了民法的私法本质。这部草案比较符合当时中国的国情，也改变了前两次立法"以阶级斗争为纲"的思想，使得中国传统民法文化得以重新回归民事立法中。但是基于各种因素考虑，这部草案最终并未公布实施，后立法机关转变立法思路，认为制定完整的民法典的时机尚未成熟，改采先期制定民事单行法，待条件完备再编纂统一的民法典的立法思路，该草案的诸多内容被之后不久通过的《中华人民共和国民法通则》（以下简称《民法通则》）、《中华人民共和国继承法》（以下简称《继承法》）等民事单行法所吸纳。

（一）《民法通则》

1983 年，立法机关在第三次民法典起草工作结束后，开始参照《民法草案（第四稿）》制定具有总则功能的民法总则，并在 1985 年 8 月初步完成讨论稿，后彭真委员长将讨论稿定名为《民法通则》，在全国广泛征求意见并经反复修改和完善，于 1986 年 4 月 12 日公布。《民法通则》是当时民事立法活动中最具代表性的民事单行法，共九章，全方位地规定了民事主体、民事行为、民事权利以及民事责任。早在 1981 年彭真同志就提出我国民法应从我国实际产生，所以该部法律在立法时始终立足于中国实际，坚持主体意识，服务于改革开放以及社会主义市场经济发展的客观需求。[3]在立法体例上，突破了传统的大陆法系的民法体系，为强化对民事权利的保护，将侵权责任从债法领域中独立出来，舍弃了苏联等将婚姻家庭排除在民法外的立法传统。在立法时虽然立足于本土化坚持中国特色，但是并没有实行完全的封闭式立法，在比较法的研究中，既重视对大陆法系国家立法的借鉴，也重视对英美法系判例的研究，如在财产法部分以及婚姻家庭法部分，充分参考西方先进的民事立法并与中国国情相结合进行本土化改良，将中国传统民法文化与

---

〔1〕 马俊驹：《中国民法的现代化与中西法律文化的整合》，载《中国法学》2020 年第 1 期。

〔2〕 八编分别为：民法的基本任务和基本原则、民事主体、财产所有权、合同、智力成果权、财产继承权、民事责任和其他规定，共 465 条。

〔3〕《民法通则》第 1 条规定："为了保障公民、法人的合法的民事权益，正确调整民事关系，适应社会主义现代化建设事业发展的需要，根据宪法和我国实际情况，总结民事活动的实践经验，制定本法。"

西方民法文化较为科学地融合。《民法通则》的诞生标志着中国的民事立法进入了相对完善和相对系统化的阶段。但是由于《民法通则》诞生于改革开放初期，[1]当时依据的民法原理，要么来源于苏联的民法学，要么来源于传统大陆法系的民法学，虽然在立法时极力想摆脱苏联民法的影响，但是在很多基本法律用语以及民事法律制度的设置上仍可看到苏联民法典的特征。[2]但是瑕不掩瑜，这一时期制定的篇幅不大的《民法通则》，"虽也存在较多的缺点，但在中国社会所发挥的作用却是无与伦比的，其社会价值是无论怎样估价也不会过分的，原因就在于适合中国国情"。[3]

（二）第四次民法典编纂与《合同法》

随着世界范围内第三次民法典编纂热潮的到来，我国于 1998 年决定恢复已经终止的民法典起草工作，并很快成立了民法典起草小组，第四次民法典起草工作正式启动。先于 1999 年将已经存在的三部合同法进行整合，[4]制定了全新的统一《中华人民共和国合同法》（以下简称《合同法》）。2002 年初，在李鹏同志要加快民法典编纂工作的指导下，产生了"梁稿""王稿"及《绿色民法典》三部具有社会影响力的专家建议稿，[5]后法制委员会参照上述专家建议稿完成了《新中国民法典草案（第五稿）》，共九编。但鉴于学界的极大争议，全国人大常委会最终决定再次放弃制定统一民法典的想法，仍采取先制定民事单行法的立法策略，后又陆续完成了《中华人民共和国物

---

〔1〕 本书在此处借鉴了孙宪忠教授的观点。如果将 1978 年至 1992 年被称作中国改革开放的初期，从其他的角度看，有人也许不赞同这样的区分，但是从民法发展的角度看这一区分是完全可以成立的。参见孙宪忠：《中国近现代继受西方民法的效果评述》，载《中国法学》2006 年第 3 期。

〔2〕 孙宪忠：《中国近现代继受西方民法的效果评述》，载《中国法学》2006 年第 3 期。

〔3〕 杨立新：《百年中的中国民法华丽转身与曲折发展——中国民法一百年历史的回顾与展望》，载《河南省政法管理干部学院学报》2011 年第 3 期。

〔4〕 早在 20 世纪 80 年代我国就制定了《经济合同法》《涉外经济合同法》和《技术合同法》三部合同法，三部合同法对维持市场经济的发展和当事人的合法权益发挥了重要的作用。

〔5〕 其中"梁稿"指中国社会科学院的梁慧星教授主持拟定的民法典建议稿，共七编，即总则编、物权编、债权总则编、合同编、侵权行为编、亲属编和继承编；"王稿"指中国人民大学的王利明教授主持拟定的民法典建议稿，共七编，即总则编、人格权编、亲属编、继承编、物权编、债权编、知识产权编和侵权行为；《绿色民法典》指由徐国栋教授组织中南财经政法大学和厦门大学部分民法教师编写的民法典建议稿，共分身份关系法编和财产关系法两编，前者分别下设自然人法、法人法、亲属法、继承法四个分编，后者分别下设物权法、知识产权法、债法总论、债法各论四个分编。另外在法典的开头设了一个小总则，分别对法律行为、代理、时效等进行了规定，在法典的结尾设附编，就国际私法进行了规定。

权法》（以下简称《物权法》）、《中华人民共和国侵权责任法》（以下简称《侵权责任法》）等一系列民事单行法的立法工作。

随着 20 世纪 90 年代市场经济的发展以及经济全球化时代的到来，我国"三足鼎立"的合同法已经不能够适应社会经济生活对法律调整的需要，1993年 10 月，立法机关将制定统一的合同法提上立法日程，于 1999 年 3 月 15 日公布。当时正值中国申请加入世界贸易组织（WTO）阶段，所以大量参考国际性的交易规则，尤其是合同公约以及欧陆、英美法国家的合同法经验。实际上，这也是由合同法的本质属性所致的，合同法本身就是关于调整市场交易关系的法律规范，参与其中的合同当事人对交易安全、便捷和高效的价值追求基本差异不大，更便于在国际化视野下达成一致的交易规则。因此，对国际合同规则和法学家论著的广泛吸纳是这部合同法的两个特点。但在体现中国传统民法文化上，学者们也提出了自己的研究观点。[1]结合张新宝教授所言，这是否说明在《合同法》的立法中我们只关注对西方法文化的承继？正如本书在论述中反复强调的，传统和现代之间存在着不可分割的内在联系，法律的继受需要本土化改良。因此，"在制定过程中虽然广泛参考借鉴发达国家和地区的成功经验，但并不是盲目照搬，而是结合中国社会的实际，进行了比较、鉴别和取舍，并有所创造"。[2]这正是中华传统文化和西方民法文化的整合，也是中国传统民法文化的创造性改革，在继受西方民法文化中一定要经过本土化改良成为"中国元素"，这在《合同法》中有大量的相关制度予以佐证，如先期违约与现实违约的区分以及法定代表人的越权行为等。[3]

（三）《物权法》

相较《合同法》的顺利制定，《物权法》的诞生则命运多舛，源于当时

---

　　[1]　如张新宝教授指出："如果对于某个交易规则上的问题，外国法制已经提供了较为完备的解决方案，我们还需要增加不必要的探索和论证成本来为了创新而创新吗？"参见张新宝、张红：《中国民法百年变迁》，载《中国社会科学》2011 年第 6 期。

　　[2]　梁慧星：《统一合同法：成功与不足》，载《中外法学》1999 年第 3 期。

　　[3]　如德国民法将违约行为区分为给付不能和给付迟延，此外还包括了不完全给付与债权人迟延，我国《合同法》上，违约行为有先期违约和现实违约之分。其中先期违约又区分为明示毁约和默示毁约；现实违约又区分为不履行和不完全履行。再如第 50 条规定的法定代表人的越权行为，系针对实际生活中企业法人超越经营范围问题，在参考发达国家民法学者理论研究的基础上设计的崭新的制度；第 282 条规定的建筑物严格责任，系参考法国民法典新增直接请求权制度设计的，对于建筑物缺陷致损适用严格产品责任，体现了极大的首创精神。参见梁慧星：《统一合同法：成功与不足》，载《中外法学》1999 年第 3 期。

学者对《物权法》所有权的"一体承认、平等保护"[1]立法方案的质疑。在我国前两次的民法典草案中皆侧重国家所有权的绝对性保护，而对集体所有权和私人所有权的保护相对较少，加上苏联民法思想对中国造成的影响并未完全消除，有些学者认为中国的物权法理应强调国家所有权神圣，坚持苏联法所确定的"三分法"立法模式，主张给予公共财产权利以全面优先的法律地位和法律保护。[2]因此，原计划于2006年颁布的《物权法》被推迟至2007年才提交立法机关讨论。后立法机关在这个问题上采取"形式上的三分法、实质上平等保护"的原则，及时结束了这场争论。按照该法第4条的规定，[3]所谓的"三分法"即按照主体的不同将所有权界定为"国家所有权""集体所有权"和"私人所有权"三种形式，但在实质上采用平等保护的原则。这一立法体例在《物权法》通过后同样饱受争议，有的学者将此解读为《物权法》的显著特色，[4]有的学者却提出了截然不同的观点，认为这个特

---

　　[1]　"一体承认、平等保护"原则，即对中国现行法律条件下存在的公有制财产和私有财产给予无差别的法律地位承认并给予平等保护的原则。该原则应该包括两个方面的内容：一是立法对各种财产给予无差别的承认，二是立法对各种财产权利给予平等保护。前者是后者的前提条件，也是私有财产权利获得发展的基础；后者则是对法律保障措施的要求。从我国社会现实来看，这两个方面的内容都不可或缺。参见孙宪忠《再论我国物权法中的"一体承认、平等保护"原则》，载《法商研究》2014年第2期。

　　[2]　孙宪忠：《再论我国物权法中的"一体承认、平等保护"原则》，载《法商研究》2014年第2期。

　　[3]　《物权法》第4条规定："国家、集体、私人的物权和其他权利人的物权受法律保护，任何单位和个人不得侵犯。"

　　[4]　如王利明教授曾在相关论作中指出：我国《物权法》按照"国家、集体和私人"对所有权予以划分，在针对不同的所有权给予不同的法律规范，在这一规范过程中，始终强调对各类物权加以平等的保护。这种立法模式非常鲜明地体现了我国《物权法》的中国特色。因为在西方国家的物权保护理论上，以私有制为出发点仅规定了抽象的所有权规范，不存在我国这种所有权的类型化规定，因而肯定也不会存在对各类所有权予以平等保护的原则。只有在我国的《物权法》中，因要体现社会主义的基本经济制度，故而，才产生了平等保护这一原则。参见王利明：《"平等保护原则"：中国物权法的鲜明特色》，载《法学家》2007年第1期；王利明：《中国民法学七十年：回顾与展望》，载《政法论坛》2020年第1期。另张新宝教授和张红副教授曾在《中国民法百年变迁》一文中引用重温冈村司在90年前的论述支持自己的观点，认为重温冈村司的观念非常有意义，并进而提出自己的观点，认为在当前的中国，使全体人民普遍享有国有资产的利益，在二次分配中强化对低收入人群和弱势群体的帮助，以实现全体人民平等的享有在物质财富的占有以及社会发展成果的享有，这是维护国家长治久安的重要举措。这是《物权法》，也是我国民法典必须贯彻的最高指导思想。参见张新宝、张红：《中国民法百年变迁》，载《中国社会科学》2011年第6期。

色非但不是特长，反而是一个显著的缺点。[1]民法典应以人为主体，以对人的尊重和保护民事权利为目的，《物权法》虽然是一部关于财产的法律，但也应体现上述立法思想，平等保护民事权利，在《物权法》的立法过程中应理性审慎地对待中国传统民法文化。该部法律中作为一般规则存在的债权形式主义的物权变动模式也带有鲜明的"中国元素"，是中国独立思考的结果，既不同于德国也与日本相异。[2]第三编用益物权编中的建设用地使用权、土地承包经营权、宅基地使用权完全是中国本土化法律制度中蕴含的优秀中国传统民法文化因素。《物权法》充分继受现代民法的先进立法思想，并与我国国情相结合，对继受法进行了理性的改良，对中华传统法进行了批判继承。虽然法学界存在质疑的声音，但基本是中国传统民法文化现代化重构的重要组成部分，为建立具有中国特色的民法体系奠定了基础。

（四）《侵权责任法》

一直以来，在传统大陆法系国家的民法典中，侵权行为与合同、不当得利和无因管理同为债发生的原因，在我国第四次民法典编纂的民法典草案中，将侵权行为单列为草案的一编，为我国2009年《侵权责任法》的出台奠定了基础，是世界范围内第一部将侵权责任法单独立法的成文法，[3]也是这部法律"更偏重体系的独立性而不仅仅是将侵权行为定位为'债的发生原因之一'的依据"。[4]在立法体例上，《侵权责任法》并未采取传统的大陆法系的立法体例，既不是德国式，也不是法国式，该法第1条[5]将其定位为民事权利保护的基本法，由总则和分则两部分组成，总则就一般侵权责任的构成要件和免责事由等一般性问题进行规定，分则主要规定了各种具体的特殊侵权行为

[1] 对此孙宪忠教授曾专门撰文进行批判，指出支持"三分法"模式的立法者和学者至今没有认识到，这种模式不但在立法技术上存在严重缺陷，而且有立法伦理上的严重缺陷。其主要观点可简单概括为："三分法"所包含的非民权思维的政治缺陷（轻视和压抑人民具体权利的问题）、法理缺陷（权利类型划分并不周全）和法技术缺陷（如否定法人所有权带来的问题）。所以其坚持我国也应该明确，改革开放就是为了否定这些缺陷，因此我们应该逐渐对这些观点予以认真清理。具体参见孙宪忠：《再论我国物权法中的"一体承认、平等保护"原则》，载《法商研究》2014年第2期。
[2] 王轶：《论中国民事立法中的"中国元素"》，载《法学杂志》2011年第4期。
[3] 杨立新、李怡雯：《中国当代民事立法70年之发展与经验》，载《新疆师范大学学报（哲学社会科学版）》2019年第5期。
[4] 张新宝、张红：《中国民法百年变迁》，载《中国社会科学》2011年第6期。
[5] 《侵权责任法》第1条规定："为保护民事主体的合法权益，明确侵权责任，预防并制裁侵权行为，促进社会和谐稳定，制定本法。"

类型。在责任承担方式上，规定了既具有物权请求权性质更有债权请求权性质、既有财产性也有非财产性的多样性的侵权责任承担方式。就立法体例和立法内容来看，明显区别于其他国家在民法典中将其作为债发生的原因之一的立法例为侵权责任法的单独立法以及侵权责任法作为民法典的独立一编提供了扎实的依据。这是《物权法》之后将中国传统民法文化与西方民法文化整合比较成功的一部法律，在立法中主要参照了英美法系和大陆法系国家的侵权行为制度，并结合我国国情进行创造性立法。值得一提的是这部立法中关于法定补偿义务制度的相关规定，在沿袭《民法通则》第132条的基础上，结合当时的国情作出妥适性的规定，"在我国的保险制度尚不够发达，社会保障制度尚不够完备的背景下，法定补偿义务制度如果运用得当，不失为一项适应我国目前社会需求的损失分配制度"。[1]

（五）《民法典》

新中国成立后我国进行了四次民法典起草工作，已先后制定了《婚姻法》《收养法》《担保法》《合同法》《物权法》以及《侵权责任法》等民事单行法，形成了对人身关系和财产关系纵横相交的立体化全方位保护模式。这些民事单行法无论在立法体例上，还是在立法内容和立法技术上都渐趋成熟和完善，在具体法条的设计上既参照和吸纳现代民法制度又立足于我国国情。对域外民法文化进行理性的分析并进行了本土化改良，以契合中国传统民法文化资源，同时在立法前进行大量的民事习惯调研工作，修正了中国传统民法文化与时代发展不合时宜的价值观念，进一步夯实了民法典立法的法文化基础。

上述诸多民事单行法的颁布与实施，在我国民事法律领域中发挥了重要的作用，但是也造成了法律之间出现交叉调整现象。为了应对高科技信息化时代的到来，实现法律适用的统一化，2015年全国人大常委会法制工作委员会开始第五次民法典起草工作，这次起草工作采取"两步走"战略，先制定民法总则部分，然后再就分则编进行整合。2017年《民法总则》编纂工作顺利完成，之后开始民法典物权编、合同编、人格权编、婚姻家庭编、继承编以及侵权责任编等六编的制定工作，并于2018年底完美收官。六分编与2017年通过的《民法总则》合为一体，形成了包括总则编以及上述六分编共七编

---

〔1〕　王轶：《论中国民事立法中的"中国元素"》，载《法学杂志》2011年第4期。

制的《民法典》。这部《民法典》是新中国立法史上首部以"典"命名的法律，作为世界上最新的民法典，固然借鉴了其他民法典的成功经验，但更注重回应社会现实需求和体现时代发展特色，具有许多亮点，其中最重要的就是彰显了鲜明的时代性。[1]法典既不是制定全新的民事法律规范，也不是就现有的民事法律规范进行简单的汇编，而是对现行的民事法律规范进行"修""增""留"，即修订现行民事法律中不适应新情况的规定，就经济社会生活中出现的新问题作出有针对性的新规定，将原来民事法律中仍可继续适用的法律予以保留。单就立法指导思想而言，相比原来的民事单行法，民法典更为科学和开放、更为周延和严谨。对现代民法文化的汲取和中华传统法律文化的保留更为理性，既立足于中国国情和民情又兼顾世界经济文化发展的背景，实现了整部法典中国传统民法文化与现代民法文化的深度融合，是中国传统民法文化现代化重构成功的标志，建立起了中国特色社会主义民法体系。社会主义核心价值观融入《民法典》第1条，是对中国传统民法文化的继承和升华，也是中国传统民法文化现代化的重要标识。

# 第三节　小　结

回顾中国传统民法的近现代转型的艰辛历程，可以发现，始于清末时期的传统民法被迫进行的适应性变革是历史的必然选择，在中国传统民法的近现代化转型中收获了宝贵的立法经验，启迪着民法的现代化重构，新中国成立后中国传统民法文化随着民法法典化运动经历了"凤凰涅槃"式的重生。如果说纵向传承、蝉联交代、绵延不绝是中国传统民法文化发展的一般规律，那么，每个时代都以史为鉴、革故鼎新则是中国传统民法文化发展的特殊规律，这也是文化的历史性和承继性的本质所决定的。一般规律显示了中国传统民法文化发展的继承性，特殊规律则表现了中国传统民法文化在不同的发展阶段的时代性。中国传统民法文化具有强大的生命力，这不仅外在表现为法典的编纂还内在展现着法律内容的丰富和充实，更在于它有着深厚的社会根基和精神灵魂，它所宣扬的明礼义、敦诚信、尚和谐等理念，反映了中华

---

〔1〕　王利明：《彰显时代性：中国民法典的鲜明特色》，载《东方法学》2020年第4期。

民族的精神气质。通过中华传统民法向近现代民法的转型的历史变迁，[1]有利于我们重估中国传统民法文化现代化的时代意义，是法学界尤其是民法学界讨论如何对待中国传统民法文化的基础性议题。

---

〔1〕 鉴于法是文化的一种，因此中国传统法是中华传统文化的组成部分。法文化的变迁本身就是法律规范、法律制度、法律思想、司法实践乃至法律意识等因素同步发展的过程。因此，本书在研究中国传统民法的变迁即民法近现代化历程时，直接用中国传统民法文化予以替代。具体理论依据请参见张生、周玉林：《传统法：民法典的社会文化根基——中国社会科学院法学研究所张生研究员访谈》，载《社会科学家》2020 年第 8 期；黄源盛：《晚清民国的社会变迁与法文化重构》，载《法制与社会发展》2020 年第 3 期。

# 第四章

# 中国传统民法文化现代化的动力机制

习近平总书记多次强调要高度重视中华优秀传统文化，曾指出，"深入挖掘和阐发中华优秀传统文化讲仁爱、重民本、守诚信、崇正义、尚和合、求大同的时代价值"。[1]并进一步指示："要加强对中华优秀传统文化的挖掘和阐发，使中华民族最基本的文化基因与当代文化相适应、与现代社会相协调，把跨越时空、跨越国界、富有永恒魅力、具有当代价值的文化精神弘扬起来。"[2]中国传统民法文化具有强大的生命力，内蕴现代民法价值。近代民法文化认为人性本为恶，通常用"理性人"的思维计算和衡量，重视用私权的途径维系社会，尊崇"绝对所有权"和"契约自由"，这是一种建立在市民社会基础上的，以追求自由主义为核心的近代"民法文化"。现代民法和近代民法存在着密切关联，"所谓现代民法是指近代民法在 20 世纪的延续和发展，可以说是现代社会的近代民法"。[3]直至 20 世纪，随着民法理念和民法思维的变迁，近代民法逐渐演化为现代民法，并对近代民法的自由核心主义予以矫正，为绝对所有权和契约自由的行使附加了相应的条件限制。中国古代历来尊崇"人之初，性本善"，在以"三纲五常"为核心的正统宗教礼法思想的统摄下，形成了与西方社会完全不同的法律观。在中国传统民法文化中的人是"情感人"的化身，周身充满了对邻人的热爱和道德情愫，一如梁漱溟先生的名言"人与人相与之情厚"，中国传统民法主要通过人类自然的道德情

---

〔1〕 习近平：《培育和弘扬社会主义核心价值观》，载《习近平谈治国理政》（第 1 卷），外文出版社 2018 年版，第 164 页。

〔2〕 习近平：《加快构建中国特色哲学社会科学》，载《习近平谈治国理政》（第 2 卷），外文出版社 2017 年版，第 340 页。

〔3〕 梁慧星：《从近代民法到现代民法》，载《律师世界》2002 年第 5 期。

愫维系社会，不重视对物的绝对控制，"中国没有西方那种明确地规范所有权范畴的罗马法传统，不存在与西方法律制度相对应的私法体系"。[1]"中国古代是国家主导型的群体社会"，[2]由此，形成了以国家主义为特征的"礼乐文化"。这两种文化看起来似乎完全大相径庭，却得以成为两种异质文化整合的基础。

# 第一节　中国传统民法文化内蕴现代民法文化价值

两种法律文化的异质性是在中国传统民法文化现代化过程中融合的最大障碍，但障碍只能表示阻力的存在，并不代表不具可能性，寻找到中国传统民法文化与域外民法文化的可整合之处即能达成此意愿。两种不同的民法文化同根源于普适的物质生活关系，这是两种文化得以交融和整合的社会经济基础。两种文化同产生于民事法律制度中，同属于法文化体系，具有相似的法文化理念，都具有社会化的价值诉求，这也是中国传统民法文化内蕴的域外民法文化的价值。

## 一、同根源于普适的物质生活关系

法律属于上层建筑，根据经济基础决定上层建筑的唯物史观，法律作为一种文化现象受制于物质基础并与之相适应，不管在西方还是在东方，这都是亘古不变的真理。从这个意义上讲，"民法制度的设置没有中外之分，只有古今民族传统的不同"。[3]随着经济发展和社会制度的更迭，法律制度亦要进行相应的调整。现在的人类社会已经成为人类命运共同体，工业化以及现代化将全球紧密地联系在一起，市场经济在全球迅猛铺开，"把所有地方性的小市场联合成为一个世界市场，到处为文明和进步做好了准备，使各文明国家里发生的一切必然影响到其余各国"。[4]法律制度所存在的市场经济具有共通性，为中国借鉴现代民法制度和民法文化提供了物质基础。

---

〔1〕　杨国桢：《中国新法学的构建应从中华法治文明汲取资源》，载《法学研究》2011年第3期。

〔2〕　张生：《民国初期民法的近代化——以固有法与继受法的整合为中心》，中国政法大学出版社2002年版，第153页。

〔3〕　马俊驹：《中国民法的现代化与中西法律文化的整合》，载《中国法学》2020年第1期。

〔4〕　《马克思恩格斯选集》（第1卷），人民出版社2012年版，第299页。

## 二、法文化理念相似

西方社会注重通过法律对人的行为进行限制和约束，通过法律实现各项具体权利的保护，"将法律作为治理社会和国家的主要机制，并以民主型法治为现代法治的基本范式"。[1]以保障个体私权为目的的民法在这样的语境下形成了其独特的文化气质，通过法律"防恶"亦有向善的特质，即所谓的"惩恶扬善"，通过惩恶达到扬善的目的。中国传统民法文化深受儒家思想的影响，以人性善为逻辑起点，重德轻刑，在法律思维上强调"德主刑辅""明刑弼教"。表面看来与域外民法文化价值观念完全不同，法律只是治理辅助道德对国家进行治理。就孟子看来，人虽本性善，但是也应该通过后天不断的进行教化才能将善性保持下来，从这个角度而言，无论是道德还是法律都是维善的手段。所以在"惩恶扬善"这一层面上，区分人本性善或者性恶实属意义不大，法律能惩恶扬善是两种人本性文化的共同价值理念。人本性恶或者性善是中西方文明界定人之本质属性的逻辑起点，也是中西方法律体系与民法典制定的基石。[2]民法体系或者具体制度及民事法律规范都与之相关，既然中国传统民法文化和域外民法文化的基石存在共通性，那么法典中两种文化具有可整合性便不言自明了。

## 三、同具社会化的价值诉求

法学界普遍认可西方民法经历了古代民法、近代民法和现代民法三个有延续性的历史发展阶段。古代民法肇端于古罗马习惯法，至查士丁尼民法大全编纂完成达到历史最辉煌发展阶段，但随着日耳曼民族入侵，罗马法进入冬眠，在这一发展阶段私法形成。近代民法从罗马法复兴开始到19世纪各国民法典的编纂为止，近代民法以罗马法为滋养，获得全面发展，在这一阶段逐步确立了私权神圣、契约自由和过失责任三大原则，形成了近代民法的"个人本位"主义。19世纪末20世纪初《德国民法典》初步具备了现代民法的特征，后《瑞士民法典》的颁布标志着现代民法概念形成，随着"个人本

---

〔1〕 张生：《民国初期民法的近代化——以固有法与继受法的整合为中心》，中国政法大学出版社2002年版，第109页。

〔2〕 陈景良：《突出"民族性"是中国民法典编纂的当务之急》，载《法商研究》2017年第1期。

位"向"社会本位"的发展，从社会公共利益的角度出发对近代民法三原则进行了相应的限制，主要表现为私法社会化的倾向。《瑞士民法典》规定了诚实信用和权利滥用原则限制私权神圣原则。[1]无过失责任原则是通过判例发展而来的，并最早出现在 1922 年的《苏俄民法典》中。[2]

　　而与之形成鲜明对比的中华法系没有公法与私法的区分，通过适用多样性的法律渊源实现对私人民事关系的处理，在法律责任上多以国家权力进行干涉，民事责任、刑事责任和行政处罚界限不明确。中华法系民法没有形成西方近代民法的理性形式即民法典，也没有私权神圣理念、契约自由以及过失责任原则，中国传统民法文化中权利义务的基本价值理念与西方近代民法的三大原则甚至有抵牾之处。[3]但是，法律作为一类特殊的文化现象，所揭示的不仅是特定时空中人们的生活样式，也是特定人群的精神世界。而且，正如文化具有不同的类型一样，法律作为特定社会中文化的一部分，也具有不同的特质与精神。我们认为客观地评价一种法律文化之优劣时，应结合该种法律文化产生并借以生存的文化土壤进行考察。通过对中国古代民法的考察，实质民法和博大精深的民法文化在中国古代是客观真实存在的，中国古代民法是中华法系体系的重要组成部分，在中华法系基本气质的浸染下，具有不同于刑法和行政法的独有私法气质。因为不同法律文化现象背后总是蕴涵着与其相适应的内在价值，这种内在的气质会直接影响该法律文化的气质，而支撑中西民法气质之内隐性的价值内核存在差异性，造成中国古代民法气质与欧陆民法气质大相径庭。中国古代民法独有的私法气质[4]却恰好与西方现代民法"人本主义"的社会化趋势在形式上相契合了。

---

　　[1]　《瑞士民法典》在第 2 条规定："每个人都应该依照诚实信用的原则行使权利、履行义务。""权利之显然滥用，不得受法律保护"；《瑞士债务法》第 2 条第 1 项规定："不能或不法或违反善良风俗为内容之契约，无效"是对契约自由的限制。

　　[2]　参见《苏俄民法典》第 404 条和第 406 条。

　　[3]　因此固有法中的秩序理念与西方近代民法的私权神圣、契约自由相矛盾；过错责任是在过错分明的前提下承担相应民事责任，过错分明显然不利于熟人社会的和谐，亦与固有法不和。

　　[4]　在此需要进行说明的是，本书在这部分研究时，采取了从现代民法结构重组中国古代民事法律规范的写作方法，参考了李志敏先生和张晋藩先生的写作。李志敏先生撰写的《中国古代民法》按照中国古代民法中的民事主体、婚姻家庭、物权、契约、侵权行为和时效制度的结构来撰写，张晋藩先生出版的《中国民法通史》按照朝代顺序编排，但在各朝代的具体撰写时，仍按民事权利主体和客体、所有权、债权、婚姻与家庭、继承和民事诉讼等角度展开的。

（一）西方民法社会化对所有权绝对自由的限制理念与中华法系民法存在
的所有权共享之观念极为相似

在西方近代民法中确立了私权神圣原则，其中最为核心的是所有权的神
圣。所有权是各项财产权中最基本的权利类型，一切的物质财富均建立在所
有权基础之上。所有权是对物的占有、使用、收益和处分的权利，当所有权
的部分权能与物分离后形成了以使用和收益为核心的用益物权以及已具备担
保功能的抵押、质押和留置等担保物权。只有人对自己的财产享有完整的所
有权，才能凭自己的意志自由地支配这些财产，只有通过对财产的自由支配
和流转，市民社会的意思自治和契约制度才能真正地建立起来。意思自治在
一定程度上表现为支配财产的自由，契约也是保证财产流转的重要形式。当
然作为民法文化的所有权神圣并不是说所有权的行使完全不受限制。"个人本
位"来自于对权利的重视，所有权作为一种至高无上的权利类型，在 19 世纪
得到法律的极大认可，因为所有权也是那个时代个人自由的价值体现。《法国
民法典》第 554 条对所有权进行了完整的表述，[1]这与法典的自由主义和个
人本位意识相适应，致力于建立这样的一种原则：所有权人对其所享有的所
有权，权利的行使不受来自任何方面的约束，不仅不受其他私人的干涉，甚
至也不受国家的干涉。[2]《法国民法典》在立法上确立的这一原则仅仅是一
个美好的理想，面对社会的发展，不得不对法典所宣扬的绝对所有权原则
进行修正，法国通过颁布许多单行法的形式对所有权进行相应的限制。因
为所有权神圣意味着所有权完全受自由观念的支配，任何人均不得加以侵
害，但是随着社会的发展，这种绝对的所有权理论反而禁锢了对物的利用，
更为重要的是无法实现所有权的立法目的，因为"所有权人不仅是以所有
物来满足人的欲望，还有为了公共之必需和国家以及所属团体的需要利用
所有权的'义务'和'功能'"。[3]法律之所以对所有权进行保护就是为了
增加社会的利益和福祉，如果不能达成此项目的，法律就应该积极地进行干

---

〔1〕《法国民法典》第 554 条规定："所有权是对物的绝对的无限制的使用、收益和处分的权利。
但法律所禁止的使用不在此限。"

〔2〕［美］詹姆斯·高德利：《法国民法典的奥秘》，张晓军译，载梁慧星主编：《民商法论丛》
（第 5 卷），法律出版社 1996 年版，第 557 页。

〔3〕［日］大木雅夫：《比较法》，范愉译，法律出版社 1999 年版，第 224 页。

预。[1]直至19世纪中叶，禁止权利滥用的思想在法国产生，有学者认为这种限制使现代社会所有权的绝对性效力受到了一定程度的约束，但对个体成员所有权进行的约束也是为了在全社会范围内更好地体现所有权的价值，进而最终实现每一位个体成员能更广泛地享有权利的效果。[2]德国在18世纪制定民法典时，自由主义从未发生过深刻的影响，因此，德国无个人主义或者自由放任主义的强烈传统。[3]在实践中，俾斯麦政府为了促进薄弱行业的发展也加强了国家的干预，国家逐渐进入私人生活领域，并对权利进行限制。后《瑞士民法典》在立法中正式确立了民法的社会本位主义理念，近代以来形成的私权神圣（主要为所有权神圣）演化为现代民法中所有权的"社会本位"。所有权人在行使所有权时，除了维护自己的利益，更应关注社会公益，对社会负有一定的义务；并且如果在实现私人所有权时出现其妨碍公益情形，应对所有权的行使予以一定的限制。

中华法系民法在漫长的自我发展过程中，形成了独具特色的私法文化和私法品质，在私人的财产关系上主要以"共有"观为核心。恩格斯曾在《反杜林论》中提出"东方的专制制度是基于公有制"，[4]这是影响一个社会法律文化制度构建的经济基础，中国古代的公有制主要有封建君主所有和封建家族所有两种形态，[5]二者相互影响。同时，在中国古代，人是感性的伦理人，他们对社会和谐的精神追求远胜于一切，更遑论对财富积累的追求。儒家思想的天道观也显著地影响着中国古代人对物质财富的态度，主要表现在以下两个方面，首先，中国古代人并不排斥对物质财富的渴求，由于物质财富同样满足基本的生存需求，提供最基本的物质保障，所以，有关对物质财富的取得、流转、侵害的惩处等也都以不同的渊源存在着。其次，天道观直接影响到中国古人对人与物关系的不同理解，他们不仅仅将物作为与人毫无关系的冰冷的客体进行占有和使用，更对物寄托着"维系和谐社会"的伦理

---

〔1〕　王伯琦：《王伯琦法学论著集》，三民书局2000年版，第281页。

〔2〕　刘凯湘：《论民法的性质与理念》，载《法学论坛》2000年第1期。

〔3〕　[英]弗里德里希·冯·哈耶克：《经济、科学与政治——哈耶克思想精粹》，冯克利译，江苏人民出版社2000年版，第334页。

〔4〕　《马克思恩格斯全集》（第20卷），人民出版社1995年版，第681页。

〔5〕　这样表述并不是否认在中国古代存在私有制，正如上文的研究发现，在中国六朝、明末清初，清末民初三大时期，中国私有制，特别是土地所有权的私有化程度极高。

情感，将物视作"共生共存"的依赖关系。[1]他们在对物的利益的追求上，不在乎是否有明晰的产权界限以及是否能独立地占有和支配，而是看重对物的利用所衍生的各种利益以及人与人之间关系的和谐平衡。这也能在一定程度上说明为什么在中国古代债权相较于物权更为发达。中国古代人并没有清晰的所有权概念，他们重视对物的经济效益的利用，但是却不在乎物权逻辑的自洽，对物的所有权内涵的认识是模糊的，对他们而言，交易中不同类型的程序和规则，并非围绕着西方民法理论所倡导的"所有""占有"等权利类型而从事的，而是呈现着特定社会历史条件所带来的独特的逻辑结构。"[2]

上述两种不同的民法文化对所有权的限制在特定时空下达成了一致。首先，按照现代民法所有权社会化理论，为了强化公共利益，约束个人所有权的行使，在形式上将权利划分出相异的等级，"大"的公共利益高于"小"的公共利益，"小"的公共利益高于"个人"利益。[3]在中华法系中，本就实行等级森严的政治法律制度，法律所保护的利益必定是按照等级予以划分的，而且非常清晰明确，国家利益和国家秩序优于地方利益和地方秩序，而地方利益和秩序优于个人利益。其次，在西方的民法现代化中，对所有权进行限制是通过公共权力介入私权行使的过程来实现的，以防止侵害国家、社会及第三人的利益。如果个人滥用权利造成对所有权人之外其他人的侵害，法律便会进行干预，形成权利与法律之间的良性关系。如有此情形，可以通过法律认定这种民事法律行为的无效性；而在中华法系民法中也认可应限制所有权的行使，如家族可以通过主张先买权以约束所有权的自由流转、典权人的使用收益权可以约束所有权人对出典物的处分权。

---

　　[1]　陈景良教授曾就水井举例以说明，自然村中的一口水井对于此村的村民来说，无论是生活还是生产都极为重要，因为它对于人来说是须臾不可离的，但是对于这个村庄而言谁拥有它的所有权并不重要，每个人与这口水井有"份"的村民，都可以利用它获取水资源满足自己的生活，这种活动并不排斥他人对水井的使用，所以，从这个意义上讲，单纯的权利界定划分无意义和无必要。相反，若因战乱或者灾荒而"背井离乡"，即便法律上宣示列了某人对这井中之水具有排他性的权利，实际上这种单纯权利的界定仍无法消解中国人由"背井离乡"所带来的乡愁与悲凉。参见陈景良：《突出"民族性"是中国民法典编纂的当务之急》，载《法商研究》2017年第1期。

　　[2]　陈景良：《突出"民族性"是中国民法典编纂的当务之急》，载《法商研究》2017年第1期。

　　[3]　张生：《民国〈民律草案〉评析》，载《江西社会科学》2005年第8期。

（二）西方民法社会化对契约自由的限制理念与中华法系民法限制私人交
易的理念极为相似

契约自由原则是西方民法典中普遍确立的一项基本原则，从经济学的
角度而言，契约在本质上是当事人之间的利益交换关系，其目的追求自身
利益最大化，至于采取什么形式以及与谁进行交易等，均由当事人自由决
断，第三人无权干涉。在这种自由的状态下，当事人肯定会选择对自己最
为有利的方案，从而保证当事人利益最大化。为了保证民事主体在契约交
易中利益的实现，现代各国在立法中基本都通过法律的形式将上述选择权
赋予当事人。但是自19世纪以来，这种绝对的契约自由原则在践行的过程
中逐渐衍生出很多弊病。随着西方大工业时代的到来，在经济生活中出现
了实力悬殊的阶层，他们虽然在契约的过程中是完全绝对自由的，但是由
于实力的差距，必然出现强势一方对弱势一方的牵制，造成合同履行不公
平结果的出现，近代以来形成的契约自由遭到了严重的质疑。"古典的'契
约自由'概念甚至从一开始便存在某些缺陷，而随着现代合同法的发展，
这种缺陷成千倍地放大了，这一概念没有考虑到在许多情况下，事实上存
在可能迫使某人签订合同的社会和经济的压力。"[1]在实践中造成了经济实
力较强的一方对经济实力较弱方的压制，有必要对契约自由进行限制，在维
护一方当事人利益的同时达到社会的公平正义。在大陆法系国家的立法中一
般通过诚实信用原则实现对契约自由的限制，英美法系则引入了"信赖利
益"保护制度实现上述目的，从而导致19世纪以来古典契约法理论大厦的
倒塌，即当代两大法系出现了"契约公共化""契约社会化"的原因。[2]各
国纷纷走上了契约自由社会化的道路，通过立法充分保护弱势群体的利益，
维护社会公平正义，并对违反上述情形的合同效力进行瑕疵认定，强化缔
约主体的资格能力、意思表示的真实和自由，并对缔约交易标的物以及格
式条款和格式合同作出限制，顺应时代发展潮流加强了对消费者合法权益的
保护。

中华法系民法受儒家思想的影响，天人合一、人本主义等特质对应在民

---

〔1〕 ［英］P. S. 阿蒂亚：《合同法概论》，程正康等译，法律出版社1982年版，第8、10、2页。

〔2〕 Peter Schlechtriem, "The Borderline of Tort and Contract Opening a New Frontier?", *Cornell International Law Journal*, 1998, p. 3.

事法律规范上的财产利用关系上即"义"和"利"的关系，形成了财产利用关系上的义利观。中国传统价值观主张以义为先、以义导利，在利和义产生冲突时，应重义轻利，实现义利统一，以此达到社会和谐。[1]中国古代人在财产利用等利益分配关系中，不会单纯的片面追求物质利益，更强调作为一个伦理人的"义"，也就是义务和责任，在中庸思想的影响下，尽量做到义和利的平衡。尤其在财产交易关系中，特别强调"重义轻利"，维护"仁人之君子"谦卑的形象。值得一提的是，随着财产利用和交易关系的发展，财产流转性质的债法在清朝末期已经具备了自由、平等、依法等原则。[2]另外，在礼法结合的中华法系中，"'礼'是社会性的，而'法'则是政治性的"。[3]因此，像家族或者家庭中财产交易等这样的"细故"一般由"礼"来规制，受家法族规的调整，这是中华法系具有家族本位伦理色彩的主要原因，主要涉及对婚姻的缔结、夫妻行为、家庭关系的调整，遵循着尊卑有序，男尊女卑的基本原则。

西方民法对契约自由进行限制的社会化趋势与中华法系民法的遵守秩序、强化义务履行等观念具有极大的相似性。中华法系民法对从事财产交易的主体资格有明确的限制，凡卑幼以及妇女在没有得到尊长授权的情况下无权与他人独立订立契约。此外，中国固有习惯法将祭田、祖宗坟山等特种物定为禁止流通物，不允许作为契约的标的物。

（三）西方民法社会化无过错责任原则的诞生与中华法系民法"不考虑过错"的理念类似

在法律发展进程中，最初的权益受到侵害一般通过同态复仇的方式进行救济，但是由于该救济手段过于残忍，随着人类文明程度的提高，逐渐采用

---

〔1〕［日］寺田浩明：《权利与冤抑：寺田浩明中国法史论集》，王亚新等译，清华大学出版社2012年版，第233～236页。

〔2〕尤其是在主体制度方面，针对上文的论述本处借用张晋藩教授的论述对上文作进一步的补充说明，在中国古代法律中，确有"良贱"之分，位列"贱籍"者，以其身份的特殊，无立约资格，但位列贱籍者，在整个社会构成中所占比重极小，而位列良籍者，则包含绝大部分的社会构成，如官僚地主、农民、手工业者、商人、兵丁等等，凡位列良籍者，如相互缔约，权利义务是平等的，意志是自由的，这是法律所保障的。参见张晋藩：《从晚清修律官"固有民法论"所想到的》，载《当代法学》2011年第4期。

〔3〕钱穆：《湖上闲思录》，生活·读书·新知三联书店2000年版，第48～51页。

"金钱代偿"制度。[1] 金钱赔偿方式的出现意味人类法律文化发展的进步，也随之出现了关于侵权损害赔偿责任的归责原则。最早出现的责任原则为结果责任，首次规定在《阿奎利亚法典》中，[2] 结果责任在适用时完全不考虑行为人的主观过错等因素，只要有损害行为并且造成了损害后果就要承担金钱赔偿责任。随着理性主义与自然法思潮的兴起，侵权行为法的立法思想发生转变，在归责原则上，结果责任逐渐被过错责任所替代，在进行侵权损害赔偿时，以行为人主观上是否有过错为基础而不是损害后果。这是历史发展的必然也是法律文化发展推动的后果，1804 年《法国民法典》首次以民法典的形式确立了过错责任原则，该法典的第 1382 条和第 1383 条[3] 是过错侵权责任的一般性条款，建立了以"过错"为核心，以"损害""过错""因果关系"为构成的三要件。[4] 属于英美法系的英国，也在 17 世纪确立了以注意义务为基础的过错责任原则，该当行为人未尽到法律所规定的注意义务时，因过错而造成他人损害的，应承担赔偿责任。19 世纪末 20 世纪初资本主义开始向垄断经济发展，科技革命带动了大机器工业化生产，环境污染、工伤损害、产品责任等问题也伴随而来，而这些类型的侵权行为由受害人举证证明行为人的主观过错实属不易，如果坚持过错责任原则将使这部分受害人得不到损害赔偿，而这部分群体却往往是侵权行为关系中最应受到保护的弱势一方，无过错责任原则在此背景下应运而生。在适用无过错归责原则的侵权行为案件中，只要造成了损害后果，不管行为人是否有过错都要对受害人承担侵权损害赔偿责

---

〔1〕《汉谟拉比法典》对同态复仇方式有详细的规定，这种复仇方式也会演变为氏族之间的大规模报复，后来金钱赔偿方式出现，但是在最初的适用上有严格的限制条件，虽然允许当事人自由选择，对于损害后果较为严重的损害行为却不允许当事人选择，只能采取同态复仇，后随着法律文化的发展，金钱赔偿制度彻底代替了同态复仇，公元前 287 年，古罗马通过《阿奎利亚法典》废除了对于损害行为的同态复仇和人身惩罚，这也是私法意义上的侵权行为制度的雏形。

〔2〕 该法典的第一章和第三章分别规定："倘若某人不法杀死属于他人的男女奴隶或可牧之四足牲畜，则无论此种受害物在损害发生前一年内的最高价格达到何数，他都要被责令依照此数向物主缴纳黄铜。""对于被杀奴隶或家畜以外的其他一切物件，倘若某人加以不法焚烧、折断、或打碎而造成对他人的损害，则无论此财物在损害发生前 30 日内的价格为何数，该被告均应依照此数向物主交纳货币。"

〔3〕《法国民法典》第 1382 条规定："任何行为使他人受到损害时，因自己的过失行为而致行为发生之人对他人负赔偿责任。"第 1383 条规定："任何人不仅对其行为造成的损害负赔偿责任而且还对因其懈怠或疏忽大意造成的损害负赔偿责任。"

〔4〕 苏艳英：《侵权法上的作为义务研究》，人民出版社 2013 年版，第 32 页。

任。此原则在英美法系国家被称为严格责任，是法律的社会化结果。[1]1957年，美国法学会出版的《美国侵权法重述》（第2版）在第519条和第520条对此原则作出了规定。[2]在大陆法系的法国，通过法院的判例确立了无过错责任原则，德国对无过错责任原则的规定主要采取个别立法的方式，仅在《德国民法典》中第833条第1款的动物饲养人责任适用了该原则。[3]无过错责任原则在西方国家的立法确立，说明了在传统侵权法上仅适用过错责任原则已不能适应现代社会经济的发展，体现了对人的权利的尊重，是民法社会化发展的必然结果。

中华法系民法以儒家人本主义为原则，以人伦道德的自觉为逻辑起点，在欠缺现代民事权利主体观念的语境下，中国古代的民事法律规范以其特有的功能规制着社会生活中的人身关系和财产关系。中国古代遵循着天道观，"天道"中的"礼"被视为最为核心的道德精神，这种道德精神成为中国古代社会及人们心灵世界的支撑力量，也是民事主体的价值理念。古代社会中的人常以"君子"和"仁人"自居，强调对自身的修身养性，是一个注重"性善"和"行善"的，在一定的历史文化条件下生活的"伦理人"，他不是一位高度自由的单个的个体，而是一位身体发肤、受之父母的具有天然伦理道德与血缘情怀的人，讲仁义、注伦理。这是中国人有别于西方人、中华法制文明相异于西方法制文明的逻辑起点和本质所在。[4]在这样一个弥漫着浓厚伦理道德的亲情社会中生活的人，更多的是"轻利重义"，讲求奉献和义务的履行，以营造和谐的社会氛围为奋斗目标。因此，从和睦私人关系的角度出发，以和为贵，在出现对他人损害的行为时，不考虑行为人是否有过错，只要已经造成了损害后果就应该主动承担责任。从对受害人保护的角度而言，中华法系民法中的不考虑行为人主观过错，只要有损害后果就应对受

---

[1] 刘士国：《现代侵权损害赔偿研究》，法律出版社1998年版，第43页。

[2] 《美国侵权法重述》（第2版）第519条规定：（1）从事某种超常危险活动的人，对于该活动所导致的另一人的人身、土地和动产的损害承担责任，尽管他已经为防止该损害的发生付诸了最大限度的谨慎。（2）这种严格责任仅限于这样一种损害，其发生的可能性使该活动具有超常的危险。第520条作为辅助性条款对超常危险的判断标准进行了规定。

[3] 其他适用无过错责任原则的主要见于德国的《帝国责任法》《道路交通法》《水保持法》《原子能法》等。

[4] 陈景良：《突出"民族性"是中国民法典编纂的当务之急》，载《法商研究》2017年第1期。

害人承担责任的立法理念与西方民法社会化中的无过错责任的立法理念较为相似。

以上是中华法系民法与西方民法在表层的价值契合，毕竟两种气质迥异的民法肯定存在着深层的经济文化基础以及价值取向上的差异，这也是本书认同的观点。但是为了寻求中国传统民法文化与域外民法文化整合的支撑点，这个表层的，甚至带有人为认同色彩的价值诉求却被赋予了民法近代化的无限期待。[1]也可能有很多人会通过民法"社会本位"在《民国民律草案》的超前立法质疑本书观点，在此对超前立法是否合理不作探讨。[2]单就"社会本位"而言，客观上讲，《民国民律草案》将社会本位的立法观念纳入草案中，形式上的意义大于实质意义，西方民法中的社会本位是在个人本位的基础上衍生的，社会本位不是要否定对人权利的保护，反而是为了加强权利保护和实现契约自由，对优者、强者、胜者单方面的契约自由加以限制，约束了他们支配劣者、弱者、败者的自由，这种约束和限制在本质上建立了人们的平等地位，平衡了不同主体之间的缔约能力，从而实现真正的契约自由。"[3]而《民国民律草案》所制定的时代，尊重私权、契约自由等尚未经过国家承认，人们的私权意识不够，北洋政府统治时期的社会事实确实如此。而我国目前的民事立法环境和北洋政府时期有本质上的分别，我国在《民法典》出台前，早已通过《民法通则》《物权法》《合同法》《侵权责任法》等丰富的民事单行法，已将近代民法的私权神圣、契约自由和过错责任以白纸黑字写进了法律法规中，并通过司法实践印刻在中国人的思想中。在这样的社会背景之下，如果再争辩我们不具备将中国传统民法文化与域外民法文化整合的条件就未免有些强词夺理了。

---

〔1〕　张生：《民国初期民法的近代化——以固有法与继受法的整合为中心》，中国政法大学出版社 2002 年版，第 81 页。

〔2〕　而事实是目前法学界对于超前立法是否具有合理性并未达成一致理解，当然对此问题持否定意见的学者可能占多数，但也有的学者对此意见表示肯定，如黄源盛教授在《晚清民国的社会变迁与法文化的重构》一文中，即对超前立法大加赞赏，参见黄源盛：《晚清民国的社会变迁与法文化的重构》，载《法制与社会发展》2020 年第 3 期。

〔3〕　邱本：《从契约到人权》，载《法学研究》1998 年第 6 期。

## 第二节　中国传统民法文化与现代民法文化存在联结点

中国传统民法文化以人伦道德的自觉为逻辑起点，以儒家思想为最高指导思想，形成了以"善"为核心的私法气品质。儒家"五常"包括仁、义、礼、智、信，指"人"应该拥有的五种最基本的品格和德性，是中华法系时代人们行为规范中最重要的伦理准则，是中国古代伦理法律价值体系中的最核心因素，直接影响中国古代人法律价值观的形成，是中国传统民法文化的核心。现代民法以社会公平为基本价值，传统的"善"与公平等原则在内容上可以相互融合。中国传统民法文化的价值诉求与西方民法文化的社会本位在形式上具有高度的契合性，都重视社会群体利益和社会公共秩序。因此，考察中西方民法文化的联结点应以此为参照和出发点，寻求中国传统民法文化与西方民法文化的共性，这是我国民法典中西法律文化融合的基础。

### 一、联结点一：儒家伦理与现代民法价值

儒家的"五常"概念形成于汉代儒术独尊的背景下，并最终全部划到儒家专有的理论范畴，宋代大学士朱熹将"五常"定为人之本性，在《中庸章句》注"天命之谓性"，详解为："性，即理也……于是人物生，因各得其所赋之理，以为健顺五常之德，所谓性也。"朱熹所言的"健顺五常之德"，即"五常"中的仁、义、礼、智、信。[1]"常"即亘古不变的真理，儒家将仁、义、礼、智、信作为五种最绝对的真理，该"五常"与西方域外民法文化的理念和基本原则在价值观上高度契合，成为两种文化整合的联结点之一。

（一）"仁""智"与现代民法的人文关怀理念相契合

"仁"是儒家伦理文化发展和传承的永恒生命之源，是"礼乐文化"不断完善的内在根据，"开辟了人的内在的人格世界，以开启人类无限融合及向上之机"。[2]儒学家有很多对"仁"的不同阐述，如：颜渊问仁，子曰："克己复礼为仁。一日克己复礼，天下归仁焉"（《论语·颜渊》）；"恻隐之心，人皆有之"（《孟子·告子上》）；"亲而不可不广者，仁也"（《庄子·在

---

〔1〕（宋）朱熹：《四书章句集注》，中华书局 2012 年版，第 17 页。
〔2〕徐复观：《中国人性论史》，上海三联书店 2001 年版，第 69 页。

宥》）等，"仁"在儒家思想里有着多层的丰富的意蕴。首先，在儒家文化看来，"仁"是人之所为人的本质所在，"仁"即为人的本身，"仁也者，人也，合而言之，道也"（《孟子·尽心下》），当然，这个人本身不仅仅指具有人的自然躯壳，也指内在的道德生命和道德理性之本身；其次，"仁"是一种"博施济众"的胸怀，"夫仁者，己欲立而立人，己欲达而达人"（《论语·雍也》），自己要站稳和腾达，也要帮助他人站稳和腾达，一个仁爱的人，是一个乐善好施的人，乐于助人，乐善好施；再次，"仁"是一种"推己及人"的，是人与人之间的一种情感上的共通，自己不喜欢的，也不要强加于他人，"己所不欲，勿施于人"（《论语·颜渊》），为人的最高的道德境界和道德准则，强调人与人之间要彼此关爱，平等和尊重，体现了人文关怀和对和谐社会的向往。

孔子尊尚智慧与智者，在儒家文化里，"智"意蕴丰富，如明察、慎行、博学、审问、笃行等，均为"智"，应靠学、问、思而得知，按照伦理价值观，有"知"方有"智"，知识是智慧的前提和积累，知识可以产生明辨是非的智慧，即所谓"知者不惑"（《论语·子罕》）"知之在人者，谓之知"（《荀子·正名》）；"知人者智，自知者明"（《道德经》）。在儒家思想体系中，"能与仁的概念平行而真正是对举的，只有'智'的概念"。[1]"仁"和"智"有直接关联性，"仁"是人内在的道德品行，而"智"是外在的才能智慧，"智"是实现最高道德标准"仁"的重要条件之一，"智者利仁"（《论语·雍也》），"仁不离智"，"仁"和"智"都出自人的本性，为人道之必须，由智而得仁，"知者不惑，仁者不忧"（《论语·子罕》）；[2]同时"智不离仁"，由仁而得智，"智"本身是对"仁"的一种选择，如果不以仁处为家，怎能说是有智慧的呢？"择不处仁，焉得知？"（《论语·里仁》），因此，"'智'与'仁'存在着互为果、互动辅益的密切关系"。[3]"仁智"体现了以人为本的人文思想，"民为贵，社稷次之，君为轻"（《孟子·尽心下》）。

在此非常值得一提的是在儒家思想文化体系中，智者还通晓适度原则与

---

〔1〕　徐复观：《中国学术精神》，华东师范大学出版社2004年版，第12页。

〔2〕　宋代大学士朱熹曾对此作注曰："明足以烛理，故不惑；理足以胜私，故不忧；气足以配道义，故不惧。此学之序也。"由此可知，在儒家文化里，由智而仁。参见（宋）朱熹集注：《四书集注》，岳麓书社1985年版，第166页。

〔3〕　宇汝松：《孔子"仁"、"智"思想研究》，载《兰州学刊》2014年第7期。

中庸之道亦为"智"的意蕴之一，能运用智慧"察言而观色"（《论语·颜渊》）以灵活多变，如"乐而不淫，哀而不伤，其言和也"（《论语·八佾》），"和"即为儒家中庸之道，讲求不过不及适度的持中之道；"君子和而不同，小人同而不和"（《论语·子路》），只有集智慧与高尚品德于一身的君子才能做到中庸之道，善于调和各种矛盾使之达到和谐的状态。儒家文化思想的"博学之，审问之，慎思之，明辨之，笃行之"，也指明了"智"为把握中庸之道的内在尺度。在民事法律规范上体现为通过"智"明辨是非，持灵活多变的中庸之道，从而达到"仁"，即实现民事立法的人文关怀和追求和谐社会的立法目的。

近现代的西方民法文化，人文关怀价值已经成为民法的重要价值，法国著名思想家、法学家孟德斯鸠曾在《论法的精神》里有格言"在民法慈母般的眼里，每个个人就是整个国家"，这句话充分彰显了民法的人文关怀，并对西方民法典的生成产生了深远的影响，体现在民法的基本原则和具体民事法律规范中，以"对私主体的自由和人格尊严的保障及对弱势群体的特殊保护"为其核心内容。[1]

西方民法通过人格权保护实现对人的自由和尊严的保护。罗马法规定了独立的人格制度以及物权和债权制度，并以此为基础构建了民法的私法体系，虽然罗马法上的人格权与现代意义的人格并不相同，但是其进步意义是值得肯定的。后1804年《法国民法典》三编制的立法模式中，其中用一编规定了民法的主体"人"，肯定了主体平等的观念，彰显了对人的尊重。1896年《德国民法典》制定时"虽然没有将人格权置于重要的位置"，[2]但毕竟对人格权进行了法典化的规定，况且后德国法院在司法实践过程中，发展出一般人格权，将一般人格权作为维护民事主体的尊严和人格自由发展的价值，在

---

　　〔1〕　这是按照国内学者对民法的人文关怀的理解所作的梳理，"民法所体现的人文关怀，即民法对人自由和尊严的充分保障以及对社会弱势群体的特殊关爱""人文关怀的民法典，是一部注重保障人的尊严、意思自治弘扬私益与私权神圣的观念从而体现了时代精神的民法典""三大理念变化彰显的就是对私主体（人）的人文关怀，本质上是对私主体人格的尊重，而外在表现是对人平等和自由的平等保护"。参见王利明：《民法的人文关怀》，载《中国社会科学》2011年第4期；王利明、易军：《改革开放以来的中国民法》，载《中国社会科学》2008年第6期；彭诚信：《彰显人文关怀的民法总则新理念》，载《人民法治》2017年第10期。

　　〔2〕　［德］迪特尔·梅迪库斯：《德国民法总论》，邵建东译，法律出版社2004年版，第25页。

私法之中加以体现，并通过一般人格权制度实现了对隐私等权利和利益的保护，[1]《德国基本法》第 1 条直接将"人的尊严不受侵害"写入基本法中，并在第 2 条规定"保障人格的自由发展"。"《法国民法典》《德国民法典》《奥地利民法典》等民法典的制定正是启蒙思想的产物，在一定程度上彰显了人本主义的精神。"[2]

近代民法以"理性人"为出发点，强调形式上的平等，规定自然人的权利能力一律平等，在财产权领域中，对当事人的实际缔约能力或者在物权的财产分配上完全遵循平等，不考虑弱势群体的保护，但是到了 20 世纪随着公平正义价值的兴起，开始注重对实质公平的追求，如《德国民法典》新增了第 312 条、第 355 条，对特殊的消费品买卖契约规定了无因退货期等特殊的契约解除规则。对特殊群体的特殊保护是民法追求实质公平的结果，但是这并没有影响民法仍以形式主义的公平为其主要表征。从法律文化价值层面而言，之所以对弱势群体进行特殊的保护，是因为在民法中不同的主体之间的利益发生了冲突，除适用民法的公平正义等原则作出选择外，更应考虑到不同利益和价值之间的妥协与协调，其实这本身体现了我国传统伦理思想"智"的中庸之道。

西方民法的人文关怀思想和中华传统文化"仁""智"具有相似的价值目标和追求，都体现了对他人的关爱，对和谐社会的追求与向往。

（二）"义"与现代民法的公平正义原则涵摄相同

儒家"五常"中的"义"，最早由孔子提出，后由孟子进一步完善，这也是儒家最高的道德原则之一，是君子一切言行都要遵循的规则。在儒家伦理文化体系中，"义"与"利"相向，前者重于后者，孔子曰，"君子喻于义，小人喻于利"（《论语·里仁》）；合乎道义，追求公平正义是儒家思想所追求的结果，孟子所言，"大人者，言不必信，行不必果，惟义所在"（《孟子·离娄上》）。同时，在儒家伦理道德体系中，"仁"和"义"之间有着密切的联系，"仁"是修身欲达到的目标，而"义"则是实现的手段。"杀身以成仁"（《论语·卫灵公》）。"舍生而取义者也"（《孟子·告子上》），被后人和为一起"杀身成仁，舍生取义"，"义"即为公平、公正、合理。

---

〔1〕［德］卡尔·拉伦茨：《德国民法通论》（上册），王晓晔等译，法律出版社 2003 年版，第 170 页。

〔2〕王利明：《民法的人文关怀》，载《中国社会科学》2011 年第 4 期。

在近现代民法中，公平和正义的确是两个不同的词语，公平在英语中为"Fairness"，正义用"Justice"表示，罗尔斯在其作《作为公平的正义：正义新论》一书对两者予以区分，其所表达的核心意旨乃是希望经由一种公平的缔约程序来获致某种正义的契约结果。[1]按照罗尔斯的观点，公平与正义是有区别的，但是两者之间存在着密不可分的关联性，正义为公平所追求的结果为其意蕴之一，本书的关注点不在于此，故在写作中暂不论两者的区分。在西方法律文化中，以理性人作为逻辑起点，他们在理性地追求自己利益时，惯于精准地计算每次交易所带来的收益，契约在此产生，成为理性人经济生活中的重要工具，对彼此进行约束，有利于解决纠纷实现和平正义的交易结果，从某种程度上讲，契约即正当，契约为维护公平正义可谓功勋卓著，"正义取决于事先存在的契约"。[2]"市民社会是一个典型的易发生正义问题的社会，作为私法重要内容的财产归属及货款交换与正义之间具有内在的关联性。"[3]进而有关契约的民法规范在西方民法中得到日新月异的发展，《法国民法典》及《德国民法典》即为明证。

除了契约立法比较发达可作为西方民法重视公平正义观念外，在大陆法系很多成文的民法典中，直接将公平上升为民法典的"基本原则"，[4]如《德国民法典》中债的给付障碍、债履行中的情势变更原则、缔约过失责任、违约责任等追求的就是公平正义。

（三）"礼"与现代民法的公序良俗原则本色相近

"礼"是中国古代社会的一种行为准则及道德规范。在中华传统文化的产生中，"礼"思想的集大成者非孔子莫属，后孟子对发展中华传统"礼"文化贡献良多，既有对儒家奠基者孔子之"礼"的传承，又多有孟子本人的独到见解。[5]在

---

〔1〕 易军：《民法公平原则新诠》，载《法学家》2012年第4期。

〔2〕 参见〔英〕霍布斯：《利维坦》，黎思复、黎廷弼译，商务印书馆1985年版，第114页。

〔3〕 See C. E. Cottle, *Justice as Artificial Virtue in Hume's Treatise*, *Hume as Philosopher of Society*, Politics and History, edited by D. Livingston, Rochester: University of Rochester Press, 1991.

〔4〕 虽然大陆法系国家或者地区因各种缘由，并未在民法典中就原则进行专门立法，但不能据此否认基本原则的存在，法典的具体法律规范就是这些原则的最集中成文化的体现。

〔5〕 金正昆、张春雨：《论孟子之"礼"》，载《江西社会科学》2020年第3期。在该文中作者认为如果不研究孟子的"礼"文化显然不利于更好地、更为全面地传承中华传统文化，尤其是未免会对中华"礼"文化以偏概全。本书因写作需要不对孔子和孟子的不同的"礼"文化思想做详细的区分，因为儒家思想皆中华传统文化的组成部分，此处所言之"礼"即为儒家文化之"礼"。

儒家思想里高度重视"礼"，在通行的《论语》版本中，"礼"字共计出现75次之多。通过梳理《论语》《礼记》《孟子》，儒家思想的"礼"内涵比较广泛，体现在三个层面上。首先，将其界定为人的行为规则，这是"礼"的一个层面，具体指在社会交往中人应自我约束遵守规则，"非礼勿视，非礼勿听，非礼勿言，非礼勿动。"〔1〕另外在《论语·乡党》里，对人的日常生活中的行事规则有"席不正，不坐""食不言，寝不语"等规制。其次，维护社会秩序为"礼"的另外一个层面，"不患人之不己知，患其不能也。"〔2〕最后，营造社会和谐的氛围。子曰"礼之用，和为贵"（《论语·学而》）；"君子笃于亲，则民兴于仁；故旧不遗，则民不偷"（《论语·秦伯》）。

公序良俗原则起源于罗马法，在罗马法中的"公序"，指国家的秩序和人们的根本利益；而"良俗"，则指人最一般的道德标准。在《学说汇纂》中规定，订立合同以此对婚姻自由进行约定、或者强制是否信奉某种宗教、对宗教自由和遗嘱自由进行约束等的行为，以及以赌博为标的的行为等，均属于违反"公序"和"良俗"的行为而无效。〔3〕后被《法国民法典》和《日本民法典》所吸收，《法国民法典》第6条将"公序"和"良俗"合为一体，称为公序良俗原则。〔4〕《德国民法典》仅在第138条、第817条以及第826条规定了违反善良风俗的行为一概予以禁止，〔5〕并未就公共秩序作出规定。公序良俗原则在西方民法中得到广泛的适用，由"公共秩序"与"善良风俗"组成，其中"善良风俗"简称"良俗"，对其理解基本没有争议，即社会公共道德，它是民事法律关系的主体所应普遍遵守的道德标准。史尚宽先生认为，良俗，也就是善良风俗，是指社会的存在及其发展所应具有的一般道德，是现社会所应遵循的一般道德。〔6〕而"公共秩序"本身的含义不是非常确定，其

---

〔1〕　杨伯峻译注：《论语译注》，中华书局2012年版，第172页。

〔2〕　杨伯峻译注：《论语译注》，中华书局2012年版，第216页。

〔3〕　参见周枏：《罗马法原论》（下册），商务印书馆1994年版，第599页。

〔4〕　《法国民法典》第6条规定："个人不得以特别约定违反有关公共秩序和善良风俗的法律。"《日本民法典》第90条规定："以违反公共秩序和善良风俗事项为标的的法律行为，为无效。"

〔5〕　《德国民法典》第138条规定："违反善良风俗之法律行为，无效。"第817条规定："给付目的之制定，如使受领人因其受领而违反法律禁止规定或善良风俗者，受领人负返还之义务。该违反亦应由给付人负责者，不得请求返还……"第826条规定："故意以背于商量风俗之方法，加损害于他人者，对该他人负损害赔偿之义务。"

〔6〕　史尚宽：《民法总论》，中国政法大学出版社2000年版，第334页。

涵摄内容较为抽象和广泛，"有时候它是最根本的伦理、政治和社会等诸原则和概念；而其他时候，它本身就只是一个法律名词，意味着'公共利益的好处'，意即任何合法行为，若有侵害大众或违反公共利益之虞时，即应加禁止"。[1]公序良俗原则体现了伦理道德观，确立了主体进行民事活动时最低的道德标准，它是"将道德伦理摄入于法的境界里"。[2]

西方民法典中的"公序良俗原则"中的公共秩序和善良风俗与我国儒家文化"五常"中的"礼"在涵摄的内容上具有本质的相似性，中西方虽文化传统和伦理观念相异，却在为人处世的基本方面有着共同的或相似的价值取向，以及由此形成了"向善""至善"和"扬善止恶"的民法精神。[3]

（四）"信"与现代民法的诚实信用原则内蕴相通

儒家把"信"作为治国齐家的根本，包含着丰富的伦理道德观念，以性善论为其基础，在儒家文化里，"信"往往与"诚"结合在一起，以"五常"中的"义"为导向，通过修身养性达到"大丈夫"高尚品格。"信"首先体现了人诚信品格的伦理思想，讲求"诚"和"信"的结合，"信"为立身处世之根本，如言而无信将无法立足于社会，"诚者，天之道也"（《中庸》），"人而无信，不知其可也。大车无輗，小车无軏，其何以行之哉？"（《论语·为政》）；此外"信"还是人际交往中的重要准则，应该遵守承诺，严律自身，言出必行，"吾日三省吾身，为人谋而不忠乎？与朋友交而不信乎？传不习乎？……信近于义，言可复也"（《论语·学而》）；"言必信，行必果"（《论语·子路》），把守信建立在道德正义之基础上。

诚实信用原则亦起源于罗马法的"一般恶意抗辩"，虽然在罗马法中诚实信用原则仅在个别情形下适用，但是随着罗马法的复兴以及在全世界的传播，此原则最早被1804年的《法国民法典》第1134条所正式确认，在当时的《法国民法典》中，诚实信用原则仅在合同领域中适用，[4]《德国民法典》第242条将其作为债法的基本原则予以确认，后诚信原则在大陆法系国家的民法典中得到迅速发展，1907年的《瑞士民法典》再次扩展了此原则的适用范

---

〔1〕 邓衍森：《法律哲学上司法造法的若干问题》，载《东吴法律学报》1984年第2期。

〔2〕 刘得宽：《民法总则》，五南图书出版公司1996年版，第420页。

〔3〕 马俊驹：《中国民法的现代化与中西法律文化的整合》，载《中国法学》2020年第1期。

〔4〕 《法国民法典》第1134条规定："依法成立的契约，在缔结契约的当事人间有相当于法律的效力。"

围，将其作为民法典的一项基本原则加以规定。[1]并为其他国家地区的民法典普遍认可，逐渐成为民法中的一项"帝王条款"。诚信原则主要针对民事活动中的弄虚作假、欺骗他人或者损人利己的行为，要求民事主体在民事活动中，要讲诚实守信，不能欺诈和胁迫及乘人之危等，即"心怀善意，没有欺骗"。[2]

诚实信用原则是道德的体现，借助于诚实信用原则，越来越多的道德规范被上升为民事法律规范，诚实信用原则主要通过指引作用，引导民事主体在民事活动中应弘扬社会公德、维护交易秩序。这与儒家伦理道德观念里强调人际交往要"诚信"的准则相契合。

## 二、联结点二：中华传统法的价值诉求与现代民法的社会本位形式契合

西方民法典在经历过个人本位主义的立法后，在19世纪末20世纪初开始了社会本位主义立法，正如上文所论述的，无论是对私权神圣的限制、契约自由的约束还是无过错责任原则的产生，其目的都是要重视群体利益、维护社会整体秩序，只有在这个前提之下才能真正实现个人的权利本位。

中华法系具有家族本位的伦理色彩，这直接影响到中华传统法的价值诉求，所以中国社会是一个弥漫着伦理道德亲情的社会，具有强烈的"家国"情怀。因为宗法伦理观念的原因，在中国古代社会中个人人格观念淡泊，"家"（包含着家族和家庭）是社会最基本的构成元素，"是中国传统文化的堡垒"，[3]在家内部，每个家族、家庭成员墨守着身份上的差异，按照各自的分工各尽其职，共同维护着整个家族、家庭的和谐和稳定。在家族、家庭之上的社会组织机构是国家，"中国古代社会是国家主导型的群体社会，"[4]皇权至高无上，在其统领下大到国家机构小至社会最基本的细胞家族、家庭都要受命于国家皇权，履行着各自的职责，维持国家这台大机器的和谐运转。

---

〔1〕《瑞士民法典》第2条规定："任何人都必须诚实信用地行使其权利，并履行其义务。"

〔2〕 Bryan A. Gainer, Editor in Chief, Black's Law Dictionary（Ninth Fdition）, A Thomson Reuters, Business, 2009, p. 762, 转引自徐洁：《论诚实信用原则在民事执行中的衡平意义》，载《中国法学》2012年第5期。

〔3〕 马俊驹：《中国民法的现代化与中西法律文化的整合》，载《中国法学》2020年第1期。

〔4〕 张生：《从社会秩序的角度解读中国"古代民法"》，载王利民主编：《论传统民法文化与中国民法典——第二届"全国民法基础理论与民法哲学论坛"文集》，法律出版社2015年版，第153页。

在这样的社会运作体制以及传统伦理观念的侵染下，中国古代社会的人形成了牢固的"团体主义"观念，把整个民族当成了一个联合体，凡是这个联合体内的国家组织、家族、家庭都是这个团体的载体。这种"团体主义"是中国历史长期的文化积淀，根植于民族的内在情感之中，延续至今仍然影响着中国人的信仰和观念。[1]"团体主义"在中国经历了"神本位"到"家本位"再到"国本位"，然后演化为"国、家本位"直至"国、社会本位"，[2]但是在这个演进的过程中，始终都是以维护社会整体的安宁为目标，"团体主义"不仅使中国大一统的局面得以延伸，而且使中华民族的主人翁意识得以维系，在全国上下形成了一个成熟而稳定的秩序系统。[3]在"团体主义"支配的社会结构中，稳定社会秩序是其首要的目的，但是并不能就此完全否定内部成员的权利，只不过权利的享有方式和范围不同于西方国家，它是在确认社会总体利益的基础上，对一般个人的权利和义务加以规定，而不是从确认个人权利和义务为出发点，来维持社会秩序。[4]撇开这一价值本位的阶级属性和宗法特点，应该肯定，它在一定程度上迎合了现代民法发展的趋势——从近代民法的纯"个人本位"走向个人与社会"双重本位"。[5]在维护社会秩序和群体利益这个目标上，西方民法的社会化与中华法系民法的"团体主义"伦理精神竟在不同的时空产生了交集，成为了两种文化整合的另外一个联结点。民法中的民事主体制度就是以此为联结点的，创设了我国民法中的法人制度以及非法人组织制度。[6]

## 第三节　民法内蕴法文化因素的逻辑结果

文化的主体性和人本性，衍射出文化承载着主体的价值观和民族精神，

---

〔1〕　马俊驹：《中国民法的现代化与中西法律文化的整合》，载《中国法学》2020年第1期。

〔2〕　武树臣等：《中国传统法律文化》，北京大学出版社1994年版，第65页。

〔3〕　马俊驹：《中国民法的现代化与中西法律文化的整合》，载《中国法学》2020年第1期。

〔4〕　武树臣等：《中国传统法律文化》，北京大学出版社1994年版，第749页。

〔5〕　曹诗权、陈小君、高飞：《传统文化的反思与中国民法法典化》，载《法学研究》1998年第1期。

〔6〕　关于这一问题下文将有详细论述。

具有历史性和继承性。从文化社会学角度而言"文化是制度之母"，[1]没有一种制度可以完全外在于文化。通过法律文化的角度审视，对法律与文化的关系运用法理学阐释，同样可以得出"法律是一种文化"的结论，法律不是枯燥的条文或法典，应该是一种活的生活经验，是社会生活的一部分，文化的一部分。无论作为方法论意义的法律文化还是作为对象化意义的法律文化在本质上都体现了法律是一种精神文化，无论是法律文化的"求同""辨异"还是"多元"都体现了用文化来解释法律的必要性。

文化在本质上是主体的一种生活样式，在社会实践的过程中产生，它由一套价值体系、行为标准以及具体行为所构成；法乃文化的一种，民法也是文化的产物。

## 一、文化的本质使然

文化是人类学研究首先关注的问题，19 世纪 60 年代文化人类学学科兴起，对 20 世纪社会科学的研究影响甚大，[2]后被历史学家、社会学家、心理学家及法学家等从其本领域的视角对文化进行了多层次、多视阈的广泛性研究，围绕文化概念，"产生了一整套解释和理解人类行为的原则"。[3]但由于研究主体的差异性以及文化自身的复杂性，导致无法对文化形成一个统一的界定，同时由于不同的主体在对文化进行研究时，受其研究领域、研究视角、研究目的和研究手段所限，对文化的理解亦带有明显的本研究领域的特质，从而形成了文化研究中外有差异、广义狭义有别、层次多样化的"百花齐放"的态势。[4]

---

〔1〕　[美] 塞缪尔·亨廷顿、劳伦斯·哈里森主编：《文化的重要作用——价值观如何影响人类进步》，程克雄译，新华出版社 2002 年版，第 119 页。

〔2〕　正如当时的美国著名人类学家克里弗德·吉尔兹所言：（人类学意义上的文化）在思想的地平线上突然喷薄而出，它似乎能解决所有根本性的问题，文化概念的突然流行和声势显赫是由于每个敏感而活跃的思想家都采用它，在各种学术环境中，为各种目的运用它，并采用无论是进一步抽象或是派生的方式去发展它的内涵。这段话是克里弗德·吉尔兹在其巨著《对文化的解释》中对"文化"在 19 世纪末叶被作为人类学的中心概念提出来后研究现状的描述。See Clifford Geertz, *The Interpretation of Culture*, London：Fontana Press, 1993, p. 3.

〔3〕　[英] 亚当·库珀、杰西卡·库珀主编：《社会科学百科全书》，上海译文出版社 1989 年版，第 161 页。

〔4〕　如社会学家所研究的文化是社会环境所决定的生活方式的整体；历史学家在研究文化时强调文化的历史发展和传承；从心理学家的视角看，文化是主体学习和进步的过程，文化包括传统上解决问题的方式，等等。

国外学者对文化的研究有广义和狭义之分，狭义说侧重文化所包含的精神财富或者精神文化，广义说认定的文化是物质文化和精神文化的集合体。前者以英国文化人类学家泰勒的文化定义为代表，[1]而广义说中较为经典的当属英国文化功能学派的创始人马林诺夫斯基。[2]我国《辞海》所界定的文化和马林诺夫斯基认定的文化类似，认为文化是人类所创造的物质财富与精神财富的总和。

　　无论从狭义角度还是广义角度对文化的认识均仅涉及文化的外延这一问题，并未真正地揭示出文化的内涵和本质。按照德国哲学家、新康德主义弗莱堡学派的代表学者李凯尔特的主张，文化是用来与自然相区别的一个概念，文化和自然的主要区别在于文化永远具有价值，自然则与价值毫不相干。[3]李凯尔特从文化与自然的比较中认定文化的研究视角，对揭示文化的本质和内涵具有重要的引领和指导性作用。而从马克思主义唯物主义哲学角度而言，文化亦是人类与自然界、动物界相区分的一种独特的社会现象，文化应体现为人类主体的有目的性和有意识的活动，体现着主体的精神气质和价值观，这是对文化的本质进行解读的一个重要思路。美国著名的人类学家露丝·本尼迪克认为文化模式在文化中具有支配力量，人们的行为之所以有意义，关键即在于此，文化模式是将各种行为纳入文化整体之中的准则，各种文化有其独特的主旋律，或曰民族精神，这是文化具有一定的模式的根源。"一种文化正如一个人或多或少有一种思想和行动的一贯的模式""个体生活历史首先是适应他的社区代代相传下来的生活模式和标准，……而当他长大成人并能参与这种文化的活动时，其文化的习惯就是他的习惯，其文化的信仰就是他

---

〔1〕　泰勒认为："所谓文化或文明乃是包括知识、信仰、道德、法律、习惯以及其他人类作为社会成员而获得的种种能力、习性在内的一种复合整体。"参见［英］泰勒：《文化之定义》，顾晓明译，载庄锡昌等编：《多维视野中的文化理论》，浙江人民出版社1987年版，第98页。

〔2〕　马林诺夫斯基所认为的文化是包含物质文化和精神文化在内的广义的文化，主张文化是一个组织严密的体系，它可以分成器物和风俗两个方面。参见［英］马林诺夫斯基：《文化论》，费孝通等译，中国民间文艺出版社1987年版，第11页。

〔3〕　李凯尔特在其著作《文化科学和社会科学》中进一步强调，价值凌驾于一切存在之上，它在主体和客体之外形成了一个独立的王国，认为自然产物是自然而然由土地里生长出来的东西，而文化产物是人们播种之后从土地里生长出来的。

的信仰，其文化的不能性亦就是他的不可能性"。[1]著名的英国文化学者威廉·雷蒙教授界定文化的概念时侧重文化所含有的价值判断，文化是在"对人心灵的培养"这一概念的基础上发展起来的，包含人心灵的一种发展了的状态。美国学者克鲁克洪以及克鲁伯，曾将文化概括为"是历史上所创造的生存式样的系统"，按照此观点，文化的基本要素包含传统思想观念和价值。[2]后中国学者梁漱溟将此加以改造，作出了中国式的表达：即"文化是人的生活样式"。那么紧接着人们就会有如此疑问：那"样式"又为何意呢？对此，按照美国学者巴格比的理解，"样式"是"社会成员的内在与外在的行为规则"，但来自遗传性的那些规则不应包括在内，也就是说生物的、生理的规则不应算作文化。[3]

挖掘文化的内涵或者本质，有助于深化对文化特质的理解，便于从更深的层面揭示民法与文化之间的关系。文化的内涵或本质的界定主要包括以下要素：

首先，文化具有人本性。文化的核心是人，这是体现文化本质的最关键性因素，文化的内涵以此为基础而延伸出其他内容。文化是主体的一种生存和发展的现象，文化是主体有意识的活动，是主体在改造自然、改造自己和改造社会的过程中被主体所创造出来的。从西方社会对文化的词源的研究来讲，其起源于古拉丁词"colere"，意指"栖身、培育、保护与尊崇"。后来，从"colere"又派出了另外一个词"cultura"，意思是指"土地耕种"。这些词语均蕴含了主体对土地资源进行的劳作。没有人的时代，文化也不存在，只有在有了人之后，人按照自己的行为模式改变了天然的、自然的东西，使它印上了人的烙印，用以适应和反映人的生存发展，这种现象、过程、规律及

〔1〕　露丝·本尼迪克是美国著名的人类学家，其研究领域由文学转到人类学，对文化人类学尤其对文化与个性领域的研究有着独特的见解，与美国人类学家 M. 米德一起，结合心理学的研究，形成博厄斯学派中的一个支派，即民族心理学派，又称文化心理学派，提出著名的"文化模式理论"。认为人们的行为是受文化制约的，在任何一种文化中，人们的行为都只能有一小部分得到发挥和受到重视，而其他部分则受到压抑。因此，文化研究应把重点放在探索和把握各种行动和思考方式的内在联系，即文化的整体结构上，重视文化对人格形成的影响。参见［美］露丝·本尼迪克：《文化模式——历史决定论的贫困》，何锡章、黄欢译，中国社会出版社 1987 年版，第 36 页、第 2 页。

〔2〕　［美］克莱德·克鲁克洪等：《文化与个人》，高佳等译，浙江人民出版社 1986 年版，第 5 页。克鲁克洪和克鲁伯曾搜集和分析了在英文学术文献中所见到的一百多个文化概念，并把它们分为描述性的、历史的、规范论的以及结构性的文化等四个类型。

〔3〕　李德顺：《文化是什么？》，载《文化软实力研究》2016 年第 4 期。

其成果，就是文化。[1]到 16 世纪逐渐延伸为人的发展，"成为文明的人和受到教育的人的一般过程"。[2]人是文化的生命，具有不可替代性和复制性，文化是极其实在的东西，文化的本义，应在经济、政治，乃至一切无所不包。[3]

其次，文化所具有的主体性，体现了主体的民族性。文化属于某一群体而不是某个个人，"文化是一整套行为，和有关行为的模式，该模式在某一特定时期内流行于某一群体内"[4]文化的选择是主体的权利和责任。群体主要表现为国家、族群或者民族等，这些群体在改造自然创造生活的过程中，慢慢形成了其独特的文化，"人的本质乃是社会关系的总和"。[5]人在社会生活过程中积累了丰厚的社会经验、能够辨别是非，并在此基础上培养了道德感和荣辱观，文化不是主体自然而然所具有的，不具有"天生存在性"，而是"后天培育发展"而来的。进一步讲，文化是主体社会活动，是社会经历的一种反应，在一定程度上受到主体生活方式的影响，文化"主体性"隐含的真正的哲学意义在于它侧重文化是人的生活样式，首先关联着人的生存与发展的权利、责任。[6]某一民族的文化就是该民族人民的生活和历史。文化与主体密不可分，任何人由于所处的生活环境不同，因此他们对待任何一种文化，都会带有他所处的那种文化的印记，必定会表达出不同主体的相异的立场和取向。文化的存在是主体的权利和责任所在，是行为规范的体系化，它指导人们应怎样行为以及权利、义务和责任。[7]只有文化的主体自身才能够担当起对自己文化进行改造的权利与责任，"任何一个民族，如果丧失了对自己文化权利与责任的担当，那么不仅意味着这个民族的文化将消失，而且意味着这个

---

[1] "虽然我们能够区分这些对文化概念定义的不同点，在实际中，许多学者往往是在混合的意义上使用文化概念。"参见何平：《中国和西方思想中的"文化"概念》，载《史学理论研究》1999 年第 2 期。李德顺：《文化是什么？》，载《文化软实力研究》2016 年第 4 期。

[2] William Raymond, *Key words: A Vocabulary of Culture and Society*, New York, 1976, p. 78.

[3] 梁漱溟：《中国文化要义》，学林出版社 1987 年版，第 1 页。

[4] A Krober ed, *Anthropology Today*, Chicago: University of Chicago Press, 1953, p. 536.

[5] 中共中央文献研究室编：《建国以来重要文献选编》（第 13 册），中央文献出版社 1996 年版，第 479 页。

[6] 李德顺：《文化是什么？》，载《文化软实力研究》2016 年第 4 期。在该文中李教授进一步指出，如果承认他的文化是他的生活样式的话，那么，他保持什么样的文化，首先是他的权利和责任。你不能用别人的标准肯定还是否定他，更不能剥夺他的生存权利和责任。

[7] G. Lundberg , etc. , Sociology, Tokyo: J. Weatherhill , Inc, 1968, p. 172.

民族主体历史的终结"。[1]因此，文化能将不同的民族与文化区别开来。

再次，文化体现了主体的价值观。文化与自然相对，是在人类改造社会、创造劳动、征服自然的过程中产生的，是主体在社会交往过程中直接或间接取得的，是人类创造的物质财富和精神财富的总和。恩斯特·伯恩海姆在1889年出版的《历史方法论教程》一书中，把文化定义为"社会生活中形式和程序的总体，脑力和体力劳动的方式与结果的总和"，按照恩斯特·伯恩海姆的理解，文化在构成上主要包括三个层面，即物质文化、行为文化和精神文化，"文化既包含显型式样，又包含隐型式样"[2]在文化的三个层面中，物质文化和行为文化为显型文化，而精神文化为隐型文化。因此，精神文化是内层，物质文化和行为文化为外层，外层的显型文化和内层的隐型文化之间存在着内在的关联性，物质文化和行为文化是精神文化的具象，故而精神文化也就成了文化的核心内容与本质所在。[3]精神文化是文化的精华和灵魂所在，文化总会与一定的精神价值相关联，蕴含着主体强烈的价值观念，"精神文化虽是由知识成分和价值成分两方面所构成的，但其核心和本质是一个价值理念的问题，价值理念既是价值评价、价值选择的概括也是价值评价、价值选择的依据"。[4]

最后，文化具有历史性和承继性。文化是主体的一种生活样式或模式，文化就是随着时间的变化以及周围境况的变动而形成和发展的，所以说任何文化都不是一成不变的，文化本身就是历史的沉淀。文化的这种历史性不仅体现了不同形态和不同时期、不同地域之间，即使同一社会形态不同时期和不同地域的文化也会展现出差异性，具有不同的价值观和精神核心。文化是一个民族或者群体的思想和生活样式，从纵向上展现了文化的承继性，文化通过语言、文字、动作、表情等载体传承其下一代，文化有自己的历史，本

---

[1]　李德顺：《怎样科学对待传统文化》，载《求是》2014年第22期。

[2]　恩斯特·伯恩海姆进一步指出：文化体现为三个主要方面：（a）物质文化；（b）语言，文化艺术、自然和社会科学以及宗教；（c）所有具有表征性价值的东西——是非观念、理念、信心和规范。参见庄锡昌等编：《多维视野中的文化理论》，浙江人民出版社1987年版，第119页。

[3]　物质文化是满足人的物质生活需要的一切东西，是人适应和改造自然的过程、方式和结果，它反映着人同自然的关系；行为文化又被称为规范文化，是满足维持和发展社会关系和人类大大小小的共同体需要的各种规则和制度；精神文化是人所创造的一切精神成果及其创造这些成果的过程和方式。参见李少伟、王延川：《现代民法文化与中国民法法典化》（第2版），法律出版社2018年版，第17页。

[4]　杜国辉：《文化与意识形态的理论透视》，载《党政论坛》2006年第3期。

身有历史的继承性，正如"祖宗和子孙之间是一个文化流，人的繁殖指的不仅是生物体的繁殖，也是文化的继替"。[1]当然，在文化的承继性同时蕴含了文化的选择性，任何文化的继承或者吸纳都不是一成不变的，继承本身也体现了主体根据自身生存环境对文化的甄别和选择。

## 二、民法是文化的产物

上文在对文化的本质解读中，可以看到文化是主体的一种生活样式，在社会实践的过程中产生，它是由一套价值体系、行为标准以及具体行为所构成。就某一群体而言，在文化产生的过程中，在一定的历史条件下，逐渐在群体内部诞生了全体成员共同遵循的准则和礼俗等规范，这些准则蕴含着社会的价值，其运行表彰着一个社会的秩序，"文化的真正要素有它相当的永久性、普遍性，及独立性的，是人类社会活动有组织的体系，就是我们所谓的'社会制度'"。[2]正如喀麦隆社会学家丹尼尔·埃通加曼格尔的名言"文化是制度之母"，制度是一种主体有目的建构的存在物，自然带有某些价值判断和主观意识，从而也会影响主体的行为，是"集体行动控制个体行为"。[3]法律是一种公开、明确和具有强制性的行为规范，是主体在社会活动中应作为或者不作为的准则，为人们的行为划定了界线，从而可以避免冲突和矛盾，便于人们和谐共处。"每个个人的存在和活动，若要获致一安全且自由的领域，须确立某种看不见的界线，然而此界线的确立又须凭某种规则、这种规则就是法律。"[4]法律是由国家制定或认可并依靠国家强制力保证实施的，反映由特定社会物质生活条件所决定的统治阶级意志，以权利和义务为内容，以确认、保护和发展对统治阶级有利的社会关系和社会秩序为目的的行为规范体系。[5]"法律作为一种人造之物，自然也具有文化的属性。"[6]即法乃文化的一种。从宏观角度讲，一个国家或地区的所有法律原则和规则的总称即为法律制度，与法系的概念比较接近。"法律是一种文化"这一命题，说明法

〔1〕 费孝通：《对文化的历史性和社会性的思考》，载《思想战线》2004年第2期。

〔2〕 ［英］马林诺夫斯基：《文化论》，费孝通等译，中国民间文艺出版社1987年版，第18页。

〔3〕 ［美］康芒斯：《制度经济学》，于树生译，商务印书馆1962年版，第87页。

〔4〕 ［英］弗里德利希·冯·哈耶克：《自由秩序原理》，邓正来译，生活·读书·新知三联书店1997年版，第183页。

〔5〕 张文显主编：《法理学》，高等教育出版社、北京大学出版社2011年版，第47页。

〔6〕 徐爱国：《东方人的"法治"心结》，载《人民法院报》2015年6月5日。

律是文化的一种特殊存在形式，同时也说明法律与文化关系密切。任何一种法律抑或法律制度，均是特定社会的文化在法律上的一种反应，民法作为法律的重要组成部分亦然，就此角度而言，民法是文化的产物。

"法与文化之间具有不可分割的事实。"[1]以文化的视角研究民法能更深入地探究民法如何构建与维持我们的世界，美国学者保罗·卡恩教授的著作《法律的文化研究：重构法学》第一次全面审视了对法律文化进行一种现代的智识探索究竟意味着什么。"通过展示'法的文化研究'的自我认识功能，保罗·卡恩让我们看到了一种具有独立品格的法学如何可能。而他对'法治'的文化透视，对所有法律人，尤其是那些汲汲于推动和实现法治的人们，极富启迪和警示作用。[2]不仅仅是法律可以从文化的视角进行研究，其实，"研究学问，都应该拿文化的眼光来研究。"[3]孟德斯鸠在其《论法的精神》中即谈到了宗教信仰、风俗礼仪、性情习俗以及地理环境等社会现象对法律产生的影响，从而激发了人们对法律的文化层面的关注。《论法的精神》那种类型的研究，就法律而言，其实就是"用文化去说明法律，用法律去说明文化"。[4]后德国著名的法学家萨维尼更为直截了当地指出了法与文化关系，他的研究"使人们普遍地认识到，现行法与其产生的历史以及时代的社会、经济、精神、文化和政治的潮流紧密相连。任何法律制度都是其共同文化不可分割的一部分，它同样对共同文化的历史产生着作用"[5]另外，从文化传统的角度来认识法律制度，在我国也有很多著名学者的观点予以支撑，王名扬先生在论述"法律的传统和法系"的关系时，认为"法系的产生是由于不同的文化传统，因而每种文化都可能产生相应的法系"，"几个国家具有相同的文化传统，所以产生相似的法律传统，因此它们的法律构成一个法系"，"一个国

〔1〕　梁治平：《法辨——中国法的过去、现在与未来》，贵州人民出版社 1992 年版，第 4 页。

〔2〕　参见 [美] 保罗·卡恩：《法律的文化研究：重构法学》，康向宇译，中国政法大学出版社 2018 年版。中国人民大学法学院副教授、未来法治研究院副院长丁晓东曾如下评价此书："法治是什么？这是法学理论最为经典和古老的问题。面对这个老问题，卡恩教授提出了一个富有洞见的新见解：法治是一种独特的文化想象。正是依赖于对时间、空间、主权、个体、共同体等概念的独特想象，法治才得以成为一种正当的生活与治理方式。对于真正深刻理解现代法治，本书不可不读。"

〔3〕　钱穆：《文化学大义》，中正书局 1981 年版，第 3 页。

〔4〕　陈柏峰、尤陈俊、梁治平、汪雄涛：《对话梁治平：法律文化论再审视》，载苏力主编：《法律和社会科学》（第 15 卷），法律出版社 2016 年版，第 258 页。

〔5〕　[德] 伯恩·魏德士：《法理学》，丁小春、吴越译，法律出版社 2003 年版，第 208 页。

家内部某一区域或某一民族，由于其独特的文化传统和历史背景，产生独一无二的法律模式。例如少数民族的法律可能组成一个法系"。[1]

# 第四节 小 结

本章主要以中国传统民法文化与民法文化的整合为中心探讨了中国传统民法文化现代化的动力机制，以法律与文化关系的法理学阐释为切入点，从文化的视阈深入论述了两种文化得以整合的逻辑原理。

法律是文化的重要内容，而民法又是法律的重要组成部分，法律不是枯燥的条文或法典，而应该是一种活的生活经验，是社会生活的一部分，文化的一部分。把对法律的认识置于文化的视野，用文化去解释法律现象，不是对"旧资料的重新安排与重新解释"，而是"引入了新的立场、观点和方法，并且提出了新的主题"，这使得法律文化逐渐具有了方法论意义。[2]因为"法律作为一种文化现象，它不仅可以解决问题，而且也可以传达意思。法律除可以当作解决纠纷的手段和技术外，同时也可以成为呈现价值和目的的一种符号"。[3]对此，梁治平先生曾作了很好的说明，他认为，之所以从方法论的视角来看待法律文化，是因为法律文化重点关注了一些精神层面的东西，比如说行为模式、价值观念、规范性的判断指引、思想和行为当中具有较强符号性的东西。[4]梁先生自20世纪80年代中期始，在《读书》上发表了一系列颇有影响力的学术随笔，来探讨法律文化现象，从《法辨——中国法的过去，现在与未来》的出版发行，到后来的《寻求自然秩序中的和谐：中国传统法律文化研究》与《法律的文化解释》等，基本完成了他"用法律去阐明文化，用文化去阐明法律"的理论构建，梁先生更愿意将法律文化概念视

---

[1] 王名扬：《比较行政法》，北京大学出版社2006年版，第2页。

[2] 梁治平先生眼中的"法律文化"，并不是规范、制度层面上的，也不是一般的观念、意识层面上的，而是一种"安排秩序观念"一个兼具法学、人类学、哲学思维意味的概念，也是一种极具形而上色彩的世界观、秩序观、价值观比较。可以说，这是诸多法律文化概念的界定模式里面最为抽象的一种操作，是一种理想类型化的模式比较，而不是一般意义上的规范比较或者观念比较。参见常安：《法律文化概念的缘起及其法学方法》，载《西部法学评论》2008年第2期。

[3] 梁治平：《法律的文化解释》，生活·读书·新知三联书店1994年版，第2、4页。

[4] 陈柏峰、尤陈俊、梁治平、汪雄涛：《对话梁治平：法律文化论再审视》，载苏力主编《法律和社会科学》（第15卷），法律出版社2016年版，第263页。

为一种立场或者方法，这个意义上的法律文化以法律精神文化与法律行为文化为具象。

但法律文化除了方法论意义上的使用外，还是对象化意义上的法律文化，这是一种对法律文化实体内容的界定，[1]是渗透于人类社会实践活动的一种新思维，涉及如何丰富人们对法律这种极为复杂而又对人类社会举足轻重的社会文化现象的认知，如何推动法律作为一个社会中整体文化类型的发展与变迁，以适应快速变革的社会实践的需要。按照刘作翔教授的理解，对象化意义上的法律文化主要包括精神文化等几个层面的内容。[2]对象化意义上的法律文化的研究更具现实色彩，立足于当代社会法律建设中的一些重大的现实考量，强调如何为建设法治化强国实践服务，引导人们对现代化建设和中国法治实践的思考，在本质上是一种法律制度文化。方法论意义上的法律文化与对象论意义的法律文化尽管在对法律文化内涵的界定以及研究旨趣上有所差异，但在分析法律和文化的关系上两者并不冲突，两种不同意义上的法律文化，分别为我们研究法律与文化关系提供了方法论上的新视角和法律思维，这两个方面并不矛盾。同时，对象化意义的法律文化本身并未否定方法论意义上的法律文化，在肯定方法论意义上的法律文化的基础上，进一步延伸了法律文化的内涵，法律文化不仅是"一种研究立场更具有一定的实体研究内容，'法律现象'并不仅仅是文化审核和文化解释的课题，也有其自身内在逻辑"。[3]两种相异语境下的法律文化观包含着相同的朴素的法律理念：在本质上体现的是一种法律精神文化。因为无论是法律制度文化还是法律行为

---

[1]　刘作翔教授曾指出：这个实体内容的"对象"是什么呢？在这里，"对象"一词具有双重含义：一是作为"实体内容"的对象，另一是作为"研究对象"的对象，而这两层含义在"法律文化"的研究中又是重合的。参见刘作翔：《作为对象化的法律文化——法律文化的释义之一》，载《法商研究（中南政法学院学报）》1998 年第 4 期。

[2]　这几个层面具体展开为：法律文化是人类文化系统中独特的不可或缺的一个组成部分，是社会精神文化的重要构成；法律文化是人类在从事法律实践活动所创造的智慧结晶和精神财富，是社会法律现象存在与发展的文化基础；法律文化是由社会的物质生活条件所决定的法律上层建筑的总称，即法律文化是法律意识形态、与法律意识形态相适应的法律规范及法律组织机构等的总和；一国的法律文化，表明了法律作为社会调整器发展为何种状态，表明了社会上人们对法律、法律机构、行使法律权威的法律职业者等法律现象和法律活动的认识、价值观念、态度、信仰、知识等水平。参见刘作翔：《作为对象化的法律文化——法律文化的释义之一》，载《法商研究（中南政法学院学报）》1998 年第 4 期。

[3]　常安：《法律文化概念的缘起及其法学方法》，载《西部法学评论》2008 年第 2 期。

文化，都是在一定的法律精神的指导下形成并代表一定的法律精神的。

　　本章依托法律与文化的关系视角，就中国传统民法文化与域外民法文化的整合提供研究思路，通过分析认为，中国传统民法文化所内蕴的域外民法文化价值为两种不同的民法文化整合的理论基础，也是中国传统民法文化现代化的动力机制之一。中国传统民法文化和域外民法文化存在两个不同的联结点，联结点即共通之处，共通以共性为前提，两种不同的民法文化的共性为它们的整合奠定了基础，中国传统民法文化与域外民法文化在物质基础、文化理念以及社会化的价值诉求方面具有高度的契合性，此为两种文化得以整合的动力机制之二。两种不同的民法同隶属于文化体系，这是两种民法文化得以整合的文化根源，由此，中国传统民法文化开启了它的现代化之路。

# 第五章

# 中国传统民法文化现代化的边界需求

从清末民初始，中国近百年的民法近现代化，始终存在着中国传统民法文化与西方民法文化的冲突，在如何协调两者的关系这个问题上，这段民法的近代化史给后人留下了值得深思的重大课题。正如朱勇教授所指出的那样，近代中国民法的发展，主要是一个继受西方法律的过程。在这一过程中必须解决的首要难点性问题是：如何既汲取西方先进的法律思想和法律制度，同时又能将中国传统民法中有价值的部分予以保留，以建立一个既体现现代科学性、又符合中国特有的风土人情的法律体系。从《大清民律草案》到《民国民律草案》，从"现行刑律民事有效部分"再到《中华民国民法》，均体现了立法者为解决这一难题而作出的不懈努力。应该说，这在今天，仍然是值得思索的问题。[1]纵观清末民初中华传统法文化的近现代转型曲折而艰难，原因很多，非偶然而是由多方因素使然，但最主要的或在于在中国传统民法文化的近现代转型过程中，未能协调好"近代化"与"传统"的整合关系，从而"近代化"未能向"传统"借力，甚至出现了相互隔离和抵牾，使得中国民法的近代化转型之路尤为艰难，从文化的视阈言之，即中国传统民法文化与域外民法文化的整合之路透迤曲折。具体来说，清末民初的中国法律近现代化，约言之就是法律继受[2]的历程，整个民法典的法典化运动交织着中

---

[1] 朱勇：《中国法律的艰辛历程》，黑龙江人民出版社 2002 年版，第 361 页。

[2] 法文化转换的特殊现象，在法学界有不同的称谓：法律移植、法律继受和法律嫁接等。本书的部分章节侧重主体情感因素对法文化转换现象的影响，因此，采纳了法律继受这个表述。"法律继受"一词，是从 receptio 这个拉丁词衍生而来，德文为 Rezeption，系日本的和制汉语，乃指一个国家或一个地区汲取其他国家或地区某特定法律规范、法律制度的全部或一部而言。它原本是法史学上的概念，最初仅用来说明罗马法排挤日耳曼法的过程，晚近以来专指中世纪欧洲普遍继受罗马法的历史现象。参见黄源盛：《晚清民国的社会变迁与法文化的重构》，载《法制与社会发展》2020 年第 3 期。

国传统民法文化与域外民法文化由抵牾到初步联结再到偏离的发展轨迹。在政权更迭频繁激烈的年代，中国传统民法文化的转型无论是参考大陆模式抑或英美模式，关于对中国传统民法文化的传承与改造都不可回避，这关乎着对中国传统民法文化的抉择。这一问题所涉因素众多，其中既有深层的政治经济文化因素的影响，还有各种社会关系和不同群体之间的利益衡量。鉴于此，在对此问题进行研究时，不能仅止于法律规范条文的比较，更应深入探究如何实现中国传统民法文化现代化。中国传统民法现代化存在着合理的逻辑原因和动力机制，这也是中国传统民法文化得以现代化的理论基础。同时，从清末民初始的中国传统民法文化转型直至中国民法典的制定，实践也再次证明了中国传统民法文化现代化的成功，这一过程是中国传统民法的创造性转化和创新性发展的过程，更是对中国传统民法文化的批判性继承，这是一个系统而庞大的工程，既要处理好传统与现代的关系，又要采取科学合理的方法将中国传统民法文化所蕴含的现代价值提取出来。诚然，在政治层面上，我们有政治性原则为指导，"挖掘和传承中华法律文化精华、汲取营养，择善而用"，[1]但具体到民法学的研究中，我们应该在该领域做出具体实际的努力。[2]通过中国传统民法文化的特质以及现代化的探索实践，本书认为在中国传统民法文化现代化的过程中应遵循"抽象继承法"，区分中国传统民法文化的"一般性"与"特殊性"，并在此基础上合理界定中国传统民法文化现代化的边界。

## 第一节　中国传统民法文化现代化遵循"抽象继承法"

清末民初的传统民法近现代转型始终交织着对"传统"与"近现代"的抉择关系，也使当时的立法者深陷在"传统与近现代的困境"中。通过对这一时期的实证分析，唯有对中国传统民法文化进行"共相"和"殊相"之分，并将其与域外民法文化加以比较，找到两者之间的"共通之处"，方能在此基础上将两者相融合，并为中国传统民法文化现代化寻求科学合理的

---

〔1〕习近平：《加快建设社会主义法治国家》，载《理论学习》2015 年第 2 期。

〔2〕李拥军：《论法律传统继承的方法和途径》，载《法律科学（西北政法大学学报）》2021年第 5 期。

路径。

## 一、"抽象继承法"界定

20世纪中叶，冯友兰先生在《关于中国哲学遗产的继承问题》等论作中提出了一切哲学问题都有抽象和具体的双重意义，两种不同意义的内在继承的问题上是完全不同的。[1]冯先生所提及的继承方法被学界称为"抽象继承法"，这一方法对我们研究中国传统民法文化的继承具有重要的启示，也为我们研究中国传统民法文化的现代化提供了新的研究视角。按照"抽象继承法"我们首先应该将中国传统民法文化区分为"一般性"与"特殊性"，而在中国传统民法文化现代化的过程中，继承的仅是一般性的，"特殊性是不必继承也不可能继承的"。[2]正如上文所论述的，任何一个时代的法律文化都受制于当时的社会经济文化环境，中国传统民法文化诞生在农耕文明为主体的熟人社会中，这与在商品经济自由权利为基础上产生的民法文化显然不同，正因如此也才有了部分学者所论及的中国传统民法文化相较域外民法文化是被否定的和负面的。但是，按照"抽象继承法"的视角观察，非然。也正如上文所论述的，无论是中华传统民法文化抑或是现代民法文化都是文化中的不同类型，它们虽然产生的社会土壤有别，但作为社会尤其作为文化，总要包涵一切社会或者文化所应遵循的规律，也就是说，"殊相"的社会中总会包涵社会中的"共相"[3]，同样的道理，"殊相"的文化中总会包含文化中的"共相"。[4]详言之，中国传统民法文化中与现代社会发展不符的具体制度在中国传统文化的现代化中不可能机械照搬，但是其背后所折射的与现代民法文化相符的价值理念等都是可以抽象继承的，如中国古代社会在婚姻家庭中遵循"父

---

〔1〕 冯友兰先生具体指出，"我们如果注重其中命题底抽象意义，就可见可以继承比较多。如果只注重其具体意义，哪可以继承的就比较少，甚至于同现在相比'毫无共同之处'，简直没有什么可以继承。""如果过重于在抽象意义方面看，可继承的东西又太多了，如果过重于在具体意义方面看，那么可继承的东西就少了。"参见冯友兰：《三松堂自序》，载《冯友兰文集》（第1卷），长春出版社2017年版，第176页；冯友兰：《再论中国哲学遗产底继承问题》，载《哲学研究》1957年第5期。

〔2〕 冯友兰：《三松堂自序》，载《冯友兰文集》（第1卷），长春出版社2017年版，第179页。

〔3〕 李拥军：《论法律传统继承的方法和途径》，载《法律科学（西北政法大学学报）》2021年第5期。

〔4〕 其实此结论在本书的第三章中已有所论述，只不过和此处论述的角度不同而已。

母之命，媒妁之言"，这与现代婚姻自由完全背道而驰，但两者与各自的社会生活方式完全契合这一点上却是一致的，我们继承的"是一种耦合于所在社会结构而衍生制度的内在逻辑，一种法律与人们生活方式自洽共生的内在合理性，一种因时、因地、因具体情况立法的辩证思维"，[1]而不是父母包办的婚姻制度。

## 二、"抽象继承法"在中国传统民法文化现代化中的运用

基于中国传统民法文化的负面论和否定论，我国清末民初的民法法典化运动是一种文化上的"转型"。《大清民律草案》标志着中国传统民法文化与西方民法文化的接轨的开端，以后的《民国民律草案》和《中华民国民法》的修订与完善都是以它为基础开展的。其中关涉中华传统民法与西方近现代民法的关系，法学界褒贬不一，但在这几次的民法法典化运动中，未妥善处理好两者之间的关系在法学界基本达成了共识，过度高估西方民法的功能而轻视中国传统民法的价值为典型表现。由此在上述三部法典中，出现了大量直接抄袭西方民法而不加以本土化改良，对中国传统民法不加以甄别，直接全盘删除或者没有经过创造性转化而直接引用的现象。《中华民国民法》在上述三部法律中，西化现象最为突出，对传统法体系进行了根本性的改造，其中在继承编删除了中国传统的宗祧继承制度。就此，我国著名的民法学家梅仲协先生提出了强烈的反对意见："按宗祧继承，乃我国数千年来之旧制，民族之繁衍，文化之发扬，端有赖乎斯制深入人心。"[2]通过梅先生的表达可以看出，他实际是反对这种对中华传统法不加辨别的立法态度，应该将传统民法与西方民法相结合，而不应该以西方民法直接排除中华传统民法。文化哲学家贺麟曾指出传统民法中的五伦是与近代民法平等、自由、博爱原则最为抵触的制度，尚有体系改造的可能，这说明对传统法进行创造性改造是非常

---

〔1〕 李拥军：《论法律传统继承的方法和途径》，载《法律科学（西北政法大学学报）》2021年第5期。

〔2〕 梅仲协先生进一步指出："民法起草者，既昧于环境之观察，又未细味国父之遗教，徒逞一时之情感，将维持数千年民族藩衍于不替之宗祧继承制度，根本废除，不佞愚鲁，诚不知其用心何居也。虽然，持平言之，旧有之宗祧继承，限于男性，亦有未合，愚以为不分男女，均得继宗，应与两性平等之原则，不相刺谬。"参见梅仲协：《民法要义》，中国政法大学出版社1998年版，转引自张生：《中国近代民法编纂的历史反思：以传统法的体系化改造为中心》，载《社会科学家》2020年第8期。

有必要和可行的。[1]

　　无论是中国传统民法还是西方近现代民法在文化的语境下都是一种法律文化，在此我们可以运用法律文化来研究这两种不同的法律现象。在这一研究中，首先，应重视对法律进行文化解释时的双向视角，"每一种文化都有其特定的法律，而每一种特定的法律也都有其特定的文化"，[2]所以在法律文化研究时要遵循马克思主义唯物主义哲学观，"用法律去阐明文化，用文化去阐明法律"，[3]让法律与文化在对话中彼此提升，法律制度的重要意义在于其展示了法律与其他社会文化现象彼此间的关联性和互动性。其次，更应把握法律文化"在沟通异质法文化与变革传统法文化方面的方法论意义"。[4]其意义不仅在于揭示世界不同国家或地区的法律文化的差异性，也不在于对不同法律文化间的优劣性予以区分，也是因为它在本质上体现为不同法律文化间的交流与沟通，同时也是变革自身法治秩序的需求。在法学理论上，以文化的视阈分析法律的方法，主要有文化求同法、文化辩异法以及文化多元化方法三种不同的类型。文化求同法在研究中试图寻找不同文化的共同点，在历史解释、进化论和功能主义的文化理论逐渐向纵深发展，在法律文化的早期研究中占据着重要的地位；文化辩异法是一种对文化的批判研究，试图从特定文化的内部视角和文化的自律性上界定法律文化，强调某些特定文化因素对分析特定法律具有的独特意义；法律文化多元化方法，是文化相对主义的表现。尽管中外学者对上述三种方法的理解存在争议，[5]但本书认为，无论

--------

　　〔1〕　文化哲学家贺麟在《五伦观念的新检讨》一文中，进一步提出将传统五伦，即君臣、父子、兄弟、夫妇、朋友五种关系准则，加以改造转化成为新的社会关系准则。五伦之中的君臣关系，在共和时代已转化为公民与国家的关系，属于公法范畴姑且不论。在旧的帝制时代，父子、兄弟、夫妇关系都具有不平等的、单方面服从的性质；在共和时代的民法中，父子、兄弟、夫妇以及朋友关系，可以改造为相对平等的、双向的社会关系，无疑是对"家"和更广大的社会关系的改造、充实。上述相关论述请参见张生：《中国近代民法编纂的历史反思：以传统法的体系化改造为中心》，载《社会科学家》2020年第8期。

　　〔2〕　[德] 伯恩哈德·格罗斯菲尔德：《比较法的力量和弱点》，孙世彦、姚建宗译，清华大学出版社2002年版，第68~69页。

　　〔3〕　梁治平：《用文化来阐明法律》，载《法制日报》2015年4月22日。

　　〔4〕　李其瑞：《法律与文化：法学研究的双向视角》，载《法律科学（西北政法学院学报）》2005年第3期。

　　〔5〕　中外学者对上述三种方法的理解存在较大争议，如日本法学家宫泽节生就认为，如果用方法论的纯粹主义去限定研究范围，那么，这种研究就可能会导致危险的政治后果，他不认为求同法和求异法之间是水火不相容的关系，相反，文化相对主义却造成了法律文化研究的困难。罗杰·科特雷

是法律文化的"求同"还是"辨异"以及"多元"都体现了用文化来解释法律的必要性，这是毫无争议的事实。况且方法本身并无好坏之评价，对法律进行文化的解释考虑选择采取何种解释方法，首先不是考虑哪种方法的好与坏或者科学与否，而在于研究方法所承载的使命，是由研究主题或者对象所决定的，并且各种研究方法也不是孤立使用的。当某种法律传统基于内部元素需要自我变革和健全时，选择"辨异法"更适合用批判的眼光对传统法律文化进行全面的分析，在否定"不合时宜"的元素时又包含着对传统法文化承继性的肯定，其中也夹带着不同功能的"求同"；当某种法律传统因外部因素的冲击，需要接纳异质文化时，两种不同体质的文化必然在沟通和交融时进行"辨异"而后再"求同"，最后达到相互整合的目的；而在凸显某种群体的法律文化的民族性和抵制法律文化的霸权主义以及西方文化中心主义活动中，文化的"多元化"为不同文化共存与交流提供了方法论支撑，此时，"辨异"和"求同"又都与"多元论"和谐共处。

　　将中国传统民法文化和西方民法文化相联结并加以整合，正是基于上述对法律文化的最朴素的认识。在"辨异"的基础上"求同"，以达到对两种民法文化的整合。[1]西方民法文化与中国传统民法文化的整合，不是不加区分地回归中国传统民法文化，而是要汲取中国传统民法文化的优秀元素，借以完善新中国的现代法治；也不是要抵制外来的西方民法文化，而是要择其精华，将其融入我国的法治建设中来。[2]对二者具体的整合路径如下：其一，结合当时的社会经济现状对中国传统民法文化进行辩证分析后作出选择：坚决废置完全以封建伦理礼教等落后传统观念为核心的部分；对于具有中华民族优良传统的并且与当今社会经济发展完全相适应的部分可以予以保留；而对处于两者中间的部分，虽带有封建传统色彩，但是制度本身确实是中华民族优秀传统文化的组成部分，应对其进行创新性改造，这一选择结果也是文

---

（接上页）尔却不认同法律文化的多样性规定，他指出，尽管法律文化可以被理解为由种种重叠交错的文化构成的具有广泛多样性的文化样态。但是，在许多情况下，会使对于特定的法律文化的理论认同变得成问题；我国学者梁治平先生则主要从"辨异"的角度理解法律文化等。

　　〔1〕虽然在两种不同文化的相互联结的关系上，在学术界有"整合""融合""联结"等不同称谓，但本书认为，这几个表示动作性的词语，仅在于字面含义的不同，但本质上表达的意思是一致的，都是指应该将两者相结合。

　　〔2〕马俊驹：《中国民法的现代化与中西法律文化的整合》，载《中国法学》2020年第1期。

化具有历史性和承继性的本质所决定的。其二，对西方民法文化的继受，尤为慎重：在这一过程中，必须结合中国的本土实际，坚决放弃与中国本土完全无法相融的文化制度；即便与中国本土融合度存在高度的盖然性，也必须要进行本土化改良。因为文化在本质上具有主体性，承载了主体的民族性也体现了主体的价值观，从立法的技术层面分析，也是为了防止继受来的法律文化制度存在"水土不服"现象，无法发挥其本应有的法律效能，从而导致法律资源的浪费。其三，应将中国传统民法文化的创造性改造与西方民法文化的本土化改良相结合，两者相互映照，取其共通之处作为联结点，在这个操作过程中，最为核心的关键性因素在于以中国传统民法文化为基点，用中国传统民法文化改造西方民法文化，而不是以"外国法的体系来改造中国法"，[1]在这一过程中实现对中国传统法文化改造的同时达到对西方民法文化的本土化改良的双赢局面，从根本上实现中国传统民法文化的创造性转化、创新性发展，使中国传统民法文化真正地融合到现代民法文化的体系中，从本质上实现中国传统民法文化的现代化发展之路。

上面主要从宏观的层面分析了中国传统民法文化和西方民法文化的整合，下面将从微观层面梳理中国传统民法文化现代化过程中的"抽象继承"。

首先，将中国传统民法文化与西方民法文化在价值层面相通的理念高度抽象为民法的基本原则。《大清民律草案》总则编的第一章法例，是贯彻于整个民律的基本原则，虽然具体内容只有三条，但却使民律成为一个开放性的体系。在第 1 条就习惯法的适用进行了说明，[2]通过该条立法可以得出在民律没有明文规定的时候，可以引入习惯法、条理作为民法规则的结论，扩大了法典的法律渊源，第 2 条和第 3 条分别就权利的行使、义务的履行须依诚实信用的方法，以及什么是权利行为的善意进行了规定，这两个条文在功能上起到了防止权利滥用、保护善意行为的目的。[3]。而后的《民国民律草案》将《大清民律草案》的第一章予以删除，遭到了诸多的批判，所以，南京国民政府制定民法典时，该章又得以恢复，并进行了相应的调整，体现了

---

〔1〕 张生：《中国近代民法编纂的历史反思：以传统法的体系化改造为中心》，载《社会科学家》2020 年第 8 期。

〔2〕《大清民律草案》第 1 条规定："民事本律所未规定者，依习惯法，无习惯法者，依条理。"

〔3〕《大清民律草案》第 2 条规定："行使权利，履行义务，以诚实信用的方法。"第 3 条规定："关于权利效力之善意，以无恶意之反证者为限，推定其为善意。"

在基本原则立法上的进步。[1]

其次，在立法时要考虑中国传统民法文化中习惯的作用。在清末民初的民事立法中，无论是立法过程的社会调研环节还是在法典条文中，都高度重视习惯法功能，确立习惯是民法的补充渊源的地位。《大清民律草案》第1条以及《中华民国民法》的第1条和第2条都是关于习惯法的立法条款，均将习惯作为民法的法律渊源，这符合我国地缘辽阔，民族众多的特色，在政治、经济、文化发展不平衡的中国，习惯千差万别，良莠并存。后南京国民政府在立法中对习惯的适用以立法限制，体现了当时立法水平的进步。

最后，规定共治共享价值观念与典型制度。[2]在古代中国实质民法中，用以调整财产关系和人身关系的法律规范与西方民法存在很大的差异，尤其是在人身关系的立法上差异尤为突出。其中物权部分的典权制度是中国传统的财产法内容之一，在清末民初的三次民事立法活动中，该制度的立法过程可谓跌宕起伏，后《中华民国民法》保留了典权制度，但是经过德国民法理论的改造，丧失了中国传统法以稀缺财产为纽带的共治共享理念和制度。在人身关系部分，应重视"家"理念对中国人的情感影响，它是联结传统与现代的纽带，而民国民法的立法中模糊了这一概念，删除了中国传统文化中的孝。家作为中国人情感的重要寄托，应在立法时审慎对待。

## 第二节　中国传统民法文化转型应坚持本土论

一个国家或者政府在法律文化运动中，不仅会吸纳他国的法律，也会沿袭本国之前的立法成果，这就会引发本国传统法与外来法之间变动的法律关系。但无论采取何种模式和路径，本国的法律文化应保持本土性为第一要义。

### 一、本土论的定位

法律文化的本土论是针对本国传统法与外来法之间的变动关系而言的，

---

〔1〕《中华民国民法》修订了《大清民律草案》第1条的内容，增加了习惯法源适用公序良俗原则的限制，对应该法的第1条和第2条。《中华民国民法》第1条规定："民事法律未规定者，依习惯，无习惯者，依法理。"第2条规定："民事所适用之法理，以不背于公共秩序或善良风俗者为限。"

〔2〕对这一结论中的表述本书主要采纳了张生教授的观点，参见张生：《中国近代民法编纂的历史反思：以传统法的体系化改造为中心》，载《社会科学家》2020年第8期。

"本土化"无非是更加注重与本土的因素（或本土资源）的结合及其对发展的影响罢了。[1]它不仅仅是指要坚持传统文化，不能用传统法文化涵盖本土法文化，它应该是包含着传统法文化与现代法文化的综合体，是在注重中国现实国情的基础上弘扬中国传统民法文化的精华，坚持中国法治特色的二位一体的概念。在这一概念的表达中，强调无论是中国传统民法文化的承继还是西方法文化的移植都要立足于中国实际，反对盲目西化。在民法法典化运动中，应坚持中国传统民法文化与域外民法文化的连结。在这一进程中既应尊重本国的历史和传统，又要吸纳和借鉴西方民法文化，将具有异质性的不同文化联结在一部法典中实属不易，应深层解读整合所内蕴的含义，并以此为遵循确立联结方案。保留法典的"本土性"并非陈陈相因全盘沿袭，而是将中华传统文化的"底色"加以保留，[2]剔除陈旧的伦理价值观。吸收西方民法文化也不是简单的继受，"移植必须是理性的，审慎的，有针对性的，尤其是移植外国法律之后，必须创造条件使这些法律'活起来'"。[3]

中国传统民法文化的转型坚持本土论是由法律文化的本质所决定的。法律作为一种文化现象具有历史的延续性，传统与近现代之间并非截然对立，而是存在着辩证关系并联结为一体，传统是近现代的基础，近现代是传统的延伸，传统因素应向近现代化转化，近现代因素应向传统借力。因此，吸收域外民法文化不是要消灭中国传统民法文化，而是将两者相互适应和统一，整合为中国民法发展的动力。域外民法文化在中国的本土化改良对中国传统民法文化的创造性转化也产生了潜移默化的影响，中国传统民法文化与域外民法文化的价值理念相抵牾的部分势必会被剔除；而域外民法文化经过具有民族性的中国传统民法文化的本土化改造，适应了外域异壤并潜入新的民事法律规则和制度中继续发挥作用。世界民法发展史证明，民法最具有民族性和本土性，极易受一个国家或地区内部的民族文化或精神品质等要素的制约。因而，民法典所呈现的民法文化，必定包含着一个民族所特有的最传统的法律文化，民法所塑造的社会生活，一定是彰显着本社会的精神气质和特质文化的社会生活，中国传统民法文化与域外民法文化加以联结的关系，逻辑顺

---

〔1〕 辜明安：《中国民法现代化研究引论》，载《社会科学研究》2004 年第 4 期。

〔2〕 陈景良：《突出"民族性"是中国民法典编纂的当务之急》，载《法商研究》2017 年第 1 期。

〔3〕 何勤华：《关于法律移植的几个重要问题》，载何勤华主编：《法的移植与法的本土化》，法律出版社 2001 年版，第 539 页。

延出以下的结果：具有本土性的中国传统民法文化通过改造，将具有"底色"的优秀民族性文化保留下来，而域外民法文化通过转化过程也具有了中国的民族性，从而缔造出中国民法典的民族性。这是一个国家民法典的最重要的特质，民法典的生命力源泉正来自它所内蕴的本国本土化因素。

## 二、去"中国化"的缺陷

清末民初的民事立法活动存在明显的对西方民法的继受和对传统法的承继现象，西方民事立法理念或者具体的法律制度在当时的立法中发挥了一定积极的作用，对此上文已有详述。但是相较法律的继受，明末清初在这方面留下了很多值得我们深思的问题。不论是清末《大清民律草案》还是民初的《民国民律草案》《中华民国民法》最常为人所诟病的是，法律规范脱离当时的国情、社情和民情，追求先进思潮而超前立法，以至于与中国社会脱节导致法律的时效性甚低。这由多方原因使然，承担中国传统民法文化和西方民法文化整合的法律家[1]的文化选择意向是其中最为重要的要素之一。

清末民初，参与民事立法活动的起草者们的知识构成和知识结构对民法的近现代化转型产生了一定的影响。他们基本具备下列知识结构，首先，都受过中国传统文化的熏陶，并且大多具有法律机关工作的经历；其次，或有在本国兴办的近代法律教育机构的学习经历，或曾有过外国留学经历，受过比较系统的西方法律教育。所以形成了清末民初颇有意思的现象：代表立法机关的政治家们主张传承发展本国优秀的传统法文化，但是经法律家的立法，中国传统法文化却失去了其内在价值和规范功能。正如学者所言："有了观念的不同，一种技术既可能'物尽其用'，也可能'形同虚设'。所以，历史上凡割裂两者，只要技术而不顾观念者，没有不失败的。"[2]

中国自秦朝建立了统一的封建专制王朝后，皇帝在历朝都保持着神圣不可侵犯的地位，社会等级森严，尊卑有序，至清朝演绎到极致。而鸦片战争后，中国封闭的国门被打开，西方的政治法律思潮如洪水般袭来，当时的人们逐渐意识到西方的富强根源于先进的政治和法律制度，而中国的落后同样

---

〔1〕 这里所称的法律家主要是指在清末民初民事立法中从事立法或司法等公职为主的法律职业者。

〔2〕 梁治平：《法辨——中国法的过去、现在与未来》，贵州人民出版社 1992 年版，第 234 页。

源于腐朽的政治和法律制度。于是一大批有识之士开始宣扬西方先进文化思想，抨击清政府。通过西学东渐，中国培养了一大批拥有西方思潮的先驱人物，而恰是这部分人在清政府的任命下完成了《大清民律草案》的修订工作，他们的思想无疑奠定了这部草案的价值基调。他们一般囿于西方形式理性的民法典和民法理论，基于对中国传统法的认识偏见，认为传统法是落后的传统农业社会的产物，理应被淘汰，使得民法典脱离了中国现实和文化传统，存在着民法失效与文化断裂的风险。[1]虽然有心之士体认到不得不进行法律近代化，然而主其事者既迫于内外情势，由于本身政治立场，守旧之士又竭力反对，于是，许多力量被抵制、空转。[2]

沈家本是修订《大清民律草案》最主要的负责人，他生活在清朝社会大动荡和变革的年代，这是一个中西法律文化开始接触和碰撞的时代，该时代特色对沈家本等人的法律思想影响比较深远。在张晋藩教授的著作中曾如是描述了沈家本：[3]

作为"以律鸣于时"的法学家，沈家本通古而不泥于古，认为传统的旧律已经不是治国的善法，如要"国势日张"，就需要把眼光投向西方世界，只有汲取西方法律文化的精华，才能"有补于当世"。但在吸收西法的同时，也力求"不戾乎我国世代相沿之礼教、民情"。在他看来只有"就不俱废，新亦当参"，才能使新律"融合贯通，一无扞格"。这反映了沈家本在中西法律文化激烈冲突中的矛盾态度和他法律思想中不可克服的封建法律文化的羁绊。正因为如此，他才在修律的实践中，执行了清朝最高统治者关于新律中不可变革"义关伦常"的训示。沈家本虽然中法的根基深厚，而他对西法的理解则稍嫌肤浅。

如果深谙《大清民律草案》主要修订者的法律思想，那么对这部草案"二元价值论"的风格也就不足为奇。总体上该草案对中国传统民法文化中的合理性部分承继不够，加之前三编主要由日本学者编写，所以草案基本西化，

---

〔1〕 张生、周玉林：《传统法：民法典的社会文化根基——中国社会科学院法学研究所张生研究员访谈》，载《社会科学家》2020年第8期。

〔2〕 黄源盛：《晚清民国的社会变迁与法文化的重构》，载《法制与社会发展》2020年第3期。

〔3〕 张晋藩：《中国法律的传统与近代转型》（第4版），法律出版社2019年版，第445页。

即便继受了西方民法，也因为不够谙熟基本照搬西方民法，没有做到本土化改良，从而使得中国传统民法文化的转型从一开始就存在继受外国民法如何本土化的问题。

同样的问题亦存在于《民国民律草案》和《中华民国民法》的编订过程中。从参与《中华民国民法》起草的组成人员的知识结构上就能看出当时南京政府对西法的重视，其中傅秉常、史尚宽、郑毓秀对外国法具有较深的研究，同时傅秉常精通英文，史尚宽精通日文和法文，郑毓秀精通法文，为吸纳外国法提供了坚实的基础保障。当时主持起草工作的胡汉民秉承"会通中西"的立法理念，希望将中西法融合贯通到民法典中，在这一指导原则下，傅秉常确立了"折中主义"的编纂宗旨，[1]但这仅仅是立法者美好的愿望，在法典的编纂过程中，由于深谙外国法的学者众多，对外国民法知识了解透彻而清晰，分工明确协作高效，而对中国固有法却模糊和零散，使得具备良好大陆法系知识的史尚宽掌握了民法典的起草的主导权，在起草委员会负责中国社会与传统法知识的焦易堂和林彬未能如预期发挥作用。国民党元老焦易堂尽管国学功底扎实并具有丰富的社会阅历，但由于缺乏民法专业理论知识，因而未能对律例、礼制、习惯、规约和义理予以合理的区分；林彬曾主张以民初大理院的判例作为制定民法典的资料，但由于民事判例均为具体规范，且纷繁复杂，最终还是以史尚宽先生的大陆法系统的学理与立法例为根据，[2]从而致法典基本全盘西化。"该法典的产生，基本上可以说是一个移植的结果，而不是制定的结果。"[3]传统法再次遭到遗弃，也使民法近代化转型再次失去了本土化的机会。

---

〔1〕 编纂宗旨如下"1. 国民党之政策，自孙中山、伍廷芳先生以降，所揭示者无不指明以社会改革为目标，法律之制订应以配合党之社会改革为基本原则，必须进步开明。2. 欲使社会革新，其步骤须实际可行，因此所订法律又不能过分激进。3. 吾人所订民法为中国第一部民法，不宜过分复杂，以求能获普遍了解。4. 但亦不宜过分简单，若干条文宁可备而不用，故于繁简详略，取舍之处，颇费斟酌。"

〔2〕 张生：《〈中华民国民法〉的编纂：一个知识社会学的分析》，载《第四届罗马法、中国法与民法法典化国际研讨会论文集》，2009 年。

〔3〕 孙宪忠：《中国近现代继受西方民法的效果评述》，载《中国法学》2006 年第 3 期。

# 第三节　中国传统民法文化现代化应彰显文化自信

很多学者或通过批判盲目西化或者苏联化，或通过阐述中华传统法律文化在民法典中的重要意义，抑或直接深刻剖析中国民法典生成的文化障碍等，[1]表达了在民法法典化运动中，应处理好中国传统民法文化与域外民法文化之间的关联性。中国传统民法文化与西方民法文化在特定的语境和时空下产生了交集，是两种文化能加以整合的力证。任何国家的民法典都是这个国家民族精神和民族文化的表达，在民法典的编纂过程中坚持文化自觉和文化自信方能使这个国家的民法典长盛不衰，这是保持一个国家民法典具有生命力的奥秘所在，也是一个国家私权保护完善的标志。只有文化自信得到彰显，国家文化软实力和中华文化影响力才能得到大幅提升。文化自信是对本国文化价值的积极肯定，是在传承和弘扬本民族文化的过程中造就的。在德国学者拉伦茨看来，法律是"人文科学的学问，因为它面对的对象是人类及某种人类精神的具象化（以'语言创作'的形式表达出来之'人的作品'）。"[2]法律是一种文化，它关乎着人文精神和价值，那么受文化因素浸染的民法就更应本土化，中国清末民初的传统文化近现代化转型给我们带来惨痛教训，而大陆法系法、德、日民法典的制定又给予了我们较高的启迪。本土化文化作为一种具有生命力的力量，潜移默化地影响着本国人类或民族的社会活动，而其真正的源泉是民族的共同价值观。德国法学家萨维尼指出，在每个民族中，通过日常生活模式都会渐渐形成一些传统和习惯，而这些传

---

〔1〕　如陈景良教授多次撰文强调民法典立法中重视法典的"民族性"为当务之急，范忠信教授直接批判了近代民法典法典化运动中盲目全盘西化或者全盘苏联化而不加以本土化改良的现象；蒋庆先生和梁治平教授深刻阐述了中国传统法律文化思想在民法典立法中的重要意义；单飞跃等教授深刻地剖析了中国民法典生成的文化障碍。参见陈景良：《突出"民族性"是中国民法典编纂的当务之急》，载《法商研究》2017 年第 1 期；范忠信：《中国法律现代化的三条道路》，载《法学》2002 年第 10 期；范忠信、黄东海：《传统民事习惯及观念与移植民法的本土化改良》，载《法治现代化研究》2017 年第 2 期；中华文化与中国民法典专题讨论，载 https://wenku.baidu.com/view/8ae907c52cc58bd63186bd85.html，访问日期：2020 年 9 月 19 日；单飞跃、杨期军：《中国民法典生成的文化障碍——西方民法文化的反衬》，载《比较法研究》2005 年第 1 期。

〔2〕　［德］卡尔·拉伦茨：《法学方法论》，陈爱娥译，商务印书馆 2003 年版，第 235 页。

统和习惯通过不断的运用，逐渐地变为法律规则。[1]在民法典对两种异质性的文化进行整合时，应坚定民族国家的文化自信，保持民族性、开放性和包容性，要在坚持中国传统民法文化主体性的基础上吸纳和借鉴域外民法文化，以民族性为依托的文化自信在民法典的制定中塑造中国民法典的民族性。

### 一、本土经验：文化自信在我国近现代民法转型中的缺失

费孝通先生曾指出，文化自觉只是指生活在一定文化中的主体对其文化有"自知之明"，清楚它的来龙去脉、所具有的特质以及它发展的趋势，不带任何"文化回归"的意思，文化自觉不是要"复归"文化，当然也不是"全盘西化"或者"全盘他化"。[2]文化自信从本质上来说是一种文化心态，是对文化价值和生命力的信念、信心。[3]文化自信是以文化自觉为前提和基础，是文化自觉在价值情感上的提升，[4]习近平总书记在党的十九大报告中强调："文化自信是一个国家、一个民族发展中更基本、更深沉、更持久的力量。"[5]党的十九大把文化自信写入了党章，进一步确立了中国特色社会主义文化自信的战略地位。具体到民法典制定过程中对两种文化的整合，应理性客观地对待中国传统民法文化的继承和西方民法文化的继受，既要避免文化自卑更要防止盲目的文化自满。

中国传统民法文化的近现代化转型发生在西方列强武力入侵之后，当时的先进之士也丧失了对中华文化的信心，他们妄图通过引进西方民法文化来进行自我防御。清政府制定《大清民律草案》完全是在被动形势下完成的，只追求法典在形式上与西方列强相匹配，并未理性地分析西方民法文化是否能在当时的中国予以适用，造成当时《大清民律草案》制定中的文化自卑和文化自负，这种盲目、被动、不加甄别地汲取域外民法文化，而不考量其与

---

[1] ［美］E. 博登海默：《法理学：法律哲学与法律方法》，邓正来译，中国政法大学出版社1999年版，第93页。

[2] ［美］费孝通：《反思·对话·文化自觉》，载马戎、周星主编：《田野工作与文化自觉》，群言出版社1998年版，第52～53页。

[3] 肖贵清、张安：《关于坚定中国特色社会主义文化自信的几个问题》，载《当代世界与社会主义》2018年第1期。

[4] 正是鉴于两者之间的这种关系，本书用文化自信指代了文化自觉。

[5] 习近平：《决胜全面建成小康社会　夺取新时代中国特色社会主义伟大胜利》，载《习近平谈治国理政》（第3卷），外文出版社2020年版，第18页。

中国传统民法文化的共通性的作法是极其荒谬的，造成了《大清民律草案》"二元价值论"的尴尬局面，其文化根源就是在民法法典化的过程中缺乏应有的文化自信。在借鉴、继受他国民法文化成果时未考察其赖以成型的文化背景和发挥作用的社会基础，中国一直以来奉行以"礼法并用"为特质的中华法系，后迫于西方"坚船利炮"，中国传统的中华法系面临解体，西方法律文化入侵。[1]而当时的中国尚未形成西方社会的"市民社会"，现代民法私权神圣、自由平等以及意思自治等观念尚未形成，在自由、平等、理性等域外民法文化思想阙如的背景下开启民法法典化的艰难历程，注定中国民法的法典化运动从一开始就面临着中国传统民法文化与西方法律思想剧烈碰撞的困境。《民国民律草案》以及《中华民国民法》更是走向了文化自卑的极端，这两部法典几乎是德、日民法典的翻版，对中国传统民法文化几乎没有关注。由于在民法体系构建中，未能关注中国传统民法文化的精神气质与域外民法文化的关联性，在立法中缺少应有的文化自信，以致在较长的时间内"国人承受了法律移植的'排异反应'"。[2]

　　民事立法应在汲取域外民法文化的同时，对中国的立法基础予以充分考量和科学论证，把现代民法中的法律原则、法律理念以及法律制度与中国的政治、经济、文化、历史传统等因素密切结合并进行"本土化"改造以适应中国国情，这种借鉴域外民法文化的模式是理性的、自觉的和有所选择的。在这个选择中，应坚持民族的主体性，保持民法典的民族性，这是民法典彰显文化自信的民族意识和民族文化基础。进入现代社会以后，民族和国家概念紧密相连，现代民族国家的诞生使古代民族向现代民族转变，与国家捆绑在一起，实现了民族与国家的统一，[3]从而使民族具有国家民族的政治色彩，

---

〔1〕　法典的"诸法合体，以刑为主"体例被西方式的由多个部门法共同组成的体系所取代；以儒家的纲常伦理为指导思想和基本原则，以"一本于礼""家族本位"为基本特征的法律文化受到了西方法律思想和法制原则的巨大冲击，形成中西法律文化汇合的新特征。参见范忠信、叶峰：《中国法律近代化与大陆法系的影响》，载《河南省政法管理干部学院学报》2003 年第 1 期。

〔2〕　"排异反应"主要表现在法律闲置、权利无着、权力任性、司法失威等法治乱象。参见范忠信、黄东海：《传统民事习惯及观念与移植民法的本土化改良》，载《法治现代化研究》2017 年第 2 期。

〔3〕　但在试图界定民族或民族国家时，学界陷入了逻辑上的循环中，面临着"国家构成民族"还是"民族构成国家"的困境：黑格尔认为，"民族不是为了产生国家而存在的，民族是由国家创造的"；现代民族学家奥尔巴赫（B. Auerbach）则持截然相反的观点，认为"是民族产生了国家，而不是国家产生了民族，只有当一个民族按照自己的需要创造了国家时，它才是完美无缺的"。参见姜鹏：《民族主义与民族、民族国家——对欧洲现代民族主义的考察》，载《欧洲》2000 年第 3 期。

把民族的文化属性和国家的权力特征结合在一起，是民族存在方式的历史性变革。尽管在民族和国家的关系上存在争议，但是民族和国家相统一是一个学界的共识，〔1〕并形成了民族国家这一法律概念，民族国家是一种关于身份建构、地缘政治、民族认同及其文化单元的普遍主义的法律结构。它是一个基本的文化单元和族群标签，在此种意义上民族国家的根本特征就在于它的民族性，"民族的——如果说有什么统一的东西的话——就是一种特殊的激情，它存在于由共同的语言、宗教、习俗和命运而结合的人的群体里。"〔2〕费孝通先生曾言："在和西方世界保持接触，进行交流的过程中，要把我们文化中好的东西讲清楚，使其变成世界性的东西，首先是本土化，然后是全球化。"〔3〕此处本土化即为民族性，一个国家的民法典只有保持了民族性才能走向世界，正所谓民族的也是世界的。

## 二、他山之石：法、德、日民法典的立法经验

大陆法系国家以法典编纂为象征，至今数以百计的民法典相继问世。作为与国家和民族的市民生活密切相关的法典，长期受到传统文化、世俗、习惯等浸染，民法典相较其他法典更能具显一个民族国家的民族文化和民族精神。从大陆法系民法典编纂来看，无论是自我成长型的《法国民法典》《德国民法典》还是继受成长型的《日本民法典》无不忠实地反映本民族的精神气质，用民法典的形式高调地表达着民族国家的文化自信，这对大陆法系国家民法典的制定不无裨益。

（一）《法国民法典》的文化自信

法兰西民族在成长过程中历经坎坷，曾受罗马人和日耳曼人的统治，至法兰西王国建立并经过法国大革命的洗礼，法兰西民族最终形成。在充满热情和自豪、慷慨和真诚的年代，经过数次的革命斗争法兰西民族形成了强烈的自由、平等、权利观念，充满了激情、斗志、自信和理想。法国的历史学家托克维尔曾用生动形象的话语表达了法兰西民族自信并坚定、自由并浪漫

---

〔1〕 姜鹏：《民族主义与民族、民族国家——对欧洲现代民族主义的考察》，载《欧洲》2000年第3期。

〔2〕 ［德］马克斯·韦伯：《经济与社会》（上），林荣远译，商务印书馆1997年版，第452页。

〔3〕 费孝通：《关于"文化自觉"的一些自白》，载《学术研究》2003年第7期。

的民族气质，对此法国学者托克维尔曾有过较为形象的描写。[1]法兰西民族以其自由、平等、自信、果断、浪漫、理性的民族特质而被誉为"欧洲最富有智慧与经验的民族"。法兰西民族用他们的智慧和激情塑造了带有鲜明的法兰西民族特质的欧洲第一部民法典。

法国大革命爆发前，法国的法律适用存在着南部和北部的冲突，北部主要是罗马法和习惯法混杂，南部适用罗马法成文法，人们渴望国家和法律统一。大革命后拿破仑于1800年开始了民法典的起草工作，并于1804年完成，这部法典最初被称为《法兰西民法法典》，诠释了法兰西人的民族主体性，也向世人高调地宣示了这部法典的法兰西民族特性。拿破仑曾称这部法典"是一个完全的著作，我要称它为'圣匣'，让邻国看这种宗教式的崇敬和榜样"。[2]这部法典是反封建的革命性法典，以法典的形式将资产阶级革命的胜利成果固定下来，成为法兰西民族记忆的凝结，极大地彰显了法兰西的民族气质。在法典的编纂形式上，法国民法典只设人法、财产以及所有权的各种变更以及取得财产的各种方法三编制，简洁明了，并且用语通俗易懂，体现了法兰西民族浪漫、自由的民族性格。在法典的内容上，财产法领域废除了封建土地所有制，其第544条确立了自然人绝对的所有权制度，"财产所有权就是以绝对的方式享有和使用财物的权利，但不得违反法律和条例的禁止性规定"，以标榜个人的自由和权利。在身份法领域废除了封建的贵族特权，将婚姻关系从教会的支配中脱离出来纳入民法典中，并确立了子女平等的继承权。随着拿破仑征服邻国，民法典也在被征服的国家和地区得到了广泛的推广，大陆法系国家如意大利、比利时、卢森堡及拉丁美洲等国的民法典与法国民法典极为相似，甚至亚洲一些国家在法典的编纂和立法技巧上都受法国民法典的影响。随着法典的传播法兰西民族的自由、平等的价值观以及民族精神和民族文化也在全球范围内得到广泛传播，也使《法国民法典》成为法兰西民

---

〔1〕　法国学者托克维尔曾写道："数百年来，所有欧洲古老国家都在默默地从事摧毁国内的不平等现象。法兰西在自己国家中激发了革命，而革命在欧洲其他地区则步履维艰。法兰西第一个清晰地看准了它的意图，而其他国家只在犹豫不决的探索中感到这种要求。它随手摘取500年来流行于世的思想精粹，在欧洲大陆上一举首创这门新科学，而其邻国历尽千辛万苦，只汇集了这门科学的枝叶。法国人敢于说出别人还只敢想的东西；别人尚在模糊的远景中梦幻的事物，法国人却不怕，今天就付诸实施。"[法]托克维尔：《旧制度与大革命》，冯棠译，商务印书馆1992年版，第275页。

〔2〕　江平编著：《西方国家民商法概要》，法律出版社1984年版，第17页。

族的一面人文旗帜。拿破仑在被放逐到圣赫勒拿岛时曾写道："我的光荣不在于打胜了四十多个战役，滑铁卢会摧毁这么多的胜利，但不会被任何东西摧毁的，会永远存在的，是我的民法典。"[1]拿破仑再一次用文字刻画了《法国民法典》所记载的法兰西民族的自信和坚强的民族气质。

（二）《德国民法典》的文化自信

《法国民法典》后，欧洲另一部立法技术精湛、逻辑严谨、法律术语精确且饱含德意志民族精神的《德国民法典》横空出世。这部法典自1873年拉开立法序幕至1896年由德皇批准发布，并于1900年正式生效实施，编写工作历时近20年，是德意志理性的民族性格的完全诠释，整部法典透着德意志民族的民族意识和民族情感，从中可以感受到德意志民族强烈的民族自豪感。

相比法国民法典，德国民法典的立法要曲折很多。中世纪以来，德意志民族长期处于封建割据状态，1806年随着拿破仑军队的入侵，本就分崩离析的德意志帝国最终解体，德意志民族的分裂局面进一步加剧，面对法国强大的文化输入，德意志民族丧失了对本民族文化的认同感，本民族的精神、文化和传统都笼罩在文化自卑的阴影里，取而代之的是对外国文化的全盘接受。面对民族危机，有着强烈爱国情愫的社会精英们开始寻求救国之路，并在18世纪掀起了声势浩大的唤醒民族自信的民族文化运动。通过谢林、赫尔德、哈曼、歌德等一批享誉国内外学者的宣扬，德意志民族的民族精神和民族情感得以重新培育和繁盛，这也为俾斯麦通过"铁血政策"统一德意志提供了民族精神上的支持。当时在德意志帝国适用的是《法国民法典》，统一帝国建立后，德意志迫切需要建立属于自己民族的民法典，但在当时遇到了来自学术界的阻力。柏林大学法学教授萨维尼认为在德国制定民法典的条件尚未具备，在他看来，一个国家的法律应该是民族精神的展现，也是民族意识的一部分，所以法律应该是自发的、缓慢成长的，而不是由立法者任意地去制造的。1814年，海德堡大学教授安东·蒂博特撰写《论统一民法对于德意志的必要性》一文，极力倡导用一部统一的德国民法典取代难以容忍的、种类繁多的德意志地方邦法，同时奠定德意志国家统一的法律基础。[2]在支持者看

---

〔1〕 江平编著：《西方国家民商法概要》，法律出版社1984年版，第17页。

〔2〕 〔德〕K. 茨威格特、H. 克茨：《比较法总论》，潘汉典等译，法律出版社2003年版，第212页。

来，制定统一的德国民法典关乎德意志民族的自豪感和自信心，对于民族国家的建立，法典以民族语言书写，象征着统一，从而引发认同感，加上其内容所包含的共同价值，可以不需要任何强制措施从而轻而易举地深入民间，实为极佳的统合工具。[1]

1896年8月18日绝对是德国人需要载入史册的日子，这一天《德国民法典》被德皇通过，对于德意志民族而言，《德国民法典》"与其说是满足民事交易的规范需要，更重要的毋宁在借此宣示和稳定其统一的、无上的主权"。[2]法典的通过，完成了德国全域内私法的完全统一，再次激起了德意志民族对本民族文化的高度认同感和自豪感，《德国民法典》独创的潘德克吞的立法体例透着潘德克吞学说的智慧，它正是德意志民族结合本民族的习惯以及罗马法加以改造的。"《德国民法典》主要的贡献即在于把潘德克吞学说的纯净体系转变为法律体例，去芜存菁而继往开来。"[3]在法典中设总则编为潘德克吞立法体例的典型特征，将适用于各分编的原理集结在一起，既避免法典的重复也使法典体系化，总则编可以适用法典的其他分编，在编排体例上将财产法和人身法分别立法，将债法和物权置于财产法部分，分设两编，具有明显人身属性的婚姻和亲属也分设两编，共五编制的法典体系严密、逻辑结构严谨。德国人更是将德意志民族崇尚权利和自由、讲求秩序、追求公平的民族气质融入德国民法典中，整部法典"表现着私人经济上的法律运作方式，这种私经济秩序，乃建立于个人私有财产及自由权之上，此表现为契约自由（第311条）、所有权自由原则（第903条）及遗嘱自由原则（第1937条）。但所谓的自由并非漫无限制，宜在宪法上、道义上，以及社会义务上定有界限，而此一界限，在社会的福利上，必须加以严密的设计。"[4]饱含着民族情愫的潘德克吞立法体例带着《德国民法典》早日走出了欧洲，走向了世界，"德国民法典在庆祝百年的时候，也能细数其被盗北欧、苏联、东到东欧、希

---

[1] 苏永钦：《民法典的时代意义》，载 https://max.book118.com/html/2020/1029/6034053140003013.shtm，访问日期：2021年2月14日。

[2] 苏永钦：《民法典的时代意义》，载 https://max.book118.com/html/2020/1029/6034053140003013.shtm，访问日期：2021年2月14日。

[3] 苏永钦：《民法典的时代意义》，载 https://max.book118.com/html/2020/1029/6034053140003013.shtm，访问日期：2021年2月14日。

[4] 《德国民法典》，台湾大学法律学院、台大法学基金会编译，北京大学出版社2017年版，第22页。

腊、土耳其，乃至东亚各国的广泛的影响力"。[1]

(三)《日本民法典》的文化自信

在欧洲大陆，无论是《法国民法典》抑或《德国民法典》，实现国家法律的统一是法典编纂的主要目的，这被认为是民族国家建设和发展的必要条件。1898 年《日本民法典》通过，这是一部对法、德民法典继受移植而生成的法典。继受生成型的民法典更应注重民族文化和民族意识的觉醒，相较法、德自我生成型的民法典，如何保持民法典的民族性、彰显文化自信尤为艰难，无疑《日本民法典》做到了。

日本在明治维新后明治天皇即位，为了废除同西方列强所订立的不平等条约，明治政府迫切需要制定统一的民法典，主要以翻译西方国家民法典的方式进行，而《法国民法典》成为日本制定民法的首选。1874 年，负责起草的制度调度局先后草拟《民法决议》《皇国民法暂行规则》《民法草案》等，但这些草案基本上都抄袭法国民法典，后并未实施。1868 年，日本政府聘请了法国学者起草日本民法典，财产法部分由法国学者负责完成，而人身法部分由日本学者负责，但由于日本著名的"民法典论争"该草案被无期限地延迟实施。在这样的形势下，明治政府决定重新编纂民法典，这次法典在制定过程中深受"潘德克吞学说"的影响，在立法模式上也采取了德国潘德克吞式的立法体例，一般认为《日本民法典》是模仿德国民法典的产物，而参与民法典起草的梅谦次郎则持反对意见。[2]但通过梅谦次郎的表述却再次印证了《日本民法典》的继受性。值得一提的是，在后两次分别移植法、德民法的过程中，始终伴随着对日本固有"家制度"存废的争议。在针对移植法国法草案的论战中，保守派初战告捷，将日本的传统身份法律制度规定在继受德国民法而形成的草案里，但是问题又随之而来，在一部法典中，既有与资本主义经济相适应的财产法制度，而又有与封建社会融为一体的身份法制度，姑且不论这样的立法理念是否妥当，法典的司法适用性被打上了大大的问号。

---

[1] 苏永钦：《民法典的时代意义》，载 https://max.book118.com/html/2020/1029/6034053140003013.shtm，访问日期：2021 年 2 月 14 日。

[2] 梅谦次郎亲自参与了日本民法典的起草工作，深谙其道，他认为，由于新民法在形式上与德国民法典相似，往往认为专门参考了德国民法，实际绝非如此，至少与参考德国民法在同等程度上参考了法国民法，以法国民法为蓝本编纂的其他民法及相关的学说、判例。参见 [日] 星藤野一：《法国民法对日本民法典的影响（一）》，载日本法学会：《日本法学》1965 年第 3 期。

当时的日本刚刚脱离封建社会，尚不具备民法文化产生的土壤，而一直受传统儒家伦理思想濡染的日本民族还不能彻底抛弃传统的亲族观念，按照对日本民法颇有研究的德国学者罗斯莱尔的观点，很显然这样的立法在日本是操之过急了。[1]日本民法典编纂过程中所引发的争议以及存在的问题和我国清朝末期《大清民律草案》的制定何其之相似，在日本明治政府制定民法典所引发的故事多年后在中国清廷重新上演。历史再次印证，一部民法典如果仅靠外部借力而不考虑本土化而失去了民族性，势必引发民法典所蕴含的民法理念与该民族的传统观念之间的冲突，修改法律或许成为唯一的路径，二战后日本民法典家族法的修改也印证了这一观点。在 1947 年，日本民法典对家族法进行大规模的修改，对民法中有违个人尊严和男女平等的"户主""家""家族"予以废除，彻底摧毁了保守派在法典论争中顽固坚守的最后阵地。20 世纪 60 年代，随着经济社会的变迁，传统的保守势力减退衰弱，家族法的修改工作持续进行，这一时期的改革以 20 世纪 80 年代为界分，可以划分为两个阶段：80 年代以前的改革主要以 1947 年改革为基础，对家族法加以补充和完善；而 80 年代以后的改革，则以社会变迁为依据，对家族法适应社会生活进一步改革，其意义更加深远。[2]后在 2004 年日本民法典又经历了一次较大的修改。

《日本民法典》正是因为保留了传统的身份制度，与日本的民族文化相契合，生成和凝聚了日本的民族感情，从而在民法的基本价值理念与本土化民族文化之间架构了一座桥梁。[3]它的发展之路完美地诠释了一部继受型的民法典如何彰显文化自信，维护民族精神和民族文化，这部法典通过后期不断的修改和完善，始终坚持着法典的本土化，废除法典中旧的传统文化，并对传统文化在现代民法理念的熏染下进行创造性转化。民法典的本土化过程也是彰显文化自信的过程，使《日本民法典》逐渐成为日本精神和日本文化的

---

〔1〕　罗斯莱尔认为，一国的民法不能不适合其国民的性情。若其内容属于前所未闻的新奇之理，一旦将这种与人民思想及感情相背离的民法付诸实施，则人民便不能够对此予以理解，随之将会给实施带来不胜枚举的困难，甚至会因此而导致人民起来反对，从而必然酿成社会混乱。今日之日本，仅以数年，即实现了政治及社会各种制度的大变革，今日复实施新定之民法，恐怕有失操之过急，因此会引起强烈的反对。转引自渠涛编译：《最新日本民法》，法律出版社 2006 年版，第 375 页。

〔2〕　赵立新：《近代以来日本民法的继受与变迁》，载何勤华主编：《大陆法系及其对中国的影响》，法律出版社 2010 年版，第 312 页。

〔3〕　许中缘：《政治性、民族性、体系性与中国民法典》，载《法学家》2018 年第 6 期。

标杆。

## 第四节 中国传统民法文化现代化应具法治认同感

对外国法的继受是中国传统民法文化现代化的"抽象继承"过程中不可或缺的重要因素，继受来的法律能否成为民众普遍遵守的行为规范，在中国的国土之上能否形成一种不同于传统社会的新"法治精神"？讲秩序、重权利、行正义均建立在法律继受方民众对传统观念的突破与转变的基础之上。因此，继受法律成败的观念不在于是否在形式上引进了多少域外的法律概念、法律术语以及法律规范，而在于与之相适应的法律精神和法律价值是否被一同置入继受方民众的生活里。通过中国传统民法文化现代化的历史路程可以得出结论，在这一过程中必须避免被动式的法律继受。

### 一、法治认同感是中国传统民法文化形式理性的内在需求

（一）中国民法典民族性的内在需求

在法律的继受中，对接受方而言，首先遇到的最大障碍是观念上是否接受他国法律的输入。如果接受方以积极的、主动的、乐观的心态去吸纳他国法律，这是一种主动式的继受，接受方与输入方不存在恃强凌弱，是在没有对峙和冲突的和谐环境下进行的，作为继受方拥有完全的自主选择权。一方面他们会选择与自己国情和社情比较接近的国家的法律作为继受对象，以缩短继受法"水土不服"引发的排异期，另一方面，因为这种继受是在符合接受方意愿的前提下进行的，他们就会自觉地、有意识地认识到与输入方之间的差距，并会用各种技术手段游刃有余地缩小这种差距，即便继受法与本国传统法存在冲突，他们也会主动地消除矛盾，以达到两者的"和谐共同"，这种主动式的法律继受，更容易保持法律的本土化。反观清末民初的几次法律继受，均是在被动的模式下进行的，清朝末年随着西方列强的入侵，国门大开。西方异质法律文化的冲击，使"闭关锁国"的清政府一度无所适从，他们被迫修律变法，引进西方的法律文化思想，希望通过继受西方法律政治制度的"长技"以铲除"内忧外患"的局面维护清政府的统治。北洋政府时期的《民国民律草案》的修订以及《中华民国民法》的制定都是在政权更迭的时代背景下开展的，以当时的南京国民政府来说，在南北统一后不久新政权

建立，面临着对外废除不平等条约以及收回领事裁判权等问题，对内维护政权，开展民族民主革命，打破旧的法律传统，在这样的革命浪潮中拉开了《中华民国民法》编纂的序幕。这种被动式的立法背景，加之立法时间要求短而仓促，因而在继受的过程中缺少对西方法律文化和中国传统民法文化之间的辩证分析，缺乏本土化认识，没有辨别中国传统民法文化的精华与糟粕部分，要么直接沿用要么直接抛弃，没有对中国传统民法文化进行创造性地改造工作。相应的，对西方法律文化也盲目引用，只注重形式理性。这样被动式的法律继受势必使这个时期的立法与本土化渐行渐远。

　　法律在本质上就是一种文化，而文化具有主体性，体现了主体的民族性。孟德斯鸠曾有名言："为某一国人民而制定的法律，应该是非常十恶于该国的人民的；所以如果一个国家的法律竟能适合于另外一个国家的话，那这是非常凑巧的事。"[1]所以民法具有民族性是不需自证的结论。但是相较其他部门法而言，民法民族性的特质更为突出和明显。作为众多法律部门之一，民法主要是对私权生活的保障法，几乎涉及日常生活的每一个方面，人们在长期的生活和交往中自然生成了共同遵守的行为模式和行为规则，习惯逐渐形成，是一个民族或者群体普遍遵守的行动习惯或行为模式，而这些习惯普遍都凝聚着一个民族或者群体的共同的民族信念、情感和文化。因此，习惯从一产生就伴随着民族性，主要靠群体的自发力量去遵守而不是依靠国家强制力执行，相较国家制定的法律，习惯更具有民族认同感和接受度。习惯发展到一定的阶段逐渐演变为习惯法，[2]历史法学派认为，一旦一个家庭、一个群体、一个部落或者一个民族的成员开始普遍而持续地遵守某些被认为是具有法律强制力的惯例或者习惯时，习惯法就产生了。而实证法学派认为，在立法机关或法官未赋予某一项习惯以法律的效力之前，习惯仅仅是一种道德规范，只有经过国家认可的习惯才是习惯法。尽管在这个问题的认定上存在争议，但是在制定法越来越发达的情况下，习惯法作为法律渊源的重要性已经减弱。

---

　　〔1〕　[德]孟德斯鸠:《论法的精神》（上册），张雁深译，商务印书馆1961年版，第6页。

　　〔2〕　法学界普遍认可习惯和习惯法是有区别的，但是对于这两种力量之间的分界线有时是不易确定的。一般的观点认为，法律与习惯在早期社会中是毫无根据进行区分的，而且社会习惯与习惯法之间所划定的界限本身也只是长期渐进的法律进化的产物，一种在某一历史时期并未被认为具有法律性质的惯例，可能会在以后被提升到法律规则的地位。那么现实的问题是，一项习惯在具备了什么条件或要素后，才能发生习惯向习惯法的转化？对此法律实证主义和自然法学派产生了截然不同的观点。参见江平主编：《民法学》（第3版），中国政法大学出版社2016年版，第8页。

因为习惯具有被普遍遵守的约束力特点，所以在没有法律规定的前提下，用习惯调整民事主体的权利和义务，可能更易于当事人接受。[1]民事习惯与其他习惯相比，更贴近人们的日常生活，是一种最纯粹的私权生活的行为模式，这一缘由引发了民事习惯的三个独有特性：其一，民事习惯数量可观是日常生活中的惯例和规则；其二，人们在日常生活中形成的大量习惯往往是在带有鲜明的群体性的某些地域产生，成为不同地域群体相互区分的标志，这是习惯的民族性根源，也是最为关键的一个特点；其三，因为民事习惯更贴近大众和生活，所以民事习惯更宜被大众熟知和接受。另外基于成文法的局限性，立法者在立法的时候不能也不可能预见到将来发生的一切情况，并据此为人们预设好行动方案，尽管他殚精竭虑，但仍会在法律中留下星罗棋布的缺漏和盲区，从这个意义上讲，任何法律都是千疮百孔的。[2]所以，在法律存在漏洞时，完全可以适用当事人在情感上更易于接受的习惯。至今大陆法系很多国家的民法典将习惯纳入法律渊源中，并在调整民事法律关系中发挥着独特的调整功能，因为"这种法律既不是铭刻在大理石上，也不是铭刻在铜表上，而是铭刻在公民们的内心里"。[3]所以，容易被人们所接受并在人们的心里形成法治认同感，并具有强大的生命力，甚至可以复活或代替已经消亡的法律，从而发挥其强大的执行力，并且习惯寄托着民族的情感，"它可以保持一个民族的创制精神，而且可以不知不觉地以习惯的力量代替权威的力量"，[4]从而强化法律的权威性。民法典以习惯为法律的表现形式，诠释着民族精神与民族文化，彰显民族自信心与自豪感，以民族国家的精神气质象征民族统一，从而体现出民族性。[5]

（二）中国民法典彰显文化自信的情感表达

在《德国民法典》的制定问题上，柏林大学法学教授萨维尼认为"法律乃是那些内在的，默默地起作用的力量的产物，深深地植根于民族之中，而

〔1〕 江平主编：《民法学》（第3版），中国政法大学出版社2016年版，第9页。

〔2〕 徐国栋：《民法基本原则解释——成文法局限性之克服》，中国政法大学出版社1992年版，第139页。

〔3〕 ［法］卢梭：《社会契约论》，何兆武译，商务印书馆1963年版，第73页。

〔4〕 ［法］卢梭：《社会契约论》，何兆武译，商务印书馆1963年版，第73页。

〔5〕 吴治繁：《论民法典的民族性》，载《法制与社会发展》2013年第5期。

且其真正的源泉乃是普遍的信念、习惯和民族的共同意识"。[1]法律深植于一个民族国家的历史，是对民族文化或民族精神、意识的表达，民众普遍的信念、习惯和民族的共同意识是法律的真正源泉，它决定于民族气质和民族精神，法律规范本身便可能蕴涵于普遍信仰的目标之中，法律应该是"随着民族的成长而成长，随着民族的加强而加强，最后随着民族个性的消亡而消亡"。[2]与其他部门法典相比，民法典最能展现一个民族国家的民族精神、民族品质和民族意识，民法典担负着构建一个国家民法话语的夙愿，从这个意义而言民族性是民法典的生命力源泉，也是民法典彰显文化自信的表达。

2014年2月24日习近平总书记在十八届中央政治局第十三次集体学习时提出："要讲清楚中华优秀传统文化的历史渊源、发展脉络、基本走向，讲清楚中华文化的独特创造、价值理念、鲜明特色，增强文化自信和价值观自信。"[3]我们的文化自信是具有民族性的文化自信，具体在民法典的制定中应坚定不移坚守民法典的民族性，民族性在民法典中具化为内蕴着民族精神的结构体例或者规范制度等，彰显着民族自豪感和文化自信。

民法学理论是民法典编纂的理论养分，民法学理论的不同，直接影响了民法典的编排体例。虽然法、德民法典均以罗马法为参考，但是由于两个国家民法理论的不同造就了大陆法系内部完全不同的、带有各自民族精神的"法学阶梯式"和"潘德克吞式"编排体例，这种差异性编纂体例源于不同的民族文化。民法法典化赋予民法典以系统的体系化，也正是法典所展现的体系性促使民法典得以践行近代民族国家的各种理想。[4]《德国民法典》深受学说汇纂思想的影响，这部法典正是德国学者学习罗马法和继受《学说汇纂》并加以改造的结果，在此基础上形成了德意志民族最具特色的潘德克吞法学，在这一法学理论指导下德国制定了五编制的民法典，设总则编，将物权和债权相区分。体系化的民法典使得法之民族性得以充分实现。在罗马法

---

　　〔1〕　[美] E. 博登海默：《法理学：法律哲学与法律方法》，邓正来译，中国政法大学出版社1999年版，第88~89页。

　　〔2〕　[美] E. 博登海默：《法理学：法律哲学与法律方法》，邓正来译，中国政法大学出版社1999年版，第88~89页。

　　〔3〕　习近平：《培育和弘扬社会主义核心价值观》，载《习近平谈治国理政》（第1卷），外文出版社2018年版，第164页。

　　〔4〕　肖厚国：《民法法典化的价值、模式与学理》，载《现代法学》2001年第4期。

复兴运动中，法学学者将自己的民族情感和民族文化融入罗马法中，实现了罗马法的本土化，法国学者查尔斯·迪穆林、罗伯特·朴蒂埃为法国制定统一的民法典开辟了道路，《法国民法典》体系的编排，正是对《法学阶梯》的人法、物法、诉讼法三编制的创新性发展，未设总则编而改为序编，未采取物权和债权的区分原则。民法典体系化的根本目的，在于使民法典具有完备的体系，从而在该体系的框架内，制定出一部蕴含民族性并且具有高度逻辑性的民法典。[1]

民法典是最应具有民族性的法典，同时民族性也是彰显文化自信的重要表征。但是由于民法文化是法律文化的一种，各国不同的民法文化存在着对人性的关爱这一共性，因为民法所调整的人身关系和财产关系是所有市民均可参与的法律关系，它是关系全体人的法。[2]随着民法文化的全球化共识越来越多，民法典保持民族性愈发弥足珍贵和困难。尤其是在外国民法文化输入时更应保持警惕，一旦民法典的民族性失守，这个国家的民法典将面临被殖民和丧失文化自信的风险。因为"民法的内容、民法的变化与本国社会发展息息相关，民法一旦与社会脱节，就失去了赖以存在的价值根基"。[3]但我们更不能为了保持民法典的民族性而封闭式立法，在经济全球化的趋势下，这是不现实的，在这样的环境下，实现民法典民族性的现代化为最佳方案，而基于民法典的民族性，也可以认为，民法的法典化就是民族性民法的现代化。[4]在这一过程中要处理好传统与现代、继承与创新之间的关系，龙卫球教授对此分三种情况对上述关系予以详细说明。[5]通过民法民族性的现代化民法典得以保持旺盛的生命力，作为民族国家的精神旗帜和民族统一的象征，在本国民法典跻身世界民法文化之列的同时仍然保持法典的民族性，这本身

---

[1] 许中缘：《政治性、民族性、体系性与中国民法典》，载《法学家》2018年第6期。

[2] [德]卡尔·拉伦茨：《德国民法通论》（上册），王晓晔等译，法律出版社2003年版，第9页。

[3] 谢怀栻：《关于日本民法的思考》，载渠涛主编：《中日民商法研究》（第1卷），法律出版社2003年版，第23页。

[4] 许中缘：《政治性、民族性、体系性与中国民法典》，载《法学家》2018年第6期。

[5] 按照龙卫球教授的观点，民法现代化与传统关系的处理存在三种情况：一是民法现代化对于传统的继承关系。现代化的科技文明与社会转型，在很多方面只是对传统的继承、发展和完善。在这种情况下出现民法现代化与传统的融合。二是民法现代化之合理要求与传统的不合理之间的矛盾关系，这里存在一个改革求新的要求，以民法现代化取代传统。三是现代化之不合理要求与民法传统合理性的矛盾问题，这里需要依靠维护民法传统来压制、化解现代化的不合理之危机。龙卫球：《中国民法"典"的制定基础——以现代化转型为视角》，载《中国政法大学学报》2013年第1期。

就是民族国家的民族自豪感和自信心的具象化产物，成为表达和诉说民族情感和民族精神的极佳手段。

## 二、推进法治认同感的途径

如果继受方在法律移植的过程中没有做到观念上的更新，取得法治认同感，那么继受的法律将是一纸空文，形在而魂散。20 世纪前半叶以来法律移植的经验告诫我们，法制的变革与建设，涉及各种社会力量和众多团体的利益衡量。因此，要改革旧法制、建立和完善新法制，绝不能孤立地开展，必须与其他政治、社会、经济乃至教育文化改革相互协作，而且要费很大力气才能转变这些观念。〔1〕中国传统民法文化的近现代化转型必须依靠社会群体的配合才能有效地完成。在清末民初政权更迭频繁的年代里，稳定政权是当政者的首要目标，即使进行大规模的修律运动也是在被逼无奈的情形下完成的，可以说这时代"法治绩效仍然不彰"。〔2〕

20 世纪初的中国，民众仍然生活在封闭的封建自然经济环境里，文化素质极其低下，据当时的抽样统计，民国时期民众的识字率仅为 20% 左右，在南京国民政府时期，近 4 亿多的民众中文盲仍占绝大多数。〔3〕文化素质高低直接影响他们对最基本的交流工具的文字认知，而最重要的是，文字其实不仅仅是沟通工具，还是记录和传播文化的载体，其本身承载的意义形成理解，与人类精神和民族精神交织在一起，可以想象连自己本土文化都无从知晓的人何谈对外国法的理解甚至是接受。即使当时受过良好教育、深受外国法熏陶的政府精英对外来事务尚不了解。据史料记载，鸦片战争后海禁初开，当时负责外交事务的官员，将"外交"与"通商"混为一谈，道光二十四年（1844 年）4月，耆英被任命为办理外交事务的钦差大臣，清廷所加给他的官方任务却是

---

〔1〕　黄源盛：《晚清民国的社会变迁与法文化的重构》，载《法制与社会发展》2020 年第 3 期。

〔2〕　黄源盛：《晚清民国的社会变迁与法文化的重构》，载《法制与社会发展》2020 年第 3 期。在该文中作者以 1928 年至 1937 年的中国十年为分析样本，认为这十年中，自 1928 年北伐完成、南北一统，到 1937 年全面对日抗战爆发以前，虽历史评价不一，整体而言，不仅物质建设上有明显的进步，在法律的制颁和司法的改良上，确也曾用心用力过，被称为"十年建国期"，甚至有誉之为"黄金的十年"者。让人纳闷的是，为什么十年的努力，法治绩效仍然不彰？本书认为清末民初的法制建设与黄教授所言的十年几乎存在同样的问题。

〔3〕　以上数据统计参见黄源盛：《晚清民国的社会变迁与法文化的重构》，载《法制与社会发展》2020 年第 3 期。

"办理各省通商善后事宜"。咸丰十一年（1861年），奏请设立总理各国事务衙门时，在批准的上谕中仍然加上了"通商"二字。[1]这种情况说明当时的清政府并不具备任何国际法方面的知识，作为当时的最高统治阶层尚且如此，更遑论社会民众了。虽然后来清政府加大了对外国法的传播力度，但是接受教育的仅是社会的小众群体，他们非富即贵，也正如上文所谈，即使是接受法国法的社会精英人物，他们也并未真正地理解外国法的精神和价值理念。

与此形成鲜明对比的是，民众对中国传统民法文化和思想却处在身份意识里。在继受法之前，他们的法律观念仍受到以"三纲五常"为核心的儒家教义影响，在他们的认知里已经形成了具有系统性的稳定的心理定势。以家庭伦理义务本位为原则，强化义务和人身依附的顺从，在无形中强化了民众的身份意识。中国民众的"法治社会"理念萌芽的形成方式也与西方国家完全不同，大多西方国家民众的法律意识，一般都是"由下而上"自发地发育成长的。但是反观清末民初时期，引入外国法律，完全是在"内忧外患"的情境下"由上而下"被动式地继受来自异质法的文化，这种法治精神带有明显的强权色彩。正如上文所分析，被动式法律继受的直接后果就是民众缺乏法治认同感，这绝非一件容易的事情。因此，缺乏民众的法律观念的认同感，法律也往往流于形式，法律的有效性，不仅须有外在的强制，更应具有内心的确信，相比而言，后者对于法律的有效性与正当性则显得尤为重要。[2]

推进法治认同感就是要培养主体的法律文化认知能力，用主观意念层面来培养主体对中国传统民法文化和西方民法文化中优秀元素的认同感。当然，要取得这种认同感，最为主要的途径就是认知者发自内心深处的真正认同，这是一种心悦诚服和由衷赞叹的认同，是认知者在自由的情境下而不是通过外力施压所完成的。只有这种形式培养的法治认同感才会更加持久和有效，对法律文化的认知才更具有权威性，法律的实施才更具有效力性。在取得法治认同感过程中，要注重民众的法律感受，如在法律正式颁布之前面向社会公众征求意见，开展民意调查等，调动民众参与法律实践的积极性；加强有意识的法制宣传教育，培养人们新型的法律观念；最为重要的是采取开放的学习心态，文化没有优劣之别也没有国别之分，正如习近平总书记所言："不

---

〔1〕 张晋藩：《中国法律的传统与近代转型》（第4版），法律出版社2019年版，第340页。
〔2〕 项晓基：《中国古代民法的再思考》，华南师范大学2007年硕士学位论文，第32页。

同文明凝聚着不同民族的智慧和贡献，没有高低之别，更无优劣之分。"〔1〕客观地对待中国传统民法文化和西方法律文化，对中国传统法文化进行创造性改造，对继受法律文化进行本土化改良，同时在转化和改良的过程中要时刻保持法律文化的认同感，反过来，通过法律的认同感又能积极地促进两种不同法律文化的整合。法的移植并不只是法典骨架的"移植"，法的本身必须适应一个社会的土壤，才能长出灵肉。〔2〕

# 第五节　小　结

中国传统民法文化的现代化是对中国传统民法文化批判继承的过程，在这一过程中涉及对传统文化因素的取舍，"抽象继承法"为我们研究此问题提供了新的研究思路和视角。其实，从本质上而论，"抽象继承法"与用文化的"求同"还是"辨异"以及"多元"来解释法律存在着极大的相似性，都是我们探讨中国传统民法文化现代化的重要工具。"抽象继承法"将中国传统民法文化区分为"一般性"与"特殊性"，然后结合法律文化的"求同""存异""多元"将传统民法文化中一般性的要素与域外民法文化进行整合，将中国传统民法文化中与域外民法文化相融的"一般性"予以联结，同时在这一联结中也实现了对西方民法文化的本土性改造，最终实现中国传统民法文化的创造性继承。创造性继承之所以是当下对待传统因素最为务实的态度，不仅仅源于它是一种原则性的表述，更是一套具有丰富内涵的方法论体系。〔3〕同时在中国传统民法文化的现代化过程中，在对传统因素进行创造性转化时，一定要避免"去中国化"这一误区。中国传统民法文化的现代化不仅在于确认现代社会的基本价值和理念，更在于其所内蕴的"中国元素"，保持一国民法文化的本土性和民族性是该国民法典独特性和唯一性的重要标识。因此，中国传统民法文化的现代化更应彰显中国文化自信，而这一切都离不开中国民众的法治认同感，这也是对中国传统民法文化现代化的边界要求。

---

〔1〕 习近平：《携手构建合作共赢新伙伴，同心打造人类命运共同体》，载《习近平谈治国理政》（第2卷），外文出版社2017年版，第524页。

〔2〕 黄源盛：《晚清民国的社会变迁与法文化的重构》，载《法制与社会发展》2020年第3期。

〔3〕 李拥军：《论法律传统继承的方法和途径》，载《法律科学（西北政法大学学报）》2021年第5期。

# 第六章

# 中国传统民法文化现代化的价值理念

中国民法典是中国传统民法文化现代化的形式理性，中国民法典的精神内核是中国传统民法文化现代化的价值理念。"文化的内核是价值，"[1]中华优秀传统文化蕴含着丰富的内涵，以深刻的价值意蕴为内核，这是对中国传统民法文化进行创造性转化和创新性发展的理论前提。习近平总书记指出，"中华优秀传统文化是中华民族的突出优势，是我们最深厚的文化软实力"。[2]文化"软实力"的灵魂是核心价值观，文化与价值观有着内在必然联系，任何文化都承载着一定的价值观，文化是价值观的外在表象。从核心价值观的层面对文化进行解读，不同时代抑或不同民族的文化差异在本质上为核心价值观的差异，研究文化的现象和本质，在此基础上对文化进行反思形成文化自觉，这是文化自信的前提，文化自信在本质上体现为核心价值观的自信。中华民族几千年的优秀文化基因是中华民族安身立命之根本，奠定了中华文化自信的强大的底气，在中国，当代的文化自信主要体现为社会主义核心价值观的自信。中华传统优秀文化为社会主义核心价值观提供了精神滋养，社会主义核心价值观是对中华优秀传统文化的继承；社会主义核心价值观扎根于中华传统文化，以中华民族传统文化为精神命脉，是对中华优秀传统文化的升华。培育和弘扬社会主义核心价值观是党的十八大提出的一项战略任务，通过弘扬优秀传统文化以实现对社会主义核心价值观的培育和践行的重要目的。2014 年 10 月，党的十八届四中全会再次提出建设法治国家的号召，会议审议通过了《关于全面推进依法治国若干重大问题的决定》，提出了加快制定《民

---

[1] 李德顺：《文化建设任重道远》，载《求是》2013 年第 10 期。
[2] 习近平：《把宣传思想工作做得更好》，载《习近平谈治国理政》（第 1 卷），外文出版社 2018 年版，第 155 页。

法典》的重要决定，2017 年 3 月 15 日通过的《民法总则》是民法典的开篇之作，在总则的第 1 条开宗明义地阐释了"弘扬社会主义核心价值观"为《民法总则》的立法目的之一，这是中国民法典社会主义特色的集中体现。2018 年《社会主义核心价值观融入法治建设立法修法规划》提出"用社会主义核心价值观塑造民法典的精神灵魂"。社会主义核心价值观三个层面的内容融入民法典，有其独特的逻辑机理，是对中国民法典精神文化的提升，为我国民法立法和司法提供了具体的规则指引，立足于中国实际，解决了中国问题，代表着鲜明的中国特色、实践特色和时代特色，彰显了中国的文化自信。

# 第一节　社会主义核心价值观对中华传统文化的升华

中华优秀传统文化是社会主义核心价值观的重要思想源泉，中华传统文化的优秀基因是社会主义核心价值观的根基和魂魄。对传统文化进行有选择性的批判继承是社会主义核心价值观生成的重要途径，根植于中华优秀传统文化基因的社会主义核心价值观的形成经历了酝酿、提出和深化三个阶段，从价值理念层面深刻解读社会主义核心价值观的基本内涵，便于我们从更深的层次解读民法典的法文化根基。

## 一、社会主义核心价值观的历史向度

习近平总书记指出："人类社会发展的历史表明，对一个民族、一个国家来说，最持久、最深层的力量是全社会共同认可的核心价值观。核心价值观，承载着一个民族、一个国家的精神追求，体现着一个社会评判是非曲直的价值标准。"[1]核心价值观的确立是中华民族强大的精神动力，是实现国家治理法治化和现代化的重要手段，是中华民族伟大复兴的强大理论支撑，是中国共产党长期致力于核心价值建设的伟大成果，是社会主义核心价值体系的高度精确的凝练。西方文化对外国文化的冲击以及我国精神文明建设的成功经验为社会主义核心价值观产生的重要现实社会背景。社会主义核心价值观在我国经历了三个重要的发展阶段。

---

〔1〕 习近平：《青年要自觉践行社会主义核心价值观》，载《习近平谈治国理政》（第 1 卷），外文出版社 2018 年版，第 168 页。

（一）社会主义核心价值体系的形成

经济全球化和世界一体化对一个国家的影响不再局限于经济领域，文化领域的影响愈加明显，推动了全球文化交融的文化多元化时代到来。尤其在我国现在社会转型时期更应高度警惕西方意识形态的冲击，在文化思潮全球化的趋势下更应坚守中华传统文化建设，保持民族精神独立和价值观的塑造。对一个国家来说，只有经济发展是不够的，每一个大国的崛起都有其文化价值的支撑。[1]鸦片战争爆发之后，面对西方列强文化思想的侵入，中国众多的仁人志士开始学习西方文化以图救国之治，但是这种近不知中国之情，远复不查欧美之实，只注重学习其表象和外观，即所谓物质与众数，而没有领会其精神实质，即人的解放。中国近代改革收效甚微，原因正在于此。[2]在世界多种文化接触中必然会引起人类心态的变化，但都应以本民族的文化为根基，坚持文化自觉和文化自信，而每一种文化都具有一种价值的属性，因而必定会与人的价值观具有一种相对应的关系，所以文化自觉自信表现为价值观的自信。如果缺乏文化自信与价值观自信，一个民族国家就失去了"根基"和"魂魄"，这必定导致文化自卑进而精神自闭，面对多元化的文化世界将失去自我。所以在当下，我们必须坚定文化自觉和文化自信，树立社会主义信念和遵循核心价值观，以此指引和推进中国特色社会主义文化强国的建设。[3]因此，一直以来中国共产党非常重视核心价值观建设，尤其在改革开放以后，坚持物质文明建设的同时重视精神文明的建设。党的十二届六中全会和十四届六中全会分别通过了《关于社会主义精神文明建设指导方针的决议》和《关于加强社会主义精神文明建设若干重要问题的决议》，进一步在全社会掀起了加强精神文明建设的高潮，并将其作为一项重大的战略任务，强调要加强思想道德建设，以正确的舆论做引导。在深化改革、建立社会主义市场经济体制的背景下，形成有利于社会主义现代化建设的价值理念和道德准则。

在过去的几十年间，中国的精神文明建设取得了显著的成果，积累了丰富的经验，在 2006 年 10 月，党的十六届六中全会第一次提出了"建设社会

---

〔1〕 中华文化学院编：《中华文化与社会主义核心价值体系》，知识产权出版社 2011 年版，第 41 页。

〔2〕 鲁迅：《文化偏执论》，载《鲁迅全集》（第 1 卷），人民文学出版社 2005 年版，第 47 页。

〔3〕 董朝霞：《文化自信的根本在于核心价值观自信》，载《北京师范大学学报（社会科学版）》2017 年第 5 期。

主义核心价值体系"的重大命题和宏伟任务，指出：马克思主义的指导思想，中国特色社会主义的共同理想等构成了社会主义核心价值体系的基本内容。[1]党的十七大报告指明，"社会主义核心价值体系"是社会主义意识形态的本质再现，从而在科学世界观的高度向世界宣告了当代中国社会的主导价值诉求和意识形态，揭示了文化的意识形态化和意识形态的文化化。[2]"社会主义核心价值体系"的提出，加深了理论界和学术界对这一问题研究的广度和深度，同时也推进了思想理论界对社会主义核心价值体系进行高度凝练的研究，提炼出便于践行的社会主义核心价值观。自社会主义核心价值体系提出到十八大之前，对这一问题的研究在日渐升温，直至 2012 年达到高潮，[3]并为核心价值观"三个倡导"的提出奠定了坚实的研究基础。

（二）社会主义核心价值观的提出

在深入思考社会主义核心价值体系以及对社会主义核心价值观讨论的基础上，2012 年 10 月，党的十八大报告，对社会主义核心价值体系的内容进行了精准的概括和提炼，提出了"三个倡导"的社会主义核心价值观，即倡导"富强、民主、文明、和谐"；倡导"自由、平等、公正、法治"；倡导"爱国、敬业、诚信、友善"二十四字的社会主义核心价值观，但是并未对其进行深入的阐释。2013 年 12 月中共中央办公厅印发了《关于培育和践行社会主义核心价值观的意见》（以下简称《意见》），该《意见》就培育、践行社会主义核心价值观的重大意义、指导原则、基本思想、实践活动以及组织领导等方面做了详尽的阐述，《意见》的出台标志着社会主义核心价值观的体系化和完整化。

首先，《意见》将培育、践行社会主义核心价值观作为一项战略任务。社会主义核心价值观是中华优秀传统文化和人类优秀成果的承接，社会主义核

---

〔1〕 李文阁：《论社会主义核心价值观的形成、内涵与意义》，载《北京师范大学学报（社会科学版）》2015 年第 3 期。

〔2〕 郭建宁：《关于当代中国文化建设的思考》，载《学术探索》2008 年第 4 期。

〔3〕 在 2012 年，《红旗文稿》从第 2 期到第 9 期连续发表了十几篇有分量的讨论"社会主义核心价值观"的文章，其中有亮点值得关注，一是《社会主义核心价值观研究》，将社会主义核心价值观分为国家层面、社会层面、制度层面三个层面的价值观，不应包含针对公民个人的道德规范；另一篇是《国家与公民：社会主义核心价值观概括的基本路径》，主张应该从国家和公民两个层面来概括社会主义核心价值观，认为国家层面的核心价值观可以概括为：富强民主文明和谐；公民层面的核心价值观可以概括为：仁爱正义守法诚信。参见李文阁：《论社会主义核心价值观的形成、内涵与意义》，载《北京师范大学学报（社会科学版）》2015 年第 3 期。

心价值观凝聚着全体中国人的智慧，承载着中国人民对美好幸福生活的向往，是实现国家富强、社会安定，增强人民福祉的重要精神支柱，贯彻和执行社会主义核心价值关有利于激发全国人民为建设富强的国家和促进人类发展作出贡献。

其次，《意见》明确了社会主义核心价值体系与社会主义核心价值观之间的关系。这两者在内在本质上具有同一性，同根源于中华优秀传统文化，并吸取了人类优秀文明成果，社会主义核心价值观是对社会主义核心价值体系的精炼，它们都体现了社会主义意识形态的本质要求，体现了社会主义制度在思想和精神层面的质的规定性，凝结着社会主义先进文化的精髓，是中国特色社会主义道路、理论体系和制度的价值表达。

最后，《意见》明晰了社会主义核心价值观的三个层面的内容。在中共十八大的基础上，进一步将社会主义核心价值观界定为国家、社会和公民三个层面，并指出：富强、民主、文明、和谐是国家层面的价值目标；自由、平等、公正、法治是社会层面的价值取向；爱国、敬业、诚信、友善是公民个人层面的价值准则，这24个字是社会主义核心价值观的基本内容，为培育和践行社会主义核心价值观提供了基本引领。

（三）社会主义核心价值观的践行

自2013年《意见》出台后，中共中央政治局加大了对社会主义核心价值观的深化宣传和学习，全国人民遵循《意见》认真学习和贯彻，并将社会主义核心价值观融入国民教育、经济社会发展实践和社会治理中，加强社会主义核心价值观的宣传教育，强化组织领导，开展多样性的涵养社会主义核心价值观的实践活动。2017年10月18日，习近平总书记在十九大报告中指出，社会主义核心价值观是当代中国精神的集中体现，凝结着全体中国人民共同的价值追求，应该发挥社会主义核心价值观对国民教育、精神文明创建、精神文化产品创作生产传播的引领作用，要把社会主义核心价值观融入社会发展各方面，转化为人们的情感认同和行为习惯。习近平总书记进一步强调深入学习贯彻这些重要论述，让社会主义核心价值观在全社会落地生根。社会主义核心价值观已经融入社会生活的各方面，在法治建设领域取得了伟大成就。早在2015年10月12日，最高人民法院就发布了《关于在人民法院工作中培育和践行社会主义核心价值观的若干意见》，2016年12月25日中共中央办公厅、国务院办公厅发布《关于进一步把社会主义核心价值观融入法治建设的指导意见》，强调法律法规应具有鲜明的价值导向，社会主义法律法规对人们核心价值观的认知认同以及自觉践行有着直接的影响，2017 年 3 月 15 日，十二届全国人大五次会议表决通过的《民法总则》第 1 条将社会主义核心价值观作为立法目的予以规定，[1]2018 年 3 月 11 日，宪法修正案将倡导社会主义核心价值观纳入《中华人民共和国宪法》中，[2]2020 年 5 月 28 日《民法典》的颁布正是社会主义核心价值观全面融贯到我国法治建设的重要一步，社会主义核心价值观是对中国传统民法文化的提升，也是对民法典精神的升华。

**二、中华优秀传统文化是社会主义核心价值观的根基**

核心价值观之所以能够引领社会、凝聚人心，取决于两个重要的元素：一是核心价值观自身根源于传统文化，很显然与本民族的精神文化保持了一致，最能展现一个国家的民族特性；二是核心价值观顺应了世界历史发展的趋势，自身就是先进科学生产力的代表，同时更是指引本民族奋进的方向。[3]2014 年 5 月 4 日习近平总书记在北京大学师生座谈会上提出，社会主义核心价值观把有关国家、社会、公民的三个层面的价值要求融合为一体，继承了中华优秀传统文化，也汲取了世界文明有益成果，彰显着时代精神。[4]社会主义核心价值观根植于中国 5000 多年的中华优秀文化传统，代表着人类历史发展的新方向。

（一）社会主义核心价值观根植于中华优秀传统文化

核心价值观是人类社会历史发展最持久、最深层的力量，是一个民族或者国家共同认可的，代表着一个民族或者国家的精神追求。社会主义核心价值观是我国各民族人民共同认可的价值观 "最大公约数"，培育和践行社会主

---

〔1〕《民法总则》第 1 条："为了保护民事主体的合法权益，调整民事关系，维护社会和经济秩序，适应中国特色社会主义发展要求，弘扬社会主义核心价值观，根据宪法，制定本法。"

〔2〕在宪法修正案中，将原来的"国家提倡爱祖国、爱人民、爱劳动、爱科学、爱社会主义的公德"修改为"国家倡导社会主义核心价值观，提倡爱祖国、爱人民、爱劳动、爱科学、爱社会主义的公德"。

〔3〕欧阳军喜、崔春雪：《中国传统文化与社会主义核心价值观的培育》，载《山东社会科学》2013 年第 3 期。

〔4〕习近平：《青年要自觉践行社会主义核心价值观》，载《习近平谈治国理政》（第 1 卷），外文出版社 2018 年版，第 169 页。

义核心价值观是我国推进文化强国建设和中华民族文化复兴的需要，文化强国建设和中华民族文化复兴都要增强文化自觉和自信，文化的核心是价值观，文化的自信以核心价值观的自信为载体。核心价值观对一个民族或者国家的发展具有重要的引领作用，不仅是文化建设，经济建设也要受制于价值观。一个国家的人民的价值观往往会直接影响到该国经济发展的方向及所取得的成就，所以，经济发展也可以说是一个文化的过程。[1]中国作为一个拥有 14亿人口 56 个民族的世界大国，在国际社会具有很高的影响力，面对文化全球化的浪潮我们更需要培育自己的核心价值观。

文化本身具有主体性代表着一个民族或者国家的价值取向，所以我国的价值观的培育绝不可能通过移植西方国家的价值观来完成。不同文化各有自己独特的生长土壤，代表着自己独特的价值追求，我国价值观的培育必须立足于我国国情，具有中国气派和中国气质，必须根植于中国历史文化的土壤中。中华优秀传统文化是社会主义核心价值观的根基，这也符合马克思唯物史观和文化具有历史性和继承性的本质。从文化的纵向发展来看，任何一个民族或者国家内部不同时代的文化都具有传承性，就像毛泽东同志曾提到的：中国现时的新政治新经济是对古代的旧政治旧经济的延续，中国现时的文化也是对古代的旧文化的继承，所以，每一个民族或国家必须重视和尊重历史而绝不能隔断历史。[2]我国的社会主义核心价值观根源于中华传统文化，以中华优秀传统文化为精神养料，中华优秀传统文化是中国人民集体智慧的伟大成果，具有鲜明的中国特色和民族特色，饱含着永不褪色的民族情怀和民族精神，在中华优秀传统文化滋养下的社会主义核心价值观在继承中华优秀传统文化的同时，并对中华传统文化进行了更高层次的升华，代表着人类社会发展的新方向。正如习近平总书记所作的重要指示："中华文明绵延数千年，有其独特的价值体系，中华优秀传统文化已经成为中华民族的基因，根植在中国人内心，潜移默化影响着中国人的思想方式和行为方式，今天，我们提倡和弘扬社会主义核心价值观，必须从中汲取丰富营养，否则不会有生命力和影响力。"[3]提

---

〔1〕［美］塞缪尔·亨廷顿、劳伦斯·哈里森主编：《文化的重要作用——价值观如何影响人类进步》，程克雄译，新华出版社 2010 年版，第 42、89 页。

〔2〕《毛泽东选集》（第 2 卷），人民出版社 1991 年版，第 708 页。

〔3〕习近平：《青年要自觉践行社会主义核心价值观》，载《习近平谈治国理政》（第 1 卷），外文出版社 2018 年版，第 170 页。

倡社会主义核心价值观，充分体现了对中华优秀传统文化的传承和升华。

（二）社会主义核心价值观的文化源流

习近平总书记指出："每个时代都有每个时代的精神，每个时代都有每个时代的价值观念。国有四维，礼义廉耻，'四维不张，国乃灭亡'。这是中国先人对那个时代的核心价值观的认识。"[1]在当代中国，社会主义核心价值观是相互区分而又融为一体的三个层面，这本身就是吸收了我国古代的"五常之道"的优秀基因并加以升华，三个层面所饱含的伟大智慧是对中华优秀传统文化的汲纳。中华传统优秀文化是社会主义核心价值观最重要的思想泉源，传统文化的核心价值观和社会主义核心价值观之间是"源"和"流"的关系，昭显了中华文化的"既往"与"开来"。[2]中华传统文化与社会主义核心价值观是紧密结合的，二者的双向良性互动与源远流长，为新时代建设中国特色社会主义伟大实践提供了丰厚的道德滋养和持续的精神动力。[3]

1."五常之道"与社会主义核心价值观相通

中国古代文化没有形成西方社会的宗教传统，从西汉武帝始，儒家思想成为中国封建社会的主流文化形态和意识形态，一直发挥着核心价值观的引领作用，整个社会都以儒家思想作为共同认可的价值准则。上至皇权下至黎民百姓无不深受儒家思想的规范，儒家核心价值观统领着国家、社会、个人三个不同层面，渗透到国家治理和日常生活的方方面面。儒家思想以"仁义礼智信"的五常为其核心观，逐渐成为引导社会为善成德的行为价值准则，孔子曰，"为此诗者，其知道乎！故有物必有则，民之秉彝也，故好是懿德"（《孟子·告子上》）。任何事物都是有规则的，"仁义礼智"就是在古代社会对民众的道德进行塑造的准则。这是儒家把"仁义礼智"看成是核心价值

---

〔1〕　习近平：《青年要自觉践行社会主义核心价值观》，载《习近平谈治国理政》（第 1 卷），外文出版社 2018 年版，第 168 页。

〔2〕　张岂之：《略说社会主义核心价值观的文化源流》，载《北京日报》2009 年 6 月 1 日。在该文中，作者指出：我们研究中国优秀传统文化的核心价值观是哪些，这些与我国社会主义核心价值观有什么联系，如何阐述其"源"和"流"的关系，如何说明文化上的"继往"与"开来"等，这些是很有理论和实践意义的课题。这些问题的解决，有助于提高我们的思想境界，将优秀传统文化的民族性与时代性结合得更好。这方面学术研讨的成果足以说明：今天——在 21 世纪初，我国人文学者们关于祖国优秀传统文化的研究，不同于汉代的经书笺注们，不同于宋明时期的理学家们，也不同于清代的考据家们，而具有我们自己的时代特色。

〔3〕　徐礼红：《中华优秀传统文化的价值意蕴》，载《江西社会科学》2020 年第 5 期。

观的最先端倪。[1]孟子将"信"视为人的基本道德品质，后经董仲舒在孟子的基础上将其发展为"诚实"，并在前人的研究基础上将"仁义礼智信"合称为"五常之道"。"修身、齐家、治国平天下"出自先秦儒家经典《大学》，儒家将"五常之道"看成是核心价值观，展现出《大学》区分国家、社会、个人三个层面的结构设定。[2]这与社会主义核心价值观国家、社会与公民三个层面的结构设计一脉相传。中国古代社会历来讲求格物致知、诚意正心、修身齐家、治国平天下。从某种角度考察，格物致知、诚意正心、修身是个人层面的要旨，齐家是社会层面的要旨，而治国平天下则是国家层面的要旨。在儒家"五常之道"中三个层面虽然相互区分，但是内部具有连贯性，以仁为核心和基点，"仁者，全体，四者，四支。"[3]

2. 中华优秀传统文化的核心价值理念与社会主义核心价值观相契合

中华优秀文化的核心价值观与社会主义核心价值观存在诸多共通之处，如"文明""和谐""友善"等，既是中华优秀传统文化的核心价值理念，也是中国社会主义特色的本体属性。中华传统文化成型于封建的小农经济基础之上，这就注定了中华传统文化的核心价值观不可避免地存在时代的局限性，在中华传统文化的传承中，应理性辨别，加以批判地传承，社会主义核心价值观的培育，实质上就是将中华传统文化的价值观在建设中国特色社会主义的过程中进行相应的调整和转化。实现中华传统文化的核心价值观创造性转变的途径就是赋予其社会主义的本体属性及时代特征。[4]社会主义核心价值观的形成，实现了这一宏伟目标。

## 第二节　社会主义核心价值观融入民法典的逻辑机理

在世界民法发展史上，每一部民法典都有其独特的价值理念和民族气质，

---

〔1〕 陈卫平：《社会主义核心价值观：优秀传统文化的传承和升华》，载《上海师范大学学报（哲学社会科学版）》2018年第5期。

〔2〕 陈卫平：《社会主义核心价值观：优秀传统文化的传承和升华》，载《上海师范大学学报（哲学社会科学版）》2018年第5期。

〔3〕 其中的四者为"义礼智信"。参见《二程遗书》卷第二上。

〔4〕 欧阳军喜、崔春雪：《中国传统文化与社会主义核心价值观的培育》，载《山东社会科学》2013年第3期。

《法国民法典》彰显着自由、平等、私权的民法精神，确立了所有权神圣、契约自由以及过错责任原则，正式开启了近代民法时代。《德国民法典》在强调私权保护的前提下，重视民法的社会化，修正了近代民法精神，世界民事立法步入了现代化发展阶段。我国《民法典》是高科技信息化时代的产物，是引领这个时代的一部法典，更是我国发展社会主义市场经济以及维护人民权利的宣言书，是中国特色社会主义法治建设的标志性成果，这部产生于中华民族伟大复兴时期的民法典，是 21 世纪世界范围内的标志性立法，将"弘扬社会主义核心价值观"写入了《民法典》的第 1 条，"全新于境内外的民法，实属制度创新"。[1]社会主义核心价值观的价值取向与民法精神、民法文化、民法理念和民法制度等具有同质性，是社会主义核心价值观融入民法典的逻辑机理。

## 一、社会主义核心价值观是民法典的精神内核

2017 年《民法总则》将社会主义核心价值观作为立法目的确立下来，2018 中共中央印发的《社会主义核心价值观融入法治建设立法修法规划》（以下简称《规划》）明确提出"用社会主义核心价值观塑造民法典的精神灵魂，推动民事主体自觉践行社会主义核心价值观"。社会主义核心价值观作为民法典的精神内核，彰显民法典的中国特色、实践特色和时代特色。《规划》指出，推动社会主义核心价值观入法应坚持党的领导，坚持价值引领。

（一）社会主义核心价值观体现了社会主义意识形态的本质要求

政治性因素是一国制定民法典的政治保障，无论是民法典的体系还是民法典的民族性都受制于民法典的政治性。对于民法典的编纂而言"政治因素必定是最重要的"，[2]民法典作为大陆法系国家民法文化的智慧共识，是衡量一个国家法治文明程度的重要标志。一方面政治性是推动民法典制定的重要力量，政治要求参与公共生活的主体（个人、团体）为了实现特定的目标，通过获得和运用公共权力，从而对社会价值（利益）进行分配。[3]世界不同国家或地区民法典诞生的本身就是政治性因素推动的结果，"塑造民众的共同

---

〔1〕　崔建远：《我国〈民法总则〉的制度创新及历史意义》，载《比较法研究》2017 年第 3 期。

〔2〕　［美］艾伦·沃森：《民法法系的演变及形成》，李静冰、姚新华译，中国政法大学出版社 1992 年版，第 130 页。

〔3〕　赵丽江主编：《政治学》，武汉大学出版社 2008 年版，第 6 页。

生活，形成对只有通过政治决定才能消除的弊病和快速反应，进行改革，积累经验"。[1]虽然民法为私法，但是立法本身却是国家的政治活动，每一部法典的产生都以强有力的集中统一的政治权力的存在为前提条件。[2]其中统治阶级的政治意识形态作为主导性的价值观直接作用于民法典的制定。1804年《法国民法典》是当时法国社会第三等级设立财产所有权政治意志的表达，[3]而1896年的《德国民法典》是向往自由的市民阶层与普鲁士专制国家保守势力妥协的产物。[4]我国《民法典》第1条开宗明义地宣示了我国民法典独特的政治性，即弘扬社会主义核心价值观。[5]另一方面，政治意识形态相较民法基本制度而言更具有根本性，因为"法典背后有强大的思想运动"。[6]意识形态直接决定思想体系的价值取向，在不同的思想价值指导下制定的民法典具有不同的价值理念和民族精神，它不可能脱离一个国家的法律体制的基本精神和价值判断而具有所谓的独立性。习近平总书记指出："对一个民族、一个国家来说，最持久、最深层的力量是全社会共同认可的核心价值观。核心价值观承载着一个民族、一个国家的精神追求，体现着一个社会评判是非曲直的价值标准。"[7]在我国当代，社会主义核心价值观是我们全体各族人民共同的精神追求，是当代社会的主导意识形态和主流价值，是激发意识形态的价值理性的内在驱动力，并转换为强大的实践精神，我国《民法典》第1条立法目的的规定，昭示着社会主义核心价值观已然成为我国民法典的价值引领和精神内核。

（二）社会主义核心价值观与民法典价值理念天然契合

价值取向是民法典的精神内核，否则民法典就是一堆毫无内容的文字堆

〔1〕［德］霍尔斯特·海因里希·雅科布斯：《十九世纪德国民法科学与立法》，王娜译，法律出版社2004年版，第42页。

〔2〕高富平：《民法法典化的历史回顾》，载《华东政法学院学报》1999年第2期。

〔3〕［法］让-保罗·让，让-皮埃尔·鲁瓦耶：《民法典：从政治意志到社会需要——两个世纪以来的评估》，石佳友译，载《法学家》2004年第2期。

〔4〕［德］K. 茨威格特、H. 克茨：《比较法总论》，潘汉典等译，法律出版社2003年版，第218页。

〔5〕《民法典》第1条规定："为了保护民事主体的合法权益，调整民事关系，维护社会和经济秩序，适应中国特色社会主义发展要求，弘扬社会主义核心价值观，根据宪法，制定本法。"

〔6〕［美］劳伦斯·M. 弗里德曼：《法律制度——从社会科学角度观察》，李琼英、林欣译，中国政法大学出版社2004年版，第241页。

〔7〕习近平：《青年要自觉践行社会主义核心价值观》，载《习近平谈治国理政》（第1卷），外文出版社2018年版，第168页。

砌，"每个国家制定民法典、合理设定民法典的价值、在纷繁和冲突的法的价值中选择自己国家民法典的价值，便成为必不可少的步骤"。[1]民法典的价值观念宏观上直接影响民法典的精神气质，微观上决定着民事法律规范的制度设计。民法的法典化必然伴随着对民法典的价值选择，人类法制史上几部重要的民法典在立法时都有各自的价值预设，不同民法典产生的社会时代的差异导致其在价值选择上有所不同，但无外乎自由、公平、平等、效率、安全等。无论是《法国民法典》还是《德国民法典》抑或《瑞士民法典》等都概莫能外，但由于受传统法理学中法律价值理论的影响，对"人的保护"并不是一个独立的法律价值。虽然这些民法典并未直接出现对"人的保护"这一价值，但在法典的规范设计上间接体现了对人的关怀和以人为中心的立法思想。《法国民法典》确立了"个体主义"（权利本位）的立法思想，《德国民法典》应对法典的社会化需求，在法国民法典的基础上创设了"团体主义"（社会本位）。"个体主义"体现了对人的保护这无须自证，"团体主义"也是在承认"个体主义"前提下的衍生品，本身也包含着对人的关怀，因为"人"是民事活动的主体，民法典的价值理应服务于"人"这个主体的利益。这确实可以做到逻辑上的自洽，但民法典对人的保护，不是一个纯粹的逻辑推论，将对"人"的保护仅仅作为间接的立法背景，存在无法落实对"人"保护的严重弊端。因为作为立法背景因素的考虑必定存在不充分性，"它恰巧是传统民法高呼人文主义的口号，但实际在落实'人的保护'上却关爱不够的真实写照"。[2]

1. 社会主义核心价值观对传统民法中个体观念的修正，强调人的自由全面发展

西方传统民法的"个体主义""推崇个体本位、自我中心、外在征服型的主体性观念。"[3]"个体主义"是对人属性的一种认定，严格区分"个体"和"人"。在"个体主义"观念下的"人"具有抽象人格，被拟制为形式上平

---

〔1〕 李少伟、王延川：《现代民法文化与中国民法法典化》（第2版），法律出版社2018年版，第277页。

〔2〕 薛军教授就不充分性进行了具体分析，认为既然所有的法律价值都具有相同的背景因素，那么，在不同的法律价值之间进行价值判断的时候，这一背景就是没有意义的，或者至少是可以被忽略的。参见薛军：《人的保护：中国民法典编撰的价值基础》，载《中国社会科学》2006年第4期。

〔3〕 中华战略文化论坛丛书编委会编：《社会主义核心价值观与中华战略文化》，时事出版社2010年版，第64页。

等、攻于算计、具有普遍性并摆脱了生物性，最为关键的是必定具有自由意志的"人"。[1]抽象人格的产生使得民法典中的"人"具有了平等性，这种人格在传统民法中主要以财产或者身份为外在表征，如《法国民法典》第8条"一切法国人均享有民事权利"，被认为是确立自然人这一民事主体平等享有抽象人格的法律依据。[2]《德国民法典》的"人"也是建立在抽象人格基础之上的，人格是借助"享有权利的资格"这一权利能力来表现的。[3]抽象人格的抽象性在于"从人的现实中抽象掉了人对彼此感性存在的需要"，[4]强调自我才是唯一真实的存在。而对人的社会性、交往性认识不足，"人"是孤立的事实意义上的纯粹抽象的人，在这一价值选择中的主体"人"建立在抽象人格之上，抽象人格概念直接决定了人与物、人与人之间的逻辑关系。近现代民法典中所创设的契约自由、所有权神圣、过错责任等都是在"个体主义"抽象人格的观念下展开的。所有权强调对物的绝对性和排他性的权利享有，体现的是所有权人对自己的物的关系，无涉他人，其他人不能干预所有人权利的行使，所有人与物之间形成一个封闭的空间，这就是私权神圣原则。抽象的人最精于算计，明白如何最大限度地满足自己的利益，因此对契约过程能够游刃有余地自由决断，将契约自由原则发挥到极致。抽象人格具有把握自己行为的意志力，在意志力的支配下自由地从事民事活动，不受外界他人的干涉，在行为时有过错造成他人损害，从而由自己承担侵权责任。"个体主义"之下抽象的人只是一个理想状态，随着社会交往的频繁与加深，科技进步和信息化带来了全球化，人们的生活方式和交往方式发生了翻天覆地的变化，随之而来的能源危机、环境污染等大规模侵权案件势必要求全球加强合作整体参与。面对这种局面，西方社会被迫通过"社会本位"的法治手段予以缓解，但是对于上述困境却难以作出根本性的超越与解脱。[5]

早在我国民法典编纂过程中，就有学者提出中国民法典理应以"人"为

---

[1] 李少伟、王延川：《现代民法文化与中国民法法典化》，法律出版社2018年版，第282页。

[2] 李少伟、王延川：《现代民法文化与中国民法法典化》，法律出版社2018年版，第282页。

[3] 《德国民法典》没有规定人格这个概念，因为在《德国民法典》制定时，立法的中心开始由人的解放向人权利的享有尤其是财产权利的享有转化。参见李少伟、王延川：《现代民法文化与中国民法法典化》，法律出版社2018年版，第282页。

[4] 石正瑀、魏洪钟：《〈黑格尔法哲学批判〉中马克思对抽象人格的批判》，载《上海师范大学学报（哲学社会科学版）》2018年第2期。

[5] 李宏：《中国民法变革的文化因素研究》，法律出版社2018年版，第196页。

核心，要坚持以"人"为本，把"人"置于全部法典的中心，民法典是人的权利法，将人文关怀贯穿整个条文。[1]这也恰说明，我国学者早就发现了西方传统文化的"个体主义"的弊病。在 2020 年 5 月 28 日通过的《民法典》将社会主义核心价值观作为立法宗旨写入第 1 条，整部法典以社会主义核心价值观的"人本思想"为立法的价值理念，合理的诠释了"人"的个体性和社会性的统一，克服了传统民法中的"个体主义"的抽象人格只重视个体性而忽视社会性的弊端。我国民法典中所展现的人文关怀精神与西方社会的人本主义本质完全相异，这种人文关怀精神是社会主义核心价值观的集中反映，且与我国目前社会经济文化发展水平相适应，强调对弱势群体的关怀，对人格的自由和发展予以了充分的重视，从根本上实现了社会公平正义。[2]

　　人文关怀思想强调人的主体意识，关爱人的全面发展，这与社会主义核心价值观是辩证统一的，因为"弘扬人的主体价值、实现人的全面发展是社会主义核心价值观的核心价值目标"。[3]人本思想中的"人"与西方传统民法中的"人"在本质上不同，人本思想中的"人"是从事实际活动的人，"人并不是抽象的蛰居于在世界之外的存在物，人就是人的世界，就是国家，就是社会"。"人的本质不是单个人所固有的抽象物，在其现实性上，它是一切社会关系的总和。"[4]人的发展离不开他人，也离不开社会，"人"的内涵是个体性因素和社会性因素的完整统一，前者构成"人"的价值的对内维度，体现为自我人格的确认，这意味着个体基于生存事实本身，有权要求自己被当作"人"来对待，拒绝任何团体的侵害；后者是"人"的价值的对外维度，其内容是尊重和使得其他的个体也成为人。[5]这是对"人"所提出的社会伦理性要求，事实上是"社会关系决定着一个人能够发展到什么程度"。[6]在民法的世界，"每个人的自由发展是一切人自由发展的条件"。[7]民事主体不是脱离社会和集体的抽象个人，现实的个人、伦理意义上的人，其活动不可能仅

〔1〕　王家福：《21 世纪与中国民法的发展》，载《法学家》2003 年第 4 期。
〔2〕　王利明：《民法的人文关怀》，载《中国社会科学》2011 年第 4 期。
〔3〕　包心鉴、吴俊：《弘扬人的主体价值和实现人的全面发展是社会主义核心价值观的核心价值取向——访济南大学政法学院包心鉴教授》，载《社会主义核心价值观研究》2017 年第 1 期。
〔4〕　《马克思恩格斯选集》（第 1 卷），人民出版社 1995 年版，第 56 页。
〔5〕　薛军：《人的保护：中国民法典编撰的价值基础》，载《中国社会科学》2006 年第 4 期。
〔6〕　《马克思恩格斯全集》（第 3 卷），人民出版社 1960 年版，第 551 页。
〔7〕　《马克思恩格斯全集》（第 23 卷），人民出版社 1972 年版，第 649 页。

局限为个体的自由，而是"在一定的物质的、不受他们任意支配的界限、前提和条件下活动着的"。[1]在民法典中表现为从事民事法律行为要遵循诚实信用原则、公序良俗原则等，否则将予以相应的民事责任制裁。人文思想下的"人"，既具有物质层面的需求也有精神层面的需求，这符合人全面发展的要求。"人"在民事活动中具有个体性、具体性和社会性，超越了传统民法的抽象性，"更加贴近地关注处于具体的情境中的个体的利益保护"。[2]中华传统文化的"天地之性人为贵"，以人为中心的"人文思想"倡导尊重人的价值和尊严，在社会主义核心价值观"人文思想"的指导下，我国民法典以人民为中心，以权利保护为主线，以法典的宏观结构、微观规范为着力点，建构出一套科学完备民事权利体系，在具体制度的设计上充分体现了对自然人权益的合法保护，对弱势群体予以人文关怀。总则编在第 128 条专设对弱势群体保护的规则，如第 16 条对胎儿继承权和接受赠与权等所涉胎儿利益的保护。又如进一步增加和完善了监护人类型，强化了对被监护人的保护，第 34 条第 4 款增加了紧急情况下的监护人，增加了成年意定监护制度，强化对老年人的保护等。

2. 社会主义核心价值观的以人为本，去传统民法的"财产中心主义"

在传统民法中一直存在重财产轻人身的立法观念，这种"财产中心主义"的立法不仅表现在民法典的结构框架上，还存在于对主体"人"的狭隘理解上。

传统民法典的逻辑体系围绕财产而展开，集中对财产的生产、分配和交换的过程进行法律上的表达。[3]大陆法系中影响深远的法、德两国的民法典，无不表达了鲜明的"财产中心主义"的立法思想。《法国民法典》的编排体例是为明证，共三编的民法典中有两编是关于财产的相关规定，即便是人法的第一编，民事主体法部分对权利能力和行为能力的规定并不以对人的利益的关怀为出发点，而是为财产寻求一位法律上适格的所有者。[4]《德国民法

---

〔1〕 《马克思恩格斯全集》（第 4 卷），人民出版社 1995 年版，第 241 页。

〔2〕 薛军：《人的保护：中国民法典编撰的价值基础》，载《中国社会科学》2006 年第 4 期。

〔3〕 Cfr., M. Bessone& G. Ferrando, Persona fisica nel diritto privato, voce in Enciclopedia del Diritto, vol. 33, Milnao, p. 198. 转引自薛军：《人的保护：中国民法典编撰的价值基础》，载《中国社会科学》2006 年第 4 期。

〔4〕 薛军：《人的保护：中国民法典编撰的价值基础》，载《中国社会科学》2006 年第 4 期。

典》的潘德克吞模式虽然财产和人身各设两编，但仍无法改变"财产中心主义"的本质，即便是建立在特定人身关系上的继承规范，事实上也是以财产的流转和分配为着力点，更遑论在《法国民法典》中，继承完全被作为取得财产所有权的一种方式。

"财产中心主义"还表现为对主体"人"的泛财产化，"无财产即无人格"一度成为传统民法的基本观念。"无财产即无人格"在法律意义上理解为人格以财产为前提，没有财产就无法成为民法的主体，这显然无法解释传统民法中自然人权利能力始于出生这一规定，另外有的学者从法律逻辑的角度论证了"无财产即无人格"隐含着一个悖论。[1]"无财产即无人格"是重物轻人观念的逻辑顺延，本身宣扬市场交易的规则，只见物而不见人，将他人当作自己满足物质需求、实现利益的手段，徐国栋教授将此称为"物文主义"。[2]在这种观念主导下的民法典构建了以财产权保障为核心的体系，并落实到了具体的民事法律规范中，不仅主体"人"的主体性特征必须要借助主体所拥有的财产得以认可，[3]而且财产性成为民事活动的基本准则，甚至连婚姻关系也被当作一种虚拟的利益交换关系。谈及到此，不得不提及民事救济制度，在传统民法上，民事救济措施均为财产性质的责任，这是因为他们认为财产性的利益才具有可被侵犯性也被救济的唯一的利益形态。[4]传统民法的"财产中心主义"忽视人的发展，将人格纳入财产的范畴，人格体现为外在财务的支配，这对人的内涵的理解是片面和狭隘的。时至今日，随着全

---

〔1〕 按照薛军教授的观点，"有财产"在严格的法律意义上应该表述为"享有财产性的权利"，而享有权利必须以具有法律上的主体资格———也就是享有权利和承担义务的资格———为前提。所以，"有人格"在逻辑上应该是"有财产"的前提。如果执着于"无财产即无人格"，那么就会导致一个逻辑上的循环悖论：无人格就无法获得财产，而无法获得财产本身又导致无法获得人格。以罗马法上的例子来说，奴隶不享有人格，并不是因为奴隶没有财产，相反，是因为奴隶没有人格，导致其不能拥有财产。

〔2〕 徐国栋教授首创这一概念，正如徐教授所言："2001 年，我在《两种民法典起草思路：新人文主义对物文主义》一文中创立了物文主义的概念，它很快流传开来，之后，我对物文主义的认识不断深化、过去，我把物文主义的起源仅仅追溯到 19 世纪的德国潘得克吞学派，经过进一步的研究，我发现物文主义的民法观的最早系统提出者是西塞罗。"参见徐国栋：《物文主义民法观的产生和影响》，载《河北法学》2009 年第 1 期。

〔3〕 ［德］黑格尔：《法哲学原理》，范扬、张企泰译，商务印书馆1961 年版，第 50 页。

〔4〕 Cfr., F. D. Busnelli& S. Patti, Danno e Responsabilut civile, Torino, 2ed., 2003, 24ss, 转引自薛军：《人的保护：中国民法典编撰的价值基础》，载《中国社会科学》2006 年第 4 期。

球经济格局的重大调整，民法也日趋呈现出一种对"人"重视的人文关怀取向。[1]目前人权保护在世界范围内蓬勃发展，对人的尊重和保护日益被人们重视，高科技信息化时代的到来对人格权保护提出新的挑战，在此时代背景下制定民法典势必要应对新时代所出现的问题。在民法典中明晰立法的价值取向，并以此为指导，构建体系合理并富有时代特色的民法典，以人文思想为核心的社会主义核心价值观满足了我国民法典倡导的"以人为本"的价值诉求，克服了传统民法的"财产中心主义"在现今社会所面临的困境。我国民法典相比于西方传统的民法典，不仅实现了对人身权和财产权的全面保护，而且更凸显了对"人"的关爱，主要体现在对人身权的保护优位于财产权保护方面。我国民法典在社会主义核心价值观的引导下，强化对人自由和尊严的保护，在第 2 条改变了《民法通则》调整对象的顺序，将人身关系置于财产关系之前，体现了民法典更为注重和关注人格尊严，在自然人宣告死亡被撤销后的法律效力，婚姻效力等方面的规定进一步体现了对人的尊重。主体制度的本质是对主体尊严的尊重，而外在表现是自由和平等，[2]如第 4 条的平等原则、第 5 条的自愿原则、第 109 条的人的自由和人格尊严的保护。

## 二、社会主义核心价值观的三个层面均融贯于民法典

社会主义核心价值观作为《民法典》的立法目的被写入了第 1 条，对社会主义核心价值观融入民法典的路径展开基础性研究，便于从更深层次理解社会主义核心价值观是民法典的精神内核。社会主义核心价值观广博的内涵如何与民法典的相关原则及法律规范衔接是一个庞大而复杂的课题，目前学界对于"社会主义核心价值观的全部内容是否都体现在民法典的具体条文中"这一问题，观点有别，争议颇多。有的学者认为国家层面的价值观因为不属于民事规范的范畴，所以无法体现在民法典的基本条文中，但有的学者观点正好与此相反。这也充分说明了上述问题的复杂性，足以看出法学界对社会主义核心价值观在民法典体系的妥善安置所作出的不懈努力。不同的人对社会主义核心价值观可能作出不同的解读，但至少应在最低的限度上达成共识，否则你有你的核心价值观，我有我的核心价值观，殊不利于弘扬社会主义核

---

[1] 王利明：《民法的人文关怀》，载《中国社会科学》2011 年第 4 期。
[2] 彭诚信：《彰显人文关怀的民法总则新理念》，载《人民法治》2017 年第 10 期。

心价值观，岂不也有负核心价值观入法的一番苦心？[1]本部分即以此为研究初衷，以社会主义核心价值观的内涵为基础，以社会主义核心价值观立法目的为主线，以此解读社会主义核心价值观与民法典体系的融贯。

（一）问题的梳理

2013 年 12 月，中共中央办公厅印发的《意见》将社会主义核心价值观分为国家、社会和公民三个层面，并认为这三个层面的价值要求融为一体。这为建设国家、社会，培育公民等重大问题提供了基本遵循。自社会主义核心价值观写入《民法总则》第 1 条，法学界学者撰写了大量的学术论文，深入探讨社会主义核心价值观在《民法总则》（《民法典》）的地位。关于民法典是否直接体现社会主义核心价值观国家层面的内容这一问题，学术界争议较大，并从不同的角度进行了论证分析，有的学者将社会主义核心价值观的内容区分为私法范畴和公法范畴，主张富强、民主、文明 、和谐属于国家层面的价值观，因而无法在私法性质的民法典中得到体现，仅有平等、诚信内容才能体现在民法典的相关规定中。[2]另有相反的见解认为既然社会主义核心价值观是民法典的立法目的，那么全部内容在民法典中都应发挥作用。[3]但对发挥作用的途径在学者内部又存在不同的观点，一派学者认为社会主义核心价值观的全部内容在民法典的相应法条中都有体现，另一派主张仅有平等、诚信、自由、公正在民法典的条文中有直接体现，至于社会主义核心价值观的其他内容则通过法官的司法裁判发挥作用。[4]实际上，法学界学者争议的主要焦点在于社会主义核心价值观的国家层面的价值目标是否体现在民法典中这一问题，对社会层面及个人层面的价值观念争议较小，我们不妨先从对这三个层面的具体争论谈起。

---

〔1〕　严立：《论作为民法典立法目的的社会主义核心价值观》，载《时代法学》2019 年第 5 期。

〔2〕　王竹主编：《中华人民共和国民法总则编纂对照表与条文释义》，北京大学出版社 2017 年版，第 51 页；杨立新：《民法总则——条文背后的故事与难题》，法律出版社 2017 年版。

〔3〕　马新彦：《社会主义核心价值观融入法治建设的重大成果》，载《理论导报》2020 年第 6 期；郭锋：《中国民法典的价值理念及其规范表达》，载《法律适用》2020 年第 13 期。

〔4〕　相关观点可以参见黄伟：《民法总则的价值共识和时代精神》，载《实践（思想理论版）》2017 年第 5 期；钟瑞栋：《社会主义核心价值观融入民法典编纂论纲》，载《暨南学报（哲学社会科学版）》2019 年第 6 期；陈甦主编：《民法总则评注》（上册），法律出版社 2017 年版，第 9 页；杨临萍：《民法总则的精神内涵与法律适用》，载《人民法院报》2017 年 7 月 26 日；该文唯独没有提及富强在民法典的体现；崔建远：《我国〈民法总则〉的制度创新及历史意义》，载《比较法研究》2017 年第 3 期，等。

1. 对国家层面的价值目标的争论

"富强、民主、文明、和谐"为国家层面的价值目标，其中最为开放的一种观点认为，富强、民主、文明、和谐为民法典的立法目的，都可以在民法典或者法官裁判或者法律解释中直接发挥作用，[1]但这样的见解遭到了持不同意见学者的反对，他们认为国家层面的四个内容无法全面地体现在民法典中，其中的"富强"是国家经济建设的应然状态，在规范民事法律行为的民法典中无法直接体现，只能是通过民法典的有序运行间接地达到"富强"的目的或者通过民法典维护社会经济秩序的功能导向国家层面的富强。[2]而相较"富强"的论述，"民主"和"文明"被学者提及相对较少，但有很多学者认为"民主"在《民法典》中主要体现为第 134 条的决议行为制度中，[3]或者体现为法典制定过程中的广泛听取民主意见，[4]但是这种观点遭到了部分学者的反对，他们认为民法典中所规定的"民主"应该是民法典追求的目标，与民法典制定过程中、生效前民主与否系属二事。[5]而"文明"主要指向精神文明，与民法典调整人身、财产关系的关联不大。[6]在社会主义核心价值观国家层面的价值目标中，唯有"和谐"在民法典的条文中有所体现争议不大，如民法典总则编的绿色原则以及民法典规范之间的相互协调本身就

〔1〕 这一观点的学者认为，富强的价值观与民法所奉行的个人主义价值观并不抵牾，民法以权利本位和个人本位为理念建立的所有制度，都是旨在通过保护好每一个个体的合法权益，来达到民富国强的社会效果，物权制度、债和知识产权制度都是通过对私人权利的保护，实现民富国强的价值目标。参见钟瑞栋：《社会主义核心价值观融入民法典编纂论纲》，载《暨南学报（哲学社会科学版）》2019 年第 6 期；陈甦主编：《民法总则评注》（上册），法律出版社 2017 年版，第 9 页。

〔2〕 如有的学者认为民法调整平拄主体中间的财产关系，是建立社会主义市场经济秩序必不可少的法律规范，在社会主义市场经济法律体系中处于主导地位；另有学者认为社会主义核心价值观中的富强、爱国不直接体现在民法典中，但是可以在民法的良性实施过程与结果中九曲回廊式地得到回想。参见崔建远：《我国〈民法总则〉的制度创新及历史意义》，载《比较法研究》2017 年第 3 期；谭行方：《〈民法总则〉的社会主义核心价值观意蕴》，载《理论学习》2017 年第 7 期。

〔3〕 王伦刚、冯永泰：《论中国民法典的社会主义特色》，载《马克思主义与现实》2017 年第 3 期。

〔4〕 杨临萍：《民法总则的精神内涵与法律适用》，载《人民法院报》2017 年 7 月 26 日。

〔5〕 这部分学者认为诚然，广泛听取民意确实是"民主立法"的体现，殊值肯定，然而"民法典的立法过程是民主的"仍属一客观事实，无法体现民主这样一种价值追求。更何况社会主义核心价值观中的民主在第 1 条中作为"立法目的"出现，意即民法典的目的是追求和实现社会主义民主，系以民法典的生效为起点的、向后的民主，与民法典制定过程中、生效前民主与否系属二事。参见严立：《论作为民法典立法目的的社会主义核心价值观》，载《时代法学》2019 年第 5 期。

〔6〕 李文阁：《论社会主义核心价值观的形成、内涵与意义》，载《北京师范大学学报》2015 年第 3 期。

是"和谐"。[1]总之，目前较为普遍的观点认为在国家层面的价值目标中，仅有"和谐"可以经由民法典直接体现，其他概念因与民法典调整私人法律关系的性质不同而无法直接体现在法典中。

2. 对社会层面的价值取向的争论

"自由、平等、公正、法治"构成社会主义核心价值观社会层面的价值取向。在三个层面的价值观中，对这一层面在民法典中的体现理论争议最小，甚至不约而同地达成它们对应民法典基本原则的共识，基本认同"自由、平等、公正"直接对应《民法典》的第5条、第4条和第6条的自愿原则、平等原则以及公平原则，[2]有的学者认为"法治"也直接表现为民法的基本原则。[3]

3. 对个人层面的价值追求的争论

"爱国、敬业、诚信、友善"，是在个人层面对社会主义核心价值追求的精炼，是公民基本的道德规范。在这一层面中基本认同"诚信"对应民法典第7条的诚实信用原则。[4]至于对"爱国"价值观的民法典体现，则存在不同呼声，有的认为无法直接体现在民法典中，[5]而有学者认为"爱国"直接对应《民法典》第185条英雄烈士保护条款。[6]在理论界有的学者主张"敬业"的核心价值观直接体现在民法典的"不得对抗善意第三人"制度以及第169条的转委托。[7]至于"友善"在民法典的直接表达基本达成共识，主要

---

〔1〕 李成斌：《论社会主义核心价值观对民事司法的影响》，载《法律适用》2018年第19期；崔建远：《我国〈民法总则〉的制度创新及历史意义》，载《比较法研究》2017年第3期。

〔2〕 这一观点基本在学术界达成了共识，代表性的论著请参见王利明主编：《中华人民共和国民法总则详解》，中国法制出版社2017年版，第4~5页；杨立新：《民法总则精要10讲》，中国法制出版社2018年版，第31~32页。

〔3〕 崔建远：《我国〈民法总则〉的制度创新及历史意义》，载《比较法研究》2017年第3期。

〔4〕 王利明主编：《中华人民共和国民法总则详解》，中国法制出版社2017年版，第4~5页；杨立新：《民法总则精要10讲》，中国法制出版社2018年版，第31~32页；崔建远：《我国〈民法总则〉的制度创新及历史意义》，载《比较法研究》2017年第3期，等。

〔5〕 崔建远：《我国〈民法总则〉的制度创新及历史意义》，载《比较法研究》2017年第3期。

〔6〕 谭行方：《〈民法总则〉的社会主义核心价值观意蕴》，载《理论学习》2017年第7期。

〔7〕 "不得对抗善意第三人"在民法典有多处表达，如第61条第3款、第65条、第176条第2款等。参见崔建远：《我国〈民法总则〉的制度创新及历史意义》，载《比较法研究》2017年第3期；谭行方：《〈民法总则〉的社会主义核心价值观意蕴》，载《理论学习》2017年第7期。

体现在《民法典》的第 184 条的紧急救助规则上。[1]

（二）社会主义核心价值观三个层面的内容均融贯民法典结论的证成

通过梳理法学界的相关争议，他们争论的焦点慢慢浮出水面，尽管从表象看似乎争议颇多，但是问题聚焦在社会主义核心价值观是否直接体现在民法典的具体条文中，并以何种方式发挥着其应有的功能？对这一问题的解答，下文将从社会主义核心价值观的内涵以及作为民法典立法目的解读两个角度展开。社会主义核心价值观分为国家层面的价值目标、社会层面的价值取向以及个人层面价值准则三个层次，国家层面的核心价值观是国家治理方向的要求，是社会主义现代化国家在经济社会建设领域的价值诉求，社会层面的价值观反映了中国特色社会主义的基本属性，是社会建设的目标。若仅从字面含义解读，确实会产生这两个层面的价值观与民法私法属性无关的误解，因为民法调整的是平等主体之间的人身关系和财产关系，而这些具有国家治理和社会建设的内容很难能在民法典的具体条文中直接体现出来。但如果结合社会主义核心价值观广博内涵的整体意蕴，可以发现这个理由是对社会主义核心价值观作为民法典立法目的的误解。

首先，通过解读社会主义核心价值观的内涵可得出其是人民的价值观这一结论。虽然《意见》将社会主义核心价值观划分为三个不同的层面，但是深入解读三个层面的价值内涵以及社会主义核心价值观的文化源流，发现无论字面上如何表达，社会主义的核心价值观归根到底是人民群众的价值观。习近平总书记在与北京大学师生座谈会上提出："我国是一个有着 13 亿多人口、56 个民族的大国，确立反映全国各族人民共同认同的价值观'最大公约数'……关乎国家前途命运，关乎人民幸福安康。"[2]"富强、民主、文明、和谐，自由、平等、公正、法治，爱国、敬业、诚信、友善，传承着中国优秀传统文化的基因，寄托着近代以来中国人民上下求索、历经千辛万苦确立

---

〔1〕 崔建远：《我国〈民法总则〉的制度创新及历史意义》，载《比较法研究》2017 年第 3 期；谭方方：《〈民法总则〉的社会主义核心价值观意蕴》，载《理论学习》2017 年第 7 期；王伦刚、冯永泰：《论中国民法典的社会主义特色》，载《马克思主义与现实》2017 年第 3 期。

〔2〕 习近平：《青年要自觉践行社会主义核心价值观》，载《习近平谈治国理政》（第 1 卷），外文出版社 2018 年版，第 168 页。

的理想和信念，也承载着我们每个人的美好愿景。"〔1〕通过学习习总书记的上述讲话精神，可以得出"社会主义核心价值观是全体人民共同认同的价值观"这一结论，这是中国全体人民集体智慧的结晶，是我们每一位中国人的美好愿望和奋斗目标。要言之，核心价值观是以人民为主体的，人民的价值观，〔2〕也是中国共产党人对人民共同愿望以科学的方法提炼之后的结果，〔3〕人民是社会主义事业的主体，〔4〕社会主义核心价值观是人民的核心价值观。

其次，从社会主义核心价值观的内部逻辑结构来看，三个层面的内容紧密融为一体，不可分割。习近平总书记将社会主义核心价值观类比古人的格物致知、诚意正心、修身齐家、治国平天下，它们分别对应着国家、社会和个人三个层面〔5〕。在《礼记·大学》中"修齐治平"有严密的内部逻辑结构，唯有先修身，始得齐、治、平，非修身则后三者亦无从谈起，〔6〕这几者全部做到方能在天下弘扬光明正大品德的人。换言之，一个品德高尚的人应该是将个人准则、社会追求以及国家目标融为一体的全面的人。古人的"修齐治平"是古人在个人、社会、国家层面的追求，社会主义核心价值观则是今人在此三个层面的追求。〔7〕"修齐治平"之间的内部逻辑机理，亦是社会主义核心价值观的应有之义，国家、社会和个人三个层面的价值观融为一体，不可分割。

最后，《民法典》在第1条明确规定："为了……弘扬社会主义核心价值观，……制定本法"，在这一法条的规范表述中的"社会主义核心价值观"必定是国家、社会以及个人三个层面的价值准则合为一体的价值观。在理论学术研究中，将《民法典》第1条弘扬社会主义核心价值观随意分割为毫无联系的几个范畴是毫无根据的。况且，即便按照部分学者的见解，认为国家层面的价值追求和社会层面的价值目标不适宜写入民法典的原因是与民法调整的平等主

---

〔1〕 习近平：《青年要自觉践行社会主义核心价值观》，载《习近平谈治国理政》（第1卷），外文出版社2018年版，第169页。

〔2〕 江畅：《核心价值观的合理性与道义性社会认同》，载《中国社会科学》2018年第4期。

〔3〕 李德顺：《关于价值与核心价值》，载《学术研究》2007年第12期。

〔4〕 李德顺：《社会主义核心价值与当代普世价值》，载《学术探索》2011年第5期。

〔5〕 习近平：《青年要自觉践行社会主义核心价值观》，载《习近平谈治国理政》（第1卷），外文出版社2018年版，第169页。

〔6〕 高兵：《〈大学〉修齐治平与中庸思想》，载《海南师范大学学报（社会科学版）》2015年第6期。

〔7〕 严立：《论作为民法典立法目的的社会主义核心价值观》，载《时代法学》2019年第5期。

体的民事法律关系不符，而按照他们的逻辑思路推演则个人层面的核心价值完全可以写入民法典。但很明显这一逻辑思路无法自洽，社会层面的"自由、平等、公正"可以作为民法典的基本原则，而为什么个人层面的核心价值却仅有"诚信"写入法典？

综上所论，社会主义核心价值观以"人民"为主体，是人民的核心价值观，在社会主义核心价值观的内部国家、社会以及个人层面的价值准则是密不可分的整体，仅从字面解读前两个层次的核心价值观无法体现在民法典是片面的。在此可以得出民法典立法目的中的"社会主义核心价值观"是国家、社会和个人三个层面的价值观的融合体的结论。

### 三、社会主义核心价值观指导民法典的基本原则

如果坚持"社会主义核心价值观的国家、社会和个人三个层面的价值观作为统一体，密不可分"的观点，民法典所弘扬的社会主义核心价值观应该将三个层面都涵摄在内，接下来则需要进一步论证三个层面的核心价值观如何体现在民法典中。这必然触及社会主义核心价值观与基本原则之间的关系。对这个问题的论证需要结合民法典的结构逻辑、社会主义核心价值观与基本原则的内涵、立法目的等综合分析。要完成这一论证，需首先探讨社会主义核心价值观与基本原则之间的关联性。

（一）社会主义核心价值观有别于民法典的基本原则

首先，通过考察民法典的结构逻辑，可发现社会主义核心价值观与基本原则不同。社会主义核心价值观被规定在《民法典》总则编第一章基本规定的第1条，这一条文一直以来是我国立法的"目标、任务部分，而不在总体上将之列为民法的基本原则"，[1]为其一之理由。另外，按照崔建远教授的观点，假如把社会主义核心价值观列为民法的基本原则，从体系解释的角度就会发现逻辑上的困难：《民法典》第2条确立了民法的调整对象，第3条明确了民事权益不受侵害，从第4条开始直至第9条都是对民法基本原则的规定，[2]第

---

〔1〕 崔建远：《我国〈民法总则〉的制度创新及历史意义》，载《比较法研究》2017年第3期。

〔2〕 对此，另有不同的见解，有的学者认为第3条也是民法的基本原则：民事权益受法律保护原则。参见王利明主编：《中华人民共和国民法总则详解》（上册），中国法制出版社2017年版，第17页。即便是将第3条作为民法的基本原则规定的开端条款，第1条和第3条之间也间隔着调整对象的规定，同样可以得出崔建远教授的观点。

1 条立法目的和基本原则起始条文第 4 条之间，间隔着两个条文，依照体系形式逻辑，被放置在第 1 条中的社会主义核心价值观不是基本原则。[1]

其次，从二者的内涵讲，社会主义核心价值观与民法基本原则的涵摄不同。社会主义核心价值观中的"自由、公正、平等、诚信"所表述的价值观念与民法的自愿原则、公平原则、平等原则、诚实信用原则单从词语上看难以作出有意义的区分。所以有的学者主张社会主义核心价值观不是民法的基本原则，但不妨碍"平等、自由、公平、诚信"可以作为基本原则。[2]但社会主义核心价值观中"自由、公正、平等、诚信"和基本原则中的"自愿、公平、平等、诚信"的含义不仅在字面的表达上不完全相同，[3]更为关键的是在内涵上也有本质的差异，为了增加本结论的可信度，我们不妨分别拣选字面表述完全相同和字面表述不同各一例加以说明。

社会主义核心价值观的"诚信"与民法典的诚信原则中的"诚信"字面表达一致。社会主义价值观的"诚信"是"诚实守信"的意思，侧重道德上的要求，是我国道德建设的重点内容，系指道德层面的规范要求。[4]而《民法典》第 7 条中的"诚信"是指民事主体在民事活动中秉持诚实、恪守承诺，虽然本身是一个含有很强的道德性因素的概念，来源于社会道德，恰恰是自罗马法开始的严格的法律诉讼及后来概念法学导致的结果，[5]在本质上是法律意义上的诚信，"是法律吸收最低限度道德要求的产物"，[6]诚实信用原则主要用以约束民事法律关系中欺诈等损人益己的行为。[7]同为"诚信"，但社会主义核心价值观中的"诚信"与诚信原则中的"诚信"，一个为道德意义上的诚信，另一个是法律层面上的诚信，很显然两者的内容上存在根本性的差异。换言之，在法律上被视为"诚信"的行为，在道德上也被评为"诚

---

[1]　崔建远：《我国〈民法总则〉的制度创新及历史意义》，载《比较法研究》2017 年第 3 期。

[2]　在该文中崔建远教授进一步论证《民法总则》就是如此设计的，其第 4 条至第 8 条依次规定了法律地位平等、自愿、公平、诚信、公序良俗诸项基本原则。参见崔建远：《我国〈民法总则〉的制度创新及历史意义》，载《比较法研究》2017 年第 3 期。

[3]　如其中的"自由"与"自愿"；"公正"与"公平"仅字面的表述就不相同。

[4]　成长春、张廷干、汤荣光：《意识形态自觉与价值理性认同》，载《中国社会科学》2018 年第 2 期。

[5]　江平主编：《民法学》（第 3 版），中国政法大学出版社 2016 年版，第 27 页。

[6]　王利明主编：《民法》（第 8 版），中国人民大学出版社 2020 年版，第 46 页。

[7]　魏振瀛主编：《民法》（第 8 版），北京大学出版社、高等教育出版社 2021 年版，第 24 页。

信"，相反，法律也并不强制人们去追求那些在道德上被赞誉为"诚信"的行为。[1]

另再以表述不同的"自由"与"自愿"为例加以比较分析。即使从宽解释，忽视社会主义核心价值观的"自由"价值观与民法的"自愿"原则在措辞上的不同，仅就两者的共性进行比较，差异也很明显。如将两者置于相同的法律的语境下考察，所谓的"自愿"，是民事主体在处理个人事务时，可以依照自己的或者相互间共同的意愿自主地从事，不受外来因素的干涉，尤其是不受公权力的干涉。[2]特别强调私人之间的关系完全取决于主体的意愿，而受其他因素的干涉则不是"自愿"的应有之义。然而，在法律上的"自由"则与此截然不同，其不仅意味着民事主体按照自己的意思追求一定法律效果的发生，而法律应尽全力保护当事人的意思以及其所追求的法律效果，但同时还蕴含着国家、法律给民事主体的行为圈定了相应的四至范围之义。[3]据此可得出"自由"在内涵和外延上广于"自愿"，"自愿"仅为"自由"的一部分的结论。

综上所论，不能因为"自由、公正、平等、诚信"的价值观与民法典的自愿原则等措辞相近就认为前者和后者为相同的法律规范，"原因在于他们的具体内容并不一致，《民法总则》将草案中的'践行'改成'弘扬'其意正在于此。[4]

（二）社会主义核心价值观指导民法典基本原则的内因性

通过对社会主义核心价值观与民法基本原则内涵的解读，论证两者的不同，并进一步得出后者是前者的表达和体现的结论。下文从社会主义核心价值观立法目的的功能性角度，进一步解读其指导基本原则的内在驱动力。

---

[1] 严立：《论作为民法典立法目的的社会主义核心价值观》，载《时代法学》2019年第5期。

[2] 王利明主编：《民法》（第8版），中国人民大学出版社2020年版，第42页。对此梁慧星教授观点相同，认为这是在私法自治的范围内，法律对于民事主体的意思表示，即依其意思而赋予法律效果，依其意思而赋予拘束力；其意思表示之内容，遂成为规律民事主体行为之规范，相当于法律授权民事主体为自己制定法律。参见梁慧星：《民法总论》（第3版），法律出版社2007年版，第175页。

[3] 崔建远：《关于制定〈民法总则〉的建议》，载《财经法学》2015年第4期。

[4]《民法总则》第三次审议稿在二次审议稿的基础上增加了"民事主体行使民事权利，应当节约资源、保护生态环境；弘扬中华优秀文化，践行社会主义核心价值观。"将其作为第三次审议稿的第133条，但在最终通过的《民法总则》中，将第三次审议稿的第133条移到了第1条，并将"践行"改为了"弘扬"。

1. 社会主义核心价值观的立法目的的功能

立法目的，是立法者制定法律的内在动机，这一动机包括法律创建和法律实施两个层面的内容。[1]我国的法律一般都会在第1条设置立法目的条款，在语句的表达上具有特定的标志性词语和句法结构，最典型句式为："为了（为）a，b，c，根据……制定本法"，或者"为了（为）a，b，c，制定本法"。在汉语的语法表达上，"为了"或"为"是目的性介词，其后相连接的内容就是具体的立法目的，放在条文最后的"制定本法"的表述是立法目的条文的结束语。在我国，绝大多数的成文法都会在第1条以这样的句法结构设置立法目的条文。[2]另外按照《现代汉语词典》对"目的"的解释，包括要达到的地点以及所追求的目标两个含义，[3]在"目的"实现的表达中内蕴着作为主体的人有意识的、自觉的行动，为人的行为提供价值指引，引导着想要实现的目的，确定行为的动机，是行为的内在驱动力。换句话说，法律所追求的目标或者立法目的蕴涵着这部法律的价值取向，即价值目的。[4]我国民法典第1条正是采取了"'为了'……根据……制定本法"的语法表达方式，开宗明义地指出民法典有五个立法目的，[5]社会主义核心价值观为其中之一。[6]立法目的条款为立法活动指明了方向，如果没有明确的立法目的，法律规范的设计就会无的放矢，因欠缺指引准则而杂乱无序。[7]2016年6月27日，全国

---

〔1〕　刘风景：《立法目的的条款之法理基础及表述技术》，载《法商研究》2013年第3期。

〔2〕　这是我国立法实践的通常做法，但是在法理上关于立法目的条款有无设置的必要，学界主要存在三种不同的观点。必设说，持这一观点的学者认为，立法目的条款是各种法律文本的必备条款，缺之法律文本则不完整；废除说，根据这一观点，立法目的条款是法律文本中无关紧要的部分，除有明显设置必要的少数情况外，原则上都应当予以取消；区分说，持这一观点的学者并不抽象地主张必设或废除立法目的条款，而是认为应当根据法律的类别以及实际需要，具体情况具体分析，区别对待。参见刘风景：《立法目的的条款之法理基础及表述技术》，载《法商研究》2013年第3期。

〔3〕　中国社会科学院语言研究所词典编辑室编：《现代汉语词典》，商务印书馆2012年版，第923页。

〔4〕　戴津伟：《立法目的条款的构造与作用方式研究》，载《法律方法》2010年第2期。

〔5〕　《民法典》五个立法目的分别为：保护民事主体的合法权益、调整民事关系、维护社会和经济秩序、适应中国特色社会主义发展要求、弘扬社会主义核心价值观。

〔6〕　服务于本部分的主题写作，仅就弘扬社会主义核心价值观这一立法目的展开，当然也有部分学者认为从纵向比较来看，核心价值观入法前与入法后对立法目的的讨论呈现截然不同的局面；从横向比较来看民法典亦尚有其他立法目的，如"维护社会和经济秩序"，何以不追问这一立法目的如何在民法典条文中得到贯彻落实呢？从而认为社会主义核心价值观享受了"超立法目的的待遇"。参见严立：《论作为民法典立法目的的社会主义核心价值观》，载《时代法学》2019年第5期。

〔7〕　郜风涛：《文津法札》，中国法制出版社2011年版，第119页。

人大常委会法制工作委员会时任主任李适时明确指出社会主义核心价值观是编纂民法典的指导思想和基本原则。立法目的条文是整部法律价值目标的集中体现，法典的其他内容都是为了实现立法目的而设计的，准确界定立法目的，可促进整部法律每一部分甚至每一条文之间协调一致，避免在法律内部出现冲突和矛盾。[1]立法目的条文作为一部法律的总纲，能够对如何设计具体规则和制度起到指引与制约作用。[2]

明确立法目的条文对立法的实质性指引和制约功能后，可结合民法典的立法目的具体分析社会主义核心价值观在民法典中的地位和功能。社会主义核心价值观作为立法目的奠定了民法典的价值基调，统领整部民法典的制定与实施，既然具有导向性的功能，民法典所有条文内容都应受社会主义核心价值观的价值制约，是其他条文立法的价值判断标准。在此我们重新回到社会主义核心价值观与民法基本原则之间的关系问题上。通过上文论述已经得出社会主义核心价值观与民法的基本原则有别的结论，结合此处立法目的的功能，可以完整而清晰地明白二者之间的关系。不过也有学者认为如果承认二者有别，基本原则就是对立法目的的贯彻或者支撑，则会形成一种"双重派生"的繁复构造。[3]而本书认为如果结合社会主义核心价值观内涵进行再次解读，非但不会出现"双重派生"的繁复构造现象，反而证实了立法设计的合理和立法者的"别有用心"。

2. 民法的基本原则是对立法目的的贯彻

上文在论述社会主义核心价值观内容和民法基本原则的区别时，曾论述了民法典的"自愿原则"蕴涵着民事主体在民事活动中的自由，强调主体完全可以依照自己的意愿设立、变更和终止民事法律关系。民法典所称的"自愿"，是民事主体的意志和行为的自由，尤在合同的契约自由领域体现得最为突出，另在亲属和婚姻领域也有遗嘱自由原则以及婚姻自由原则等，在民事平等领域中的"自愿"是一种不受公权力和他人限制的自由，这说明私法领

---

〔1〕 刘风景：《立法目的条款之法理基础及表述技术》，载《法商研究》2013年第3期。

〔2〕 戴津伟：《立法目的条款的构造与作用方式研究》，载《法律方法》2010年第2期。

〔3〕 "双重派生"的繁复构造具体详言之，作为立法目的的核心价值观派生出民法基本原则，民法基本原则又派生出其他具体条文。这样的建构看似精巧，然则未见其实益。更加无法回应的质疑是，既然立法目的的条款可以派生出基本原则，却为何单单只讨论核心价值观中的部分内容，而置其他立法目的于不顾？参见严立：《论作为民法典立法目的的社会主义核心价值观》，载《时代法学》2019年第5期。

域中的自由是一种个体主义而非集体主义的自由，它是消极的而非积极的自由。[1]只要民事主体的民事法律行为意思表示是真实和自由的，法律不会因为意思表示有瑕疵影响民事法律行为的效力，这也符合民法中的公平。这种建立在"个体主义"之上的自愿势必造成民法形式上和抽象的平等，也是传统近代民法无法克服的弊病。为了弥补这一缺憾，欧洲很多国家借用法律手段，如通过制定单行法以对契约自由和所有权神圣进行限制，由此不仅引发了"解法典化"的论断，[2]而且由于私法自治与限制私法自治并存，由此引发了民法价值二元对立的尴尬局面。而再反观社会主义核心价值观的"自由"价值观，充分汲取了马克思主义的唯物史观论思想，本身就建立在对西方自由主义批判与反思的基础之上，强调主体"人"是社会存在的个人、摆脱了人和物的强制、自由而全面发展的"人"，是从异化状态中解放出来获得自由的人。[3]在社会经济交往中更注重形式自由的基础上的实质和结果的平等，在个人竞争上强调集体合作，从这个角度讲"集体主义是社会主义核心价值体系的灵魂"。[4]社会主义核心价值观所倡导的"自由"保证了实质的平等，以此为立法指导恰可以弥补民法自愿原则引发的形式平等的问题，正如弗朗茨·维亚克尔所言：不管如何，一个国家的法治性质已预先决定，私法也应该是自由与自由限度的体系。[5]而将社会主义核心价值观作为立法目的的立法价值体系不仅超越了西方民法多元价值的冲突，而且真正实现了民事主体人的全面自由发展，也与《民法典》第1条的其他立法目的相照应，保持了民法典价值体系的统一和完整，彰显了民法典的社会主义特色。

作为立法目的的社会主义核心价值观被纳入民法典后，其与民法基本原则的关系认定争议最大。本部分以争议最大的问题为例，经过分析论证得出

---

〔1〕　王恒：《民法中意志的第二次嬗变》，载《前沿》2012年第12期。

〔2〕　为了应对不同类型的主体的社会需求，作为规范人们生活的民法典开始分解，如在德国对与法律权利的社会伦理相对比，民法典那种严密交错的规定常常提供不了充分的论据，于是便导致了法典以外法律领域的相继出现，如竞争法和卡特尔法、建筑法、农地租赁法，劳工法；在日本国家通过劳动关系立法、租地、租房立法和消费者立法等三个系列立法来消解形式上平等所引发的实质上不平等的状况。参见李少伟、王延川：《现代民法文化与中国民法法典化》，法律出版社2018年版，第283页。

〔3〕　王伦刚、冯永泰：《论中国民法典的社会主义特色》，载《马克思主义与现实》2017年第3期。

〔4〕　刘林元：《集体主义是社会主义核心价值体系的灵魂》，载《江海学刊》2008年第6期。

〔5〕　［德］弗朗茨·维亚克尔：《近代私法史——以德意志的发展为观察重点》（下册），陈爱娥、黄建辉译，上海三联书店2006年版，第586页。

结论：社会主义核心价值观与民法基本原则在内涵上不同；社会主义核心价值观融贯于民法基本原则中，并统领和指导着民法基本原则。既然对最具概括功能的民法基本原则都有指导作用，那么指导具体条文并加以体现自无需详论。

## 第三节　社会主义核心价值观作为目的解释的示例型分析：《民法典》第184条的司法适用

民法目的条款是立法者价值追求的集中表达，奠定了民法的价值目的和机能目标，但其毕竟不是民法的基本规范，又与基本原则有别，因此，不易单独作为民事司法裁判的依据。但可以为目的解释把控方向，辅助裁判结果正当性的论证。民法典的立法目的内蕴着利益权衡，可以协助法官判断所倾向保护的利益。[1]社会主义核心价值观作为民法典的立法目的，掌控整部民法典的价值追求，但因为规范的内容太过宽泛，基本不具备清晰的构成要件，并且在法律效果上也难有确切的答案，[2]不能充当私法裁判中的三段论的大前提，因此不构成请求权基础。2018年5月7日，中共中央印发《社会主义核心价值观融入法治建设立法修法规划》，明确指出要将社会主义核心价值观融入法律法规的立、改、废、释全过程，并最终将社会主义核心价值观全面地融入中国特色社会主义法律体系中。在民法典已经生效实施的背景下，意味着对民事法律规范的研究重心应由立法论向解释论转变。本节以《民法典》第184条的民事救助条款为分析对象，试图进一步探索社会主义核心价值观的立法目的在司法解释中的具体适用。

### 一、问题的提出

"好撒马利亚人法"[3]是国外保护善意救助者权益的法律规范的总称，

---

〔1〕　齐健：《民法立法目的条款司法适用进路研究》，载《法律方法》2019年第4期。

〔2〕　民事法律行为如果违背了公正的价值，有的无效有的是可撤销，有的甚至不影响民事法律行为的效力。参见崔建远：《关于制定〈民法总则〉的建议》，载《财经法学》2015年第4期。

〔3〕　在我国很多学者将此称为"好人法"或者"见义勇为"。参见王道发：《论中国式"好人法"面临的困境及其解决路径——兼论〈民法总则〉第184条的理解与适用》，载《法律科学（西北政法大学学报）》2018年第1期；王毅纯：《民法总则中自愿紧急救助制度的理论逻辑与适用规则》，载《河南财经政法大学学报》2017年第5期。

由救助者是否有救助义务、救助者的损害赔偿请求权以及救助者责任豁免三个方面构成。目前我国立法尚未承认陌生主体间存在救助义务，但关于救助者的损害赔偿请求权早在《民法通则》第 109 条就有规定，《民法典》第 183 条予以沿袭。而对于救助者的责任豁免，在我国立法中一直处于真空地带，直至 2017 年《民法总则》的颁布实施，这一问题才得以在该法的第 184 条中明确化。[1]该条首次以立法的形式确立了紧急救助行为人不承担民事责任的规定，[2]又被学界称为"紧急救助豁免规则"。围绕该规则学界争议较大，既有肯定[3]亦有质疑[4]。学者寄希望民法典能对此问题予以修正，而后通过的《民法典》却在第 184 条直接沿袭了《民法总则》的规定。因此，我们应接受这一立法现实，在尊重现行法律文本的前提下，对第 184 条的研究应由立法论向解释论转变，以实现对"紧急救助豁免规则"在司法裁判中的合理适用。法律适用的前提是对法律的科学合理的解释，"凡法律均需解释，始能适用"。[5]在法律解释中，解释的目的性、客观性以及解释方法的适用是进行法律解释时必须考虑的重要因素。

---

〔1〕 《民法总则》第 184 条规定："因自愿实施紧急救助行为造成受助人损害的，救助人不承担民事责任。"

〔2〕 王利明主编：《中华人民共和国民法总则详解》（下册），中国法制出版社 2017 年版，第 851 页。

〔3〕 法学界很多具有影响力的学者均高度赞成该规范的立法意义，认为有利于弘扬社会主义核心价值观，如王利明教授认为该条反映了社会主义核心价值观；崔建远教授认为该条十分突出地体现了社会主义核心价值观中的友善价值；陈华彬教授认为该条有利于匡正社会风气，弘扬社会主义核心价值观。参见王利明：《〈民法总则〉的本土性与时代性》，载《交大法学》2017 年第 3 期；崔建远：《我国〈民法总则〉的制度创新及历史意义》，载《比较法研究》2017 年第 3 期；陈华彬：《〈民法总则〉关于"民事责任"规定的释评》，载《法律适用》2019 年第 9 期。

〔4〕 王利明教授主张应防止该条被滥用，规定适当责任或许更合适；崔建远教授同样认为如果行为人存在故意或者重大过失应承担责任；杨立新教授认为：如果救助者具有故意或者重大过失构成一般侵权行为；梁慧星教授也指出如果救助人存在重大过失，造成了重大损害后果也免责的话，有以目的正当性代替社会正义的嫌疑。具体论述请参见王利明：《〈民法总则〉的本土性与时代性》，载《交大法学》2017 年第 3 期；崔建远：《我国〈民法总则〉的制度创新及历史意义》，载《比较法研究》2017 年第 3 期；陈华彬：《〈民法总则〉关于"民事责任"规定的释评》，载《法律适用》2019 年第 9 期；梁慧星：《〈民法总则〉重要条文的理解与适用》，载《四川大学学报（哲学社会科学版）》2017 年第 4 期；杨立新、王毅纯：《我国地方立法规定好撒马利亚人法的可行性——兼论我国民法典对好撒马利亚人法规则的完善》，载《法学杂志》2016 年第 9 期。

〔5〕 王泽鉴：《法律思维与民法实例——请求权基础理论体系》，中国政法大学出版社 2001 年版，第 215 页。

### 二、救助人不承担责任的条件解读

文义解释又称"语义解释"，是按照法律条文用语的文意或通常的表达来阐述法律条文的内容。文意解释不是演绎推理，也不是对立法者意图的推测，而是就文本的字面含义进行的解读："我们要问的不是作者的含义，而是所使用的这些词语在一定的环境下，在一个普通的说英语的人口中这些词语所具有的含义。"〔1〕虽然学术界对各种不同解释方法之间的位阶关系未达成完全一致的意见，但是对"文义是所有解释的首要的出发点"〔2〕基本达成了共识，法教义学主张"认真对待文本和语词"。〔3〕所以，欲从法教义学角度考量《民法典》第184条"紧急救助豁免规则"是否具有正当性，应首先对此条进行文义解释。

该条由两个半句组成，前半句在语句表达上采用的是"因……的"表达方式，涉及的关键性词语包括"自愿实施""紧急""救助行为"以及"造成受助人损害"，后半句"不承担民事责任"为关键性表达。

（一）前半句的文义解释

（1）"自愿实施"即施救者实施救助行为完全出自施救者的意愿，不存在任何外在客观因素的制约或者影响。这也说明本条的救助行为不以救助人有法定义务或约定义务为前提，如果施救者实施救助行为是因为存在法定的或者约定的义务，则无法适用本条。另外在"自愿实施"的理解上，应特别强调"自愿"的时间起点，按照文本含义，应强调实施救助行为"之时"是无法定或者约定的义务，救助行为开始后，可能会存在施救者和受助者就救助事项达成合意的情形，但此情形下如造成受助者损害亦应排除该条的适用，此时双方之间可能成立委托（包括有偿或者无偿）法律关系，并有适应《合同法》相关规则的可能性，〔4〕此时行为人不履行或者不适当履行约定义务将构成违约责任，不具有免责的正当性。

（2）"紧急"，是本条责任豁免规则适用的客观要件。"紧急"意味着情

---

〔1〕 The Theory of Legal Interpretation，12 Harvard Law Review 417-418（1899）.

〔2〕 ［德］伯恩·魏德士：《法理学》，丁小春、吴越译，法律出版社2003年版，第319页。

〔3〕 雷磊：《法教义学的基本立场》，载《中外法学》2015年第1期。

〔4〕 龙卫球、刘保玉主编：《中华人民共和国民法总则释义与适用指导》，中国法制出版社2017年版，第63页。

势紧迫，从字面含义分析，此处"紧急"包含两层内容：一是对当时救助环境的客观描述，二是施救者对当时是否需要救助情形的主观认定。特别需要强调的是，施救者认定情况"紧急"并不等同于施救者就尽到相应的注意义务，这是在本质上完全不同的两个问题，前者是施救者对救助境况的认识而后者属于施救者对救助行为是否恰当的判断。施救者认定的"紧急"应该是被救助人所处的境遇非常危急，如果不及时实施救助行为，将造成被救助人人身损害。这与施救者实施救助行为时是否采取恰当的合理的救助方式等无关。

对于"紧急"的认定，通常情形下，应以一般人的认知能力为标准，在特殊情形下，甚至要舍弃一般标准，而采以行为人的认知、判断能力为标准。因为，认知能力如果不同，势必影响对情形是否具有紧迫性的认定。[1]"鼓励救助，但不鼓励盲目救助"，因此，在是否需要救助的判断上以及在实施救助的过程中，作为施救者在主观上应负有一定的注意义务，如果误认为情势急迫而进行救助或者在救助中未尽到注意义务造成受助人损害的，不适用该条的完全免责规则。

（3）"救助行为"就字面含义而言，有直接的救助行为与间接的救助行为之分，前者是指行为人自己直接采取救助措施亲自进行救助，后者是指行为人自己不亲自实施救助，仅通过呼叫他人完成间接救助。[2]"救助"，即拯救和援助，意味着对于处于危难情形中的受助者起到一定的帮助作用，应使受助者的危难处境有所缓解才谓之"救助"。"救助人的主观目的必须是为了防止被救助人损失的扩大，这就要求行为人在实施救助行为时，主观上是为了他人的利益，为了避免已经发生的损害后果的进一步扩大或加重"。如果施救者的"救助"行为使受助者的危难处境进一步加剧，不应理解为"救助"，正如有的学者以"好撒马利亚人"为例，认为救助人的过失程度不应达到使被救助人所受损害严重扩大的程度。[3]

---

〔1〕 在部分情形下，甚至要抛弃一般标准，以行为人的认知能力及判断能力为标准。因为，认知能力不同，对情势是否急迫的判断不同。

〔2〕 王利明主编：《中华人民共和国民法总则详解》（下册），中国法制出版社 2017 年版，第851 页。

〔3〕 杨立新、王毅纯：《我国地方立法规定好撒马利亚人法的可行性——兼论我国民法典对好撒马利亚人法规则的完善》，载《法学杂志》2016 年第 9 期。

而考虑到救助是以施救者无救助义务为前提，施救者在施以援手时其目的是将受助者脱离出危难情势，并且情况紧急，因此，不能对施救者的救助行为苛求过高，其主观上不具有故意或者重大过失引发受助者新的损害发生仍为"救助"的应有含义，施救者在一般过失情形下造成受助者损害的似乎可以免除民事责任。[1]

（4）"造成受助人损害"，民法中的"损害"包括人身损害、财产损失和精神损害。而第184条所指的损害，就字面含义解读应该仅指造成受助者自身的人身损害，如果造成受助者之外的第三人或者施救者自身的损害，都不适用该条，符合紧急避险情形的可适用本法第182条或侵权责任制度解决；造成施救者损害的，适用本法第183条。

另外，"受助人损害"，在字面含义而言，应包括"施救者施救之前受助者已经受到的损害"和"因施救者的行为造成了原有损害的进一步扩大"两种情形。结合本条，将此处的损害理解为后者更符合文义解释，具体是指施救者的救助行为造成受助者原有损害结果的进一步扩大或者加重。"损害这一定义，作为系统化的标准有一个最大的方便，它使得我们能将侵权行为法与无因管理和不当得利法区别开来"，[2]损害后果的发生也使施救者的救助行为具有了不当性，说明施救者在实施施救行为过程中应该存在违反注意义务的情形，主观上不排除存在故意、重大过失或者一般过失，从而使施救行为具有不当性，导致加剧了受助人损害后果的发生，并且"造成"二字也说明这种损害后果在事实上确实是由施救者的不当施救行为引发的，两者之间存在因果关系。

考虑救助是在"紧急"情形下发生的，因救助环境的紧张和迫切，显然，

---

〔1〕 学界很多学者对此表示赞成，只不过在表述上略有不同，有的学者主张实施救助者因故意或重大过失给被救助者造成损害且较为严重的，应承担赔偿责任，有的表述为救助人在一般过失情形下免除责任承担，具体分析请参见王利明：《〈民法总则〉的本土性与时代性》，载《交大法学》2017年第3期；崔建远：《我国〈民法总则〉的制度创新及历史意义》，载《比较法研究》2017年第3期；梁慧星：《〈民法总则〉重要条文的理解与适用》，载《四川大学学报（哲学社会科学版）》2017年第4期；杨立新、王毅纯：《我国地方立法规定好撒马利亚人法的可行性——兼论我国民法典对好撒马利亚人法规则的完善》，载《法学杂志》2016年第9期；王毅纯：《民法总则中自愿紧急救助制度的理论逻辑与适用规则》，载《河南财经政法大学学报》2017年第5期。

〔2〕 ［德］克雷斯蒂安·冯·巴尔：《欧洲比较侵权行为法》（上卷），张新宝译，法律出版社2001年版，第2页。

作为施救者很难在短时间内作出非紧迫情形下的理性思考。因此，对施救者的主观可责难性应有所降低，"降低善意施救者所要承担的风险，鼓励善行"，[1]实现本条弘扬社会风气，提倡助人为乐、鼓励见义勇为的立法目的。在民法理论上，依过错程度的不同，可将过错区分为一般过失、重大过失和故意。救助人在救助过程中如果故意侵权的，自然应承担侵权责任，这是侵权法领域内不需自证的结论，并且民法典并没有排除故意造成损失，在这个意义上，"好人法"并没有免除"故意"或者"恶意"状态造成的责任。[2]因此，这决定了对施救者主观可归责性的分割点应定格在一般过失与重大过失之间。

（二）后半句"不承担民事责任"的文义解释

《民法典》第184条的后半句"救助人不承担民事责任"为该条法律效果的表达。"不承担民事责任"在法律语境下包含民事责任自始不成立和民事责任成立但因特殊事由免除民事责任这两种不同的理解。在该条中到底采取哪种理解，"取决于不同类型责任在责任成立及责任承担层面的在先评价"。[3]具体到本条，应首先对施救者的主观过错予以判定，如果不区分施救者的主观过错，那么按照第184条的规定，本条不存在注意义务，也就不存在承担民事责任这一问题，[4]故此种情形下的"不承担民事责任"仅指民事责任自始不成立。而如果对施救者的主观过错予以区分，则指明施救者故意、重大过失或一般过失造成被救助人损害的，施救人应承担侵权责任，但由于存在阻却违法事由免于其承担民事责任。那么采取哪种理解较为合理？

从我国《民法典》的体系进行考察，本条位于总则编第八章"民事责任"部分，该部分共包括12个条文，均围绕民事责任展开，其中第176条至第179条分别就民事义务与责任、按份责任和连带责任、承担民事责任的方式进行规定，第180条至第182条规定了民事责任抗辩事由，第183条为见义勇为条款，第186条至第187条是责任竞合和法律责任重合的规定。本章在民事责任的承担上，主要采取"应承担民事责任"和"不承担民事责任"两

---

〔1〕　王利明主编：《中华人民共和国民法总则详解》（下册），中国法制出版社2017年版，第851页。

〔2〕　王道发：《论中国式"好人法"面临的困境及其解决路径——兼论〈民法总则〉第184条的理解与适用》，载《法律科学（西北政法大学学报）》2018年第1期。

〔3〕　房绍坤、张玉东：《论紧急救助情形下救助人不承担责任的条件——以〈民法总则〉第184条为分析对象》，载《比较法研究》2018年第6期。

〔4〕　关涛：《救助他人行为的私法构造》，载《法学》2017年第9期。

种表述方式，"不承担民事责任"的法条除第 184 条外还有第 180 条至第 182条，而后三个条文所表达的内容具有相似性，即这三种情形下均已构成民事责任的承担，但鉴于某些缘由，成为阻却违法事由，这三条也是学者所称的"抗辩事由"。[1]从体系化的角度分析本章，本条应该和第 180 条至第 182条中"不承担民事责任"内涵一致，也就是说施救者实施紧急救助行为造成被救助者损害的，施救者应当承担民事责任，但是鉴于某些抗辩事由的存在，此处免除了施救者的民事责任，从体系安排来看，民法典将"正当防卫"（第181 条）、"紧急避险"（第 182 条）与"见义勇为"（第 183、184 条）并列规定在"民事责任"一章中，以上几个条文都可归入免责事由类型中（第183 条未直接涉及）。[2]既然施救者的救助行为已经构成了民事责任承担，则意味着"救助人于救助中违反了合理的注意义务，其行为就具备了违法性，自可进入侵权责任法的评价范围"。[3]按照《侵权责任法》第 6 条的规定，因过错侵权的，理应承担责任。因此，就第 184 条而言，不能以施救者因为"自愿"实施了"紧急"救助行为就想当然地认定发生了阻却民事责任承担的效力，而只有在救助行为适当的情形下才能免除民事责任的承担，如果施救者主观存在过错仍应承担民事责任，而不是免除民事责任。

通过上述文义解释可知，第 184 条在适用"紧急救助责任豁免规则"时应考虑施救者过错，如果不区分施救者主观过错，则该规则无适用空间。根据侵权法基本原理，施救者主观故意被排除在免责适用范围之外，但至于何种过失始为免责适用条件，通过文义解释无法得出结论，需结合其他解释方法综合判断。

### 三、社会主义核心价值观作为目的解释的考量

法律是人类意识活动的产物，任何法律都有一定的意旨和其特有的规范

---

〔1〕 张新宝教授指出民法典中并无"抗辩事由"的表述，抗辩事由在民法典中体现为"不承担责任、减轻责任的事由抗辩事由可以分为两类：一类与行为的正当性有关，减免责任的原因在于行为具有正当性，如正当防卫；另一类与外因介入有关，减免责任的原因在于因果关系被中断，如不可抗力"。参见张新宝教授 2020 年 6 月 17 日在武汉大学民法典大讲坛第四讲：《侵权责任抗辩事由的体系化解读》，载 http://law.whu.edu.cn/info/1052/9112.htm，访问日期：2020 年 8 月 2 日。

〔2〕 关涛：《救助他人行为的私法构造》，载《法学》2017 年第 9 期。

〔3〕 房绍坤、张玉东：《论紧急救助情形下救助人不承担责任的条件——以〈民法总则〉第184 条为分析对象》，载《比较法研究》2018 年第 6 期。

意义，因此，解释法律，必先了解法律"为何设此规定，其目的何在?"[1]以此为出发点，对法律加以解释，此谓目的解释。"法官或法律适用者运用立法者目的解释对某个法的渊源文本进行解释，就必须对立法者目的进行证成"，[2]此处法律目的应该是广义的，既包括法律的整体抽象目的，也包括某些具体条文和制度的具体规范目的。而在探究某些具体规范的目的时，首先要考察某项法律所欲调整的某些利益，然后再探究法律上的判断标准。[3]

（一）"紧急救助豁免规则"在我国立法中的确立

《民法典》第 184 条回应好心救助他人反被讹诈致因惧而不救所引发的道德滑坡现象，这种现象严重威胁了诚信秩序的建立。因此为了匡正社会风气，鼓励自愿实施紧急救助行为特设本条。[4]为了达到挽救道德滑坡，鼓励善行的立法目的，本条在立法过程中几经修改，在最初起草的民法典草案中并无此规定，后在二审稿的审议以及征求意见的过程中，一些代表提出，为了匡正社会风气，鼓励善行，草案应对施救者因紧急救助行为造成受助者损害是否承担责任予以规定，因此在草案（三审稿）的第 187 条予以了规定。[5]依据草案，施救者不承担民事责任的情形仅限于一般过失。但是在三审稿审议的过程中，该条的一般过失免责规则仍受到了质疑，很多代表普遍认为该条免责仅限于一般过失，对施救者的保护力度太低，不利于施救者自愿积极地从事救助行为，建议将本条中的"除重大过失外"删除。[6]立法机关经过考

〔1〕　王泽鉴:《法律思维与民法实例——请求权基础理论体系》，中国政法大学出版社 2001 年版，第 234 页。

〔2〕　舒国滢、王夏昊、雷磊:《法学方法论》，中国政法大学出版社 2018 年版，第 352 页。

〔3〕　王泽鉴:《法律思维与民法实例——请求权基础理论体系》，中国政法大学出版社 2001 年版，第 235 页。

〔4〕　参见全国人民代表大会常务委员会时任副委员长李建国于 2017 年 3 月 8 日在第十二届全国人民代表大会第五次会议上关于《中华人民共和国民法总则（草案）》的说明，载《民法总则立法背景与观点全集》编写组:《民法总则立法背景与观点全集》，法律出版社 2017 版，第 10 页。

〔5〕　在草案的第 187 条规定:"实施紧急救助行为造成受助人损害的，除有重大过失外，救助人不承担民事责任。"参见李适时主编:《中华人民共和国民法总则释义》，法律出版社 2017 年版，第 574~575 页。

〔6〕　当时主张修改的原因主要有以下几个方面:（1）重大过失还要承担责任与弘扬社会主义核心价值观相悖;（2）有的情况下救助人不一定很专业，也不一定懂得怎么去救助，不会救助和有过失两者的关系很难说清楚，在紧急情况下为保护他人而实施救助的时候，救助人没有时间去考虑可能会产生什么样的结果，也没有时间去考虑自己会不会有重大过失;（3）弘扬社会主义核心价值观，鼓励见义勇为，在法律上不要留下遗憾;（4）现阶段还是应该更着重鼓励和保障大家做好事，倡导见义勇为。石宏主编:《中华人民共和国民法总则:条文说明、立法理由及相关规定》，北京大学出版社 2017 年版，第 437 页。

虑，在三审稿中再次修改本条，[1]此次修改，在原来法条的基础上增加了"自愿"与"造成受助人不应有的重大损害"两个条件，进一步降低了施救者承担民事责任的条件。但在本条审议过程中，仍有代表认为该条的但书规定不利于消除施救者的后顾之忧，建议删除。后经法律委员会讨论决定，倡导从"举证责任""是否存有重大过失"等方面严格限定施救者承担民事责任的条件，并随之进行修改，增加了施救者就不存在重大过失的举证责任。[2]然而对这样的修改，仍存在争议，最后立法机关干脆将后半句的举证责任予以删除，这就是现在《民法典》的第184条。

（二）动态系统论对本条所涉利益的考量

法律解释中存在价值判断和评价活动，而强调利益考量的必要性是其前提。[3]第184条的几次修改，均围绕是否应限制施救者免责的适用范围，这一问题折射出对本条所保护的不同主体享有的利益的衡量，施救者和受助者之利益博弈为其根本。如果扩大对施救者的免责适用范围，就意味着加大了对施救者行为自由保护的力度弱化了对受助者合法权益的保护。因此，为了实现立法上的公平，唯有在两者之间找到一个平衡点方能做到实质上的公平和正义，在立法过程中立法者虽然保障了法律应有的理性，但是很难准确找到不偏袒任何一方的平衡点，不可能做到纯粹的社会公平，立法者本着着重鼓励和倡导见义勇为的立法目的，最终将立法的天平倾向了施救者一方，删除施救者重大过失承担责任的规定。这种完全不考虑施救者主观过错而一味保护其行为自由进而免责的规定，对受助者而言是否公平？这也是本条在司法裁判中所要面临的首要问题。

从立法者设立本条的最初动机和目的看，希望对施救者的行为自由进行一定的限制，防止施救者在救助过程中"蛮救"，督促其履行一定的注意义

---

〔1〕 将本条修改为："因自愿实施紧急救助行为造成受助人损害的，救助人不承担民事责任。但是救助人因重大过失造成受助人不应有的重大损害的，承担适当的民事责任。"

〔2〕 具体条文如下："因自愿实施紧急救助行为造成受助人损害的，救助人不承担民事责任。受助人能够证明救助人有重大过失造成自己不应有的重大损害的，救助人承担适当的民事责任。"参见：2016年12月19日第十二届全国人民代表大会常务委员会第二十五次会议《全国人民代表大会法律委员会关于〈中华人民共和国民法总则（草案）修改情况的汇报〉》，载扈纪华编：《民法总则起草历程》，法律出版社2017年版，第264页。

〔3〕 ［日］山本敬三：《民法中的动态系统论》，解亘译，载梁慧星主编：《民商法论丛》（第23卷），金桥文化出版（香港）有限公司2002年版，第213页。

务，谨慎对待自己的救助行为，防止对受助者造成更严重的损害，尽量实现两者利益保护上的均衡。当受助者处于困境或者危难中，尤其是在病情危重时，如果欠缺医学抢救常识，实施不当救助行为，会给被救助者带来灾难性的后果。[1]过度强调施救者的行为自由势必影响受助者人身权益的保护。

　　当人身利益与其他利益发生冲突时，可以运用"动态系统论"进行均衡。[2]"动态体系论既可以作为法解释的方法，也可以作为立法的方法"。[3]在解释论层面，即运用动态体系论对法律中条文或者规则作全新的、动态化的解释。这种利用可以是对整个规则的解构。[4]按照动态系统论，各种权利和利益，因为性质和价值不同在法律保护的位阶上应有所差异，利益价值越高，法律保护越广泛和深入，这就决定了不同位阶的人格权在保护上也存在位阶性。[5]按照我国《民法典》第1003条的规定可知，[6]行动自由是自然人享有身体权的权利内容之一。具体本条中，施救者所享有的行动自由是其所享有的身体权，而受助者的人身利益体现为生命权、健康权、身体权等人格权，所以，两者在保护的利益上处于同一位阶，不应存在一方优于另一方的情形。而本条删除救助人重大过失承担责任之情形，可以看出在立法中对两者的利益保护是有所取舍的，考虑到本条的设立有其特殊的社会意义，结合立法者的立法目的以及本条几次的修改来看，立法者不是基于施救者与被救助者之间的

---

　　〔1〕　杨立新:《民法总则起草人:民法典最大突破是规定基本规则》，载 http://www.chinanews.com/gn/2017/03-16/8175067.shtml，访问时间:2020年8月4日。

　　〔2〕　动态系统论最早由奥地利学者维尔伯格（Walter Wilburg）于20世纪40年代提出，经日本学者山本敬三等人的介绍与传播为我国学界所熟知。按照学者的观点，动态系统论是调整特定领域法律关系的法律规范包含诸多构成因素，但在具体的法律关系中，相应规范所需因素的数量和强度有所不同。也就是说，调整各个具体关系的规范因素是一个动态的系统。因此，应当在具体法律关系中通过对动态的因素考量认定责任。参见王利明:《民法典人格权编中动态系统论的采纳与运用》，载《法学家》2020年第4期。

　　〔3〕　［日］山本敬三:《民法中的动态系统论》，解亘译，载梁慧星主编:《民商法论丛》（第23卷），金桥文化出版（香港）有限公司2002年版，第235页。

　　〔4〕　解亘、班天可:《被误解和被高估的动态体系论》，载《法学研究》2017年第2期。

　　〔5〕　在不同人格权的位阶认定上，在判断其侵权是否成立、是否提供必要救济、提供何种救济等问题上，就要依据其所处的位阶进行综合考量。具体到人格权中，生命、身体、健康等人格利益是处于最优越地位的;而精神性人格利益，如肖像、隐私等相较于物质性人格权而言，在利益保护上要受到很大的限制。参见王利明:《民法典人格权编中动态系统论的采纳与运用》，载《法学家》2020年第4期。

　　〔6〕　《民法典》第1003条规定:"自然人享有身体权。自然人的身体完整和行动自由受法律保护。任何组织或者个人不得侵害他人的身体权。"

利益衡量，而是在个人利益与社会公共利益之间进行衡量。从我国的现实情况看，如果再规定紧急救助情形下施救者可能要承担责任，则会面临民众愈加不愿施救的窘境。[1]因此，为了弘扬社会主义核心价值观，提倡人们之间的诚信友爱和互帮互助，营造良好和谐的社会氛围，立法者作出了倾向施救者的规定。当然，按照目的解释，立法者的目的是鼓励救助行为，所以当施救者故意侵害被救助者合法权益的情形，自然不受本条所调整。

我国《民法典》第184条鼓励救助的立法规定继承了中华优秀传统文化基因，在中国历史上最早的"见义勇为法"出现在秦朝。1975年在湖北云梦睡虎地出土了大量的秦代法律竹简，在其中的《法律问答》里，对见危不救的处罚规定十分严格，凡邻里遇盗请求救助而未救者，要依法论罪；凡有盗贼在大道上杀伤人，路旁之人在百步以内未出手援助，罚战甲二件。在《唐律疏议》中也有许多这方面的法律条款，有见义不为杖八十的规定。明朝和清朝加大对救助义务的奖励制度，明朝时期对捕获盗贼者赏官，清朝沿袭明朝的规定，据《大清律例》记载："如邻佑、或常人、或事主家人拿获一名（盗贼）者，官赏银二十两，多者照数给赏。"对于在与罪犯搏斗中受伤的见义勇为者另行奖励，如京城地区"将无主马匹等物变价给赏"，京外各州、县将审结的无主赃物变给捕者。

解释法律并不是法律研究的终点，对法律进行合理解释是为了更好的服务于法律适用。基于对第184条的文义解释和目的解释，本着弘扬社会主义核心价值观的立法目的，不适宜在该条的责任免责上区分施救者是否存在过失。

## 第四节　小　结

中国传统民法文化的现代化不仅需要一定的边界限制，同时也需要采用一定的标准作为参照进行鉴定和甄别。中国《民法典》是中国传统民法文化现代化的形式理性，《民法典》第1条提纲挈领地以弘扬社会主义核心价值观为立法目的，这一立法目的也是《民法典》的精神内核，贯彻整部《民法

---

[1]　房绍坤、张玉东：《论紧急救助情形下救助人不承担责任的条件——以〈民法总则〉第184条为分析对象》，载《比较法研究》2018年第6期。

典》的始终。社会主义核心价值观是中华优秀传统文化的升华，是传统优秀思想的精华与现代文明融合的重要成果，社会主义核心价值观内蕴着人文关怀的理念，不仅指导民法典的基本原则，而且被吸纳到具体的民事制度中。在社会主义核心价值观指导下的民事法律制度必定是向善的、和谐的。因此，社会主义核心价值观为中国传统民法文化现代化的重要参照和现代化过程中应坚守的价值理念，也是中国传统民法文化创造性转化和创新性发展的根本标准。

# 第七章

# 中国传统民法文化现代化的法典表达

民法典是中国传统民法文化现代化最直接的成果，中国传统民法文化要素的现代化在整部法典中以社会主义核心价值观为重要参照标准，其优秀的"一般性"因素经过"抽象性继承"得以创新性继承，并以立法理念、基本原则、一般条款、具体的制度等表达在《民法典》中。[1]从理论上讲，对中国传统民法文化在民法典中的具体表达，需对整部法典的1260条进行全面考察后方能得出更加全面的结论。但对本书的写作而言，目前看来几乎是不可能实现的。因此，本书在此仅选取具有代表性和影响力的样本加以微观说明。[2]

## 第一节　德法合治与民法典的人文关怀精神

"德法互补，共同为治"是中国法律的传统，也是中国传统民法文化的典型特质。"徒善不足以为政"，由于道德仅在潜移默化的感化作用上，不具有强制执行力，因此仅凭道德感化无法实现社会秩序的稳定和合法权益的保护。后演化为"德法互补"共同治理的阶段，经历了明德慎刑、德法共治的奠定阶段，德主刑辅、德法共治的发展阶段，德礼为政之本、刑法为政教之用、德法共治的定型阶段。在不同的发展阶段中都强化道德因素的作用，是中国传统社会国家治理的成功经验，同时也是维护不同主体合法权益的重要举措，

---

〔1〕 中国传统民法文化进行创造性继承后，在《民法典》中的表达不仅仅以具体法律制度形式存在，同时也体现在民法典的基本原则、立法指导思想、一般条款以及倡导性规定上。但鉴于本书在上文相关章节中对部分内容已有详细论述，如社会主义核心价值观，故在此部分的写作中不再就社会主义核心价值观作相关论述。

〔2〕 本书在这部分的梳理分析中，主要拣选了民法典相对已废止的民事单行法而言，新增的制度或者有所修改的制度作为分析样本。

是中国先人集体智慧的伟大创造，也深深影响了中国传统民法文化的气质，使其具有了鲜明的道德观和法律观，并直接融入民法典的制定中。

## 一、中国化的立法模式

我国民法典在编纂体例上，并未采取传统的法国三编制和德国的五编制，而是将人格权编和侵权责任编单独成编。这两编是对民法典道德关怀的直接体现。[1]

（一）侵权责任编独立成编

侵权责任编主要是救济民事权益，对权益进行救济性保护的一编，不同于《法国民法典》和《德国民法典》的立法体系。传统大陆法系国家未将侵权责任作为民法典独立的一编。在传统大陆法系，侵权行为法实行一般化立法，用一般条款规定一般侵权行为的构成要件并据此确认侵权责任，被称为一般条款式立法。英美法系与之不同，由于受判例法的影响，对侵权行为的判断更为具体，只确认具体的侵权行为类型，形成类型化的立法模式。最终《民法典》侵权责任编汲取两者优点，形成了独具中国特色的"一般条款+类型化列举"的立法模式，"充分发挥两者的积极作用，弥补相互间的不足，将其消极后果限制在最小的范围内"。[2]我国将侵权责任单独设编体现了对私权的保护力度的加大，彰显了传统民法文化的人文关怀价值理念。

（二）债法性质的回归

按照传统大陆法系民法典体系，侵权责任历来都是债发生的原因之一，自古罗马法以来一直隶属于债法体系。而我国2009年制定的《侵权责任法》非以侵权行为为核心而改采民事责任为核心，由此，我国的侵权责任立法摆脱了大陆法系传统的立法例，后经证实这种否认侵权责任债之属性的作法是不妥当的。对此我国《民法典》予以了全面纠正，将侵权责任的债法性质再次回归到《民法典》中，第118条第2款在债权概念的界定中将侵权行为吸纳进来。但与传统大陆法系的立法体例有别，并未将侵权责任放在债法性质的合同编，而是将侵权责任单独设编，作为《民法典》救济性的一编，为人

---

〔1〕　关于这一主题，下文将重点探讨，因此，此部分仅简单加以说明。另外，本章在写作的过程中，对某些内容可能存在重复交叉之处，因此，为了写作的需要，对于相关内容作出了不同的安排。

〔2〕　苏艳英：《侵权法上的作为义务研究》，人民出版社2013年版，第229页。

身权和财产权提供了双重保护模式，体现了对权利的重视和关爱。

## 二、加强了对弱势群体的关爱

（一）强化了对老人妇女儿童合法权益的保护

1. 总则编的规定

在《民法典》的第 128 条专设对未成年人和老人等弱势群体进行特殊保护的规则。在第 16 条明确了胎儿享有继承权和接受赠与的权利，强化了对胎儿利益的合法保护。在《民法典》的第二章监护制度中，本着全方位保护被监护人的原则，对监护制度加大了调整，增加和完善了监护人类型，本着充分尊重当事人意思自治，增加规定了成年人意定监护制度；为了保护未成年人的合法权益，增加规定了"遗嘱监护"类型，允许父母通过遗嘱形式为子女选定监护人，针对现实生活中因为发生紧急或大规模的事件，如在 2020 年爆发全球的新冠疫情导致监护人短暂缺位的情形，我国在《民法典》的第 34 条的第 4 款专门就此情形进行立法，规定当发生突发事件等紧急情况时，被监护人住所地的居民委员会等单位应当负责照料被监护人。

2. 有关收养条件的变化

（1）收养 8 周岁以上的儿童必须经过被收养人同意，充分尊重被收养人意愿，也是最有利于收养人原则的具化，更是社会主义核心价值观友善的表达。

（2）14 周岁以上的未成年人也可以被收养。扩大了被收养人的范围，这有利于未成年人的身心健康，使这部分未成年人有机会享有家庭的温暖。

（3）放宽了收养人无子女才能收养的条件。即使有一名子女也可以成为收养人。这也体现了对未成年的保护，使他们可以回归家庭，享受家庭的温暖。

（4）新增了收养人不存在不利于被收养人健康成长的违法犯罪记录的要求。通过对收养人条件的限制，达到保护被收养人的立法目的。

（二）侧重对其他社会特殊群体的法律关怀

在物权编增加居住权制度，解决全体人民的居住问题，一直是我国政府致力解决的重要问题，通过建立多主体供给、多渠道保障和租购并举的住房制度，尽量满足全体人民的居住需求。从法律的视角考察，在《民法典》出台之前，按照原《物权法》和原《合同法》的规定，解决居住权要么通过房屋购买，取得所有权，要么通过房屋租赁实现居住的目的。但是两种途径各有利弊，前者通过取得房屋的所有权实现居住的目的，是最有权益保障的一种方式，作为完全性的物权，所有权具有绝对性和排他性，需要强大的经济作后盾，在房价较高的社会背景下，不是每个人都有能力通过取得所有权实现居住目的的。相比而言，房屋租赁成本较低，便于实现，但是由于其债权的性质，导致作为租赁权享有者的承租人权益经常被侵害，承租人固然可以通过违约责任等债权手段维护自己的权益，但往往居住的目的会落空。增加居住权，能否将两者进行结合，即仅需付出较低的成本，也能享受到物权性质的居住权？我国《民法典》第二编的第十四章居住权制定将上述美好的愿望变成了现实。居住权是我国增加的一类新型的用益物权类型，可以通过合同或者遗嘱在他人的房屋上无偿设定居住权。居住权制度解决了上述问题，同时也满足了人们对房屋多样化的社会需求如现实生活中的以房养老等，这一制度充分借鉴了西方国家的相关立法经验，居住权是大陆法系德国、法国等民法中的制度，在本质上是属于限制的人役权范畴的制度。[1]我国在吸纳他国相关规定的同时对其进行了本土化的改造，按照我国《民法典》的规定，居住权不可转让和继承，而从比较法的角度考察，《德国民法典》并没有"一刀切"彻底否定居住权的转让性，而是区分情形，不同对待。[2]居住权制度也是中国传统民法文化与域外民法文化整合的结果，体现了对弱势群体的关爱，是中国传统民法文化"德法共治"精神的体现，居住权制度体现了对弱势群体的关爱思想。

### 三、强化了对人的自由和尊严的保护

《民法典》改变了《民法通则》对民法调整对象的顺序规定，《民法典》第 2 条将人身关系置于财产关系之前，体现了民法典更为注重对人身关系的保护，改变了自古罗马以来的民法中"重物轻人"的立法传统，开启了民法对人全方位保护的新时代。在自然人宣告死亡被撤销后的婚姻效力认定上，改变了原来立法中一刀切的规定，充分尊重婚姻当事人的自主选择权，在死亡宣告被撤销后，增加了婚姻关系的自行恢复的限制性条件，这体现了对人

---

〔1〕 陈华彬：《我国民法典物权编立法研究》，载《政法论坛》2017 年第 5 期。
〔2〕 崔建远：《物权编对四种他物权制度的完善和发展》，载《中国法学》2020 年第 4 期。

的尊重。主体制度的本质是对主体尊严的尊重，而外在表现是自由和平等。[1]《民法典》在第 109 条确立了人的自由和人格尊严受保护的原则，也宣示了对人的尊重和关爱。

## 四、营造和谐友善的社会环境

为了避免好人反得恶报的悖论，体现民法典的道德关怀，《民法典》第183 条、第 184 条和第 185 条分别就见义勇为、紧急自愿救助以及英雄烈士保护等作出规定。第 184 条回应了社会道德滑坡现象，有利于倡导和谐友爱、乐于施善的社会氛围，通过对无法定约定救助义务的陌生主体之间救助免责的相关规定，达到了鼓励救助、积极施救的立法目的，即便因为救助行为不当造成被救助者损害后果的，施救者也不用承担侵权责任，这充分调动了陌生主体之间救助的积极性，也解决了施救者的后顾之忧。第 183 条的见义勇为条款和第 184 条两个条文之间存在着一定的关联性，这两个条文都是规范陌生主体之间的救助或见义勇为行为，但是第 184 条主要解决施救者造成他人损害后果的责任分配问题，而第 183 条主要解决见义勇为人在见义勇为的过程中造成自身损害的，应如何寻求补偿或者赔偿问题。这两个条文在立法目的上具有高度的一致性，都是为了营造和谐友爱的社会环境，提倡人们之间应相互关爱和照顾，通过遵守民法典践行善的行为弘扬社会主义核心价值观。第 185 条对英雄烈士的保护条款，更是旗帜鲜明地彰显了对英雄烈士以及近亲属的道德关怀，英雄烈士为祖国建设、社会发展、人类进步而贡献一切甚至是生命，他们是民族的英雄，理应加强对英烈权益的保护，同时也是对英烈后人的一种激励，通过对他们的保护，将英雄烈士的奋斗精神发扬光大，此制度表达着民法典的友善和道德关怀。

## 五、培养文明的生活方式与德性观念

### （一）有关公序良俗原则的规定

《民法典》在第 8 条规定了公序良俗原则，并在《民法典》的分则编予以详细展开。如第 979 条关于无因管理的规定，强调无因管理不得违背公序良俗原则；以及第 1012 条在姓名权的使用中，不得违背公序良俗原则等，综述

---

〔1〕 彭诚信：《彰显人文关怀的民法总则新理念》，载《人民法治》2017 年第 10 期。

多达十几条之多。公序良俗原则入法典，有助于淳正民风，引导社会大众形成高尚的道德情操。

（二）有关绿色原则的规定

随着人类社会的发展，地球和环境保护遭到了不同程度的破坏，严重影响到了人类的生存和发展。为了还子孙后代绿水青山的自然环境，我国政府做了积极的努力，采取大量的措施对环境加以整顿。民法典为了回应时代的需求，在第9条增加了绿色原则，将节约资源和保护环境纳入了私法的保护范畴，同时在民法典的分则编中如物权编、合同编以及侵权责任编中均具体展开了绿色原则的适用。有利于引导人们关爱自然，节约资源，合理处理人与自然的关系，营造和谐的社会氛围，同时培养良好的生活习惯与德性。

（三）归责原则的二元制

在民法典的侵权责任编就侵权责任的归责原则规定了过错责任原则、过错推定责任原则以及无过错责任原则，在不同的侵权案件中，实行不同的归责原则，有助于民事主体养成良好的公平观念。

（四）免责事由的丰富化

自甘风险规则用来解决主体明知有风险仍参与文体活动，如非因其他参加者的故意或重大过失行为造成损害，受害人不得请求他人承担侵权责任。这是责任承担中免责事由之一。"自甘风险"最早起源于英美法，早期是一直将其与被害人同意作同一认定，但该情形发生了变化，"就普通法国家来看，现在开始通过区分受害人同意与受害人自愿，将受害人自愿置于过失侵权之中"。[1]在欧洲大陆法系法国等国家法律中发生自甘风险一般适用"过失相抵"规则加以解决。我国在《民法典》之前的立法中并未规定这一制度，但是司法实践中涉及此类的案件却不少，增加这一规则不仅解决了中国现实问题，并能体现侵权责任法维护公平正义和人文关怀的道理理念。

## 第二节　利益分配"义利观"在财产制度上的精神维度

在中国传统民法文化中强调"义以率利"抑或"不以利害义"。"义"更加侧重对伦理道德层面的要求，但是涵射了经济内容，是兼具伦理和经济两

---

〔1〕 王利明：《论受害人自甘冒险》，载《比较法研究》2019年第2期。

大领域的价值因素。"利"突出强化物质利益，包括对物质利益的追求以及个人私利等内涵，两者具有相通之处，正所谓人之所欲"利"正是"义"之所给予。因此，在古代传统社会中，人们在面对财产利益分配时，没有片面地追求财产利益，而是更加注重"义"，也就是道德伦理上的责任。"利义之辨"不仅是中国古代社会伦理的重要内容，更是处理财产关系的最重要的标准之一。在财产的归属和利用关系上此"义利观"成为重要的原则之一，并且在发生纠纷的时候，一般亦以指责对方构成"不义"并公之于众造成道德舆论压力为重要救济模式，在各种社会权威主持下的纠纷解决，也多在"仁义"的外表下完成。中国传统民法文化因素中的"义利观"对我国民法典财产制度的构建颇具启发性。

按照传统民法学理论，财产法主要包括物权法制度和债权法制度。我国民法典中有关财产法的法律制度主要集中在物权编和合同编。"物权编最足表现中国特色社会主义发展的要求"，[1]在各国的民法典中，物权制度都具有鲜明的本土性和固有性特色。这在用益物权类型中体现得尤为明显，因此，相较于合同编，物权编受中国传统民法文化的影响更为突出。

## 一、限制所有权的自由行使

如《民法典》物权编第一分编第二章有关物权变动的公示、公信原则的规定，物权编第二分编第七章相邻关系的规定等，并通过第 311 条的善意取得制度、第 322 条的添附制度予以平衡。

## 二、增加了农村土地承包经营权的"三权分置"制度

农村土地承包经营权是我国物权制度中最具中国特色的制度之一，也是学者在学术研究中的核心性问题。土地承包经营权制度在《民法通则》出台后，学界主要围绕其物权性质还是债权性质进行了长达数年的争论，直至 2005 年《物权法》出台，这个问题才得以尘埃落定。按照物权法的规定，土地承包经营权主要由集体所有权和承包农户的承包经营权构成，农户基于成员资格权取得承包地的承包经营权，对承包地行使占有、使用和收益的权利，但是由于物权法严格限制土地承包经营权的自由流转，仅限于本村集体经济

---

[1] 王泽鉴：《中国民法的特色及解释适用》，载《法律适用》2020 年第 13 期。

组织成员之间转让，严重影响了对承包地的充分利用。尤其是随着我国城镇化建设的推进，农民进城务工，加以严格的流转规定，导致大量农地被弃耕，严重损害了国家和农民的利益。针对这种情形，我国政府积极探索农村改革方案，并采取政策先行，在实践中大力推广农村土地承包经营权的"三权分置"政策，在试行成熟后将其吸收到《民法典》物权编的第十一章中。在原农村土地承包经营权中分离出可以通过两种途径流转的"经营权"，农户仍保留承包权，一方面满足了农户作为物权主体资格的需求，同时经营权的流转能促进土地资源的高效利用，促进形成新型的农业生产经营模式。[1]彻底消除了原来法律所带来的弊病，解放了农村生产力，推动了农业现代化发展，深度保护了农民的合法权益，顺应民情，既保证了国家和社会的稳定也促进了对农民权益的保护。通过深入分析承包地"三权分置"制度，纵然按照现代西方物权法的基本原理，对土地承包权以及经营权的性质仍存在质疑，但却可以在传统民法的"一田二主""业主与典权"并立中找到依据和制度原型。[2]

### 三、完善了集体建设用地使用权的流转制度

基于中国独特的土地所有权制度，在民法典之前，仅有国家建设用地使用权有权进入土地的一级交易市场自由流转。在集体土地所有权制度中也存在一类和国有建设用地使用权较为相似的建设用地使用权，可以建设农村的乡镇企业、厂房等。但这种建设用地使用权，却因所有权主体的差异，在立法中面临截然不同的命运。集体建设用地的自由流转被严格限制，只有经过"国有征收"才能"流转"，严重阻碍了农村经济的发展，损害了农民的利益。后在民法典的制定过程中，专家学者围绕这一问题展开研讨，一致赞成应适当放开农村集体建设用地使用权流转，为农民创收，在《民法典》的第361条的指引性条款中，[3]认可了集体建设用地使用权的合理流转。自此，

---

〔1〕《中共中央办公厅、国务院办公厅关于完善农村土地所有权承包权经营权分置办法的意见》，载 http://www.gov.cn/xinwen/2016-10/30/content_ 5126200. htm，访问日期：2020年9月20日。

〔2〕张生、周玉林：《传统法：民法典的社会文化根基——中国社会科学院法学研究所张生研究员访谈》，载《社会科学家》2020年第8期。

〔3〕《民法典》第361条规定："集体所有的土地作为建设用地的，应当依照土地管理的法律规定办理。"该条将集体建设用地使用权的流转问题指引到《土地管理法》，而按照在2019年新修正的《土地管理法》第63条的规定，集体建设用地使用权可以采取转让、互换、出资、赠与或者抵押等多样化方式进行流转。

困扰多年的集体建设用地使用流转问题终于在民法典中得以解决，维护了集体权益保护了农民利益，从长远利于国家建设和稳定，从而在国家、集体和个人之间的利益分配上实现了平衡。

### 四、改变担保规则

《民法典》剔除原《物权法》中关于担保物权具体登记机构的相关规定，将动产抵押和浮动抵押合并，建立统一的动产抵押与权利质押登记制度，进一步改善了营商环境。简化担保程序，解决了担保物权效率低等问题，与国际上通行的惯例和做法保持一致，也符合担保法的总体发展趋势。在担保制度的不同主体之间实现了利益的合理分配和平衡。

### 五、情势变更原则的设定

此原则是合同履行中的重要原则之一，在英美法上与此相对应的是"合同落空规则"。《民法典》在第533条吸收英美法的基础上在合同编增加规定，同时保留了原《合同法》司法解释的部分内容，并结合我国国情和《欧洲合同法规则》增加了当事人的"再交涉义务"。这样的规定，便于合同双方当事人纠纷的和谐解决，有利于合同不同主体之间利益的平衡。

### 六、附保护第三人效力的合同制度

实现了个人自由与社会公共秩序之间的平衡。

## 第三节　传统人市思想在人格权制度的现代提升

民法为权利法，以权利为本位，民法典素有"权利宣言书"之美誉，权利核心主义也是中国传统民法文化中以人为本思想在民法典中的现代提升。人本主义是中国传统民法文化的哲学基础，尤其自汉代以后，儒家思想成为中国传统民法文化的主流，儒家人本主义的理论经过后世的弘扬，最终形成了中国传统民法文化中的人本主义传统，强调以人为中心，核心是"重民"，重视人的尊严和价值，在自然界唯有"人为贵"。

我国《民法典》吸收中国传统民法文化中的"人本主义思想"为立法理念，改变了传统大陆法系重财产而轻人身的立法传统。《民法典》在编排体例上以权利为主线，在具体民事法律制度的设计上以人为中心，如果没有主体"人"，权利就因缺少享有者而无法实现。而主体"人"又以人格权的享有为前提，不享有人格权的民事主体是不存在的，因为"人"只有享有人格权才具备了民事主体的资格，然后才可以享有其他人身权以及财产权。所以，从这个角度而言，人格权构成了民法典存在的基础，是民事主体享有的最基本的权利类型。而在西方社会，人格权的保护并未得到应有的重视，在两大法系国家人格权隶属于侵权行为制度，并通过侵权追责予以保护。而我国《民法典》一改传统，将人格权单设一编，并与侵权责任编形成对人格权的双重保护模式，彰显了人格权制度在我国立法上的中国特色，这是社会主义核心价值观人本思想的表达。

## 一、人格权独立成编

自罗马法始，民法文化中一直盛行着"重物轻人"思想，以致大陆法系诸多国家或地区的民法典用重笔规定了财产权，对人身权重视不够。然人格权是民事主体最基本的权利，如主体的人格权得不到保护，财产归属和利用关系又从何而谈？为了强化民事主体的人格权，体现了对人格尊严的维护，改变传统大陆法系轻视人格权保护之现状，我国《民法典》在第四编设人格权编，开创了民法典立法史之先河，人格权独立成编是我国《民法典》的最大的创新，充分彰显了鲜明的中国特色和时代特色，为世界人格权保护提供了中国经验。

## 二、人格权类型的丰富化

《民法典》第109条确立了一般人格权，在人格权编的第二至第六章分别就生命权、身体权和健康权、姓名权、名称权、肖像权、名誉权和荣誉权、隐私权和个人信息保护进行了全方位规定，第1033条第2项通过反面列举性的禁止性规定提出了"私密空间"的概念，将其纳入到隐私权体系中从而进一步强化了对隐私权的保护。另外在具体人格权类型中还涵盖了其他的人格权，如行动自由权就包含在第二章中（第1011条）。从比较法视角观察，我国《民法典》"对人格权所列举的种类之多、内容之全面，在古今中外的立法中都是前所未有的"。[1]

---

〔1〕 王利明：《论人格权保护的全面性和方法独特性——以〈民法典〉人格权编为分析对象》，载《财经法学》2020年第4期。

### 三、人格权独特的保护模式

人格权独立成编从形式上完成了人格权保护的体系化，对人格权的保护通过确权和救济两种方式进行。我国民法典除确认广泛的人格权类型外，还强化对人格权的救济。第995条确立了人格权请求权制度，当人格权受到侵害时，受害人可以行使停止侵害、排除妨碍、消除危险、消除影响、恢复名誉、赔礼道歉请求权，并且不受诉讼时效的限制。第1000条细化了赔礼道歉规则，为受害人和加害人加强情感沟通提供了空间，利于化解矛盾和冲突，创造出解决社会矛盾的"东方经验"。[1]第996条规定了违约损害人格权的精神损害赔偿制度，该制度进一步强化了对人格权的保护，体现了民法的人文关怀理念，形成了人格权确权及救济的双重保护模式。

## 第四节　家族本位的伦理色彩在家事法律制度的现实回应[2]

在中国传统民法文化中"家族本位，伦理法治"为其突出的特征，家族法规是中国传统民法的重要组成部分，在家族间的权利和义务关系的处理上强调以父权为核心，血缘关系上的"尊卑亲疏"对解决民事侵权行为有着直接的关联性，直至后来，"家训""宗规"等逐渐成为宗族内的成文法。家法随着社会的发展，亦演变为多样化形式，调整的范围也日趋广泛，涉及族内生活的所有领域，如财产关系以及婚姻继承等，确认了家长对子女的婚姻支配权以及家长对财产的绝对权等。虽然这些具体的制度与域外民法文化格格不入，但是其中家族本位的伦理色彩随着中国传统民法文化的创造性继承对我国《民法典》的制定产生了直接的影响。在《民法典》的具体制度中，婚姻家庭制度和继承制度与道德之间的关系最为密切，由于主体具有鲜明的身份特点，家庭内部关系具有鲜明的伦理性质和强烈的民族特色，它深深地根植于一国的传统文化，调整婚姻家庭的法律规范与调整婚姻关系的伦理思想具有高度的契合性。婚姻家庭制度把"中国传统优秀的家庭文明、家风美德

---

〔1〕　黄忠：《一个被遗忘的"东方经验"——再论赔礼道歉的法律化》，载《政法论坛》2015年第4期。

〔2〕　本书为了行文方便，在婚姻家庭和继承制度上将两者置于一起，并将其称为学界进行理论研究时通用的"家事法律制度"。

上升为法律，成为指导婚姻家庭关系的宣言性、导向性规定"，[1]继承制度亦同。习近平总书记多次强调家庭建设的重要意义，"无论时代如何变化，无论经济社会如何发展，对一个社会来说，家庭的生活依托都不可替代，家庭的社会功能都不可替代，家庭的文明作用都不可替代"。[2]

## 一、婚姻家庭的伦理色彩

### （一）称谓的中国特色化

在传统大陆法系国家如德国、瑞士等，将婚姻关系、监护制度和收养关系一起放置到亲属法部分，而我国 1950 年颁布第一部《婚姻法》，1999 年制定《收养法》，奠定了在我国民事立法中，婚姻制度与收养制度单独立法的立法传统，有关监护制度主要由《民法通则》予以规制。我国《民法典》在立法体例上，仍延续了《民法通则》的立法思想，将监护制度放在了总则编的民事主体部分进行了规定，鉴于此，婚姻家庭编不再规定监护制度。不过在这次民法典的编纂过程中，立法机关充分吸收了传统大陆法系国家亲属法的优秀元素，将收养制度纳入婚姻家庭编。据此，婚姻家庭编的内容和大陆法系的亲属法逐渐趋同，有很多学者产生了用西方亲属法代替我国婚姻家庭法的想法，但鉴于婚姻家庭制度的表述在我国已被使用多年，已被人民广为所熟知和接受，所以继续保留此名称。这一概念也彰显了习近平总书记关于家国情怀的重要讲话精神，重视"家庭"这一核心要素，体现了以"家"为重的中国传统民法文化的家国情怀。

### （二）婚姻家庭制度的本土性

新中国成立后涤除了几千年的封建主义思想，遵循平等和自由的价值理念，我国的婚姻制度建设日趋完善。婚姻家庭也是我国社会生活的基本元素和细胞，饱含着中国人丰富的情感，是亲情伦理道德观念的集中表达。婚姻家庭制度的建设关涉整个社会乃至国家的稳定，建设和完善婚姻家庭制度符合社会主义核心价值观三个层面的价值观，婚姻自由、家庭成员地位平等、家庭和谐等婚姻家庭制度表达着社会主义核心价值观的富强、自由、平等、

---

　　[1]　夏吟兰：《婚姻家庭编的创新和发展》，载《中国法学》2020 年第 4 期。

　　[2]　习近平：《注重家庭，注重家教，注重家风》，载《习近平谈治国理政》（第 2 卷），外文出版社 2017 年版，第 353 页。

文明与和谐。

20 世纪随着人权理念在全球的传播，两性平等以及子女最大利益化原则逐渐成为西方各国亲属法立法的指导原则，传统的夫权和父权观念日趋瓦解，家庭成员的平等权进一步落实。同时为了实质公平，加强了对弱势群体的保护，如离婚补偿制度和针对家庭暴力的保护令，强调夫妻人格的彼此独立；在结婚条件上兼顾实质要件和形式要件；保护非婚同居者及子女利益；在夫妻财产上采取共同财产制与分别财产制的复合型财产关系；实行离婚自由原则，但是在特定情形下限制离婚等。

**二、继承制度的家族思想**

继承制度是我国婚姻家庭制度的重要组成部分，以中国传统民法文化的家国情怀为精神寄托，同样体现着和谐、文明的价值理念。

（一）扩大继承人范围

"继承编"第 1128 条第 2 款增加了被继承人兄弟姐妹子女可代位继承的规定，这是我国顺应遗产向下流转的社会传统的现代回应。

（二）遗赠扶养协议的存在

遗赠扶养协议是我国独有的遗产分配方式之一，通过遗赠人与国家、集体或者法定继承人之外其他人签订协议的方式行使。这是中国传统民法文化中同心同德、互帮互济的家族思想的现实观照。

（三）无人继承遗产归国有

在我国《民法典》中，无人继承的遗产归国家所有，这是爱国主义的体现，与中国人的家国情怀理念一致，民法典本着弘扬"友善"的社会主义核心价值观，增加国家所有的遗产应用于公益事业的规定。

# 第五节　小　结

中国传统民法文化经过创造性的继承最终实现了其现代化，《民法典》继承了中国传统民法文化的精华，并使其在新时代中展现了现代性光辉。社会主义核心价值观的立法目的，表达了中国传统民法文化"德法互补，共同为治"的理念，体现了民法典的道德关怀。中国传统民法文化的财产分配"义利观"在《民法典》的物权编和合同编以不同的形式存在着，通过对所有权形式的限制等调控不同民事主体之间，个体与社会秩序之间的利益平衡。传统人本思想对人格权制度的立法产生了重要影响，也直接注定民法典"重人轻财"独有的立法模式。"和合为贵，爱家睦邻"的传统民法文化精神同样在民法典的婚姻家庭编得以维持和传承。

# 迈向新时代的中国传统民法文化

　　民法典是几代民法学人的不懈追求，随着《民法典》的生效实施，不仅在生活上迈进了民法典新时代，在法学研究也开启了新纪元，[1]从解释论的角度深入研究民法典及我国的民法教育，正当其时。[2]我们民法学人应当以习近平法治思想为指导，全面领会民法典的精髓，把握其要义，努力提升我国民法研究水平。[3]

　　已有的研究多针对民法基本规则及制度，相比而言，对影响规则及制度形成的法文化因素研究较少，即便有的学者试图系统地探讨民法的法文化因素，但囿于立法论研究视角，其研究成果也以启示民法典的制定为目的，大体上呈现出缺乏文化价值尺度的研究，尤其对中国传统民法文化进行专题研究的论著更是少之又少。鉴于此，本书采法律社会学的研究视角，选取这一研究主题，突破了以往侧重考察民法具体规则与制度的研究传统，可以促进民法学研究的深入化，加速构建具有中国特色、中国风格和中国气派的民法学理论体系，提高在世界民法学研究中的话语权，这是本书写作的动因所在。

　　习近平总书记针对民法典与中华传统文化发表了重要讲话。本书遵循习近平总书记重要讲话精神，以中国传统民法文化在中国历史上的近现代转型与重构为研究脉络，解读了中国传统民法文化在民法典中的创造性转化和创

---

　　〔1〕　韩世远：《民法典开启民法教育新纪元》，载《中国教育报》2020 年 6 月 11 日。
　　〔2〕　法学界以民法典为基准开展了多样化和深入性的研究，民法典颁布后，学界的研究焦点集中在解释论上，围绕着对民法典的理解、解释和适用展开。参见王利明：《民法学：民法典时代的解释论图景》，载《检察日报》2021 年 1 月 15 日。
　　〔3〕　王利明：《构建中国特色的民法学理论体系》，载《中国大学教学》2021 年第 3 期。

新性发展。本书认为这一研究不仅仅是为了展示民法典的中国传统民法文化色彩，而且要将民法典纳入到历史与现实的文化网络中，这关乎民法典的社会实效性。通过这一研究，有利于实现人民群众对良法善治的美好期待，充分发挥民法典的引导和教化功能。以中华优秀传统法文化为根基的民法典，体现了人文关怀理念，容易使民众对民法典形成法治认同感，引导民众养成自觉守法的意识和习惯。充分利用民法典深厚的传统法文化底蕴与强大的价值辐射功能，将中华优秀传统文化作为弘扬社会主义核心价值观的重要载体。这更是本书写作的初心所在。

本书研究总体上以历史时代为经，以问题导向为纬，兼采动态与静态的研究路径，由抽象到具体，以推求中国传统民法文化转型与重构变迁的因果与轨迹。不仅着眼于对民事法律规则与制度的表象的形式考察，更深入探讨其内蕴的法文化价值诉求与法文化秩序原理。将中国传统民法文化置于其所属的社会、政治、经济的历史脉络中加以考察，从中国传统民法文化的近代转型与重构的宏观视野中，验往证今，以史为鉴。中国传统民法文化的创造性转化和创新性发展应坚持与域外民法文化的联结，这一过程顺延出民法典的民族性，彰显了民族文化自信，社会主义核心价值观融贯我国民法典，这是对民法典法文化根基及制度表达的升华。

法为文化的一种，中国传统法是中华传统文化的一部分。法与文化的关系以及中国传统民法文化的私法气质是基础性理论探讨，为全书的内容研究提供理论铺垫。通过对域外民法文化以及中国传统民法文化的阐释，比较两种文化的异同，为下文中国传统民法文化与域外民法文化的整合提供了语境和理论前提。两种文化虽具有较大的异质性，但同为文化的本质以及其内蕴的文化法价值，为两种文化的整合提供了逻辑前提。但中国传统民法文化的创造性继承必须保持一定的边界限制，这也是一国民法典保持本国特色的最普适性的原理，这两章也是本书重点兼难点的研究内容。中国传统民法文化与域外民法文化经过整合，实现了中国传统民法文化的创造性继承，并最终走上了现代化，以民法典为形式理性，而这一现代化的参照标准为社会主义核心价值观，这也是对中国传统法文化的升华，这部分为本书研究的核心内容。中国传统民法文化的现代化以社会主义核心价值观为价值理念，以不同的形式表达在民法典中，意蕴着鲜明的"中国特色"，彰显了中国文化自信，代表着中国民法文化发展的新高度，为世界民法典立法贡献了中国智慧，提供了中国经验，这也是本书研究的落脚点。

缘于上述的逻辑思路，本书将研究框架定为七章，以中国传统民法文化与域外民法文化的整合为中心主线，解读了中国传统民法文化的创造性继承的现代化之历程。既有动态研究也有静态研究，既包括基础理论研究也有实证分析，既有民法学研究也有历史学运用，既有同一法系内部的纵向比较又有不同法系间的横向对比，既是复活往事的历史叙述，也是联结古今的法学分析，是一部自成体系的中国传统民法文化创造性转化、创新性发展的简史。

行文至此，笔者思绪一直沉浸在本书主题如何进一步深入研究的思考中，民法文化在民法典中的表达是一个宏大的工程，非此一本论著得以完成。唯一值得肯定的是，推动这项任务的完成，必须在法学学者、实务工作者之间形成良好的协力，民法典解释论时代的到来，为我们深入解读此问题提供了最佳的研究契机。在此，我想借用德国学者卡尔·拉伦茨的一句话来结束本书的写作："民法文化作为法律文化之一种，必然以对人性的关怀为其核心价值取向。因为民法调整那些原则上所有市民都可参与的法律关系，它是关系到全体人的法。"[1]也正因民法文化是世界的文化，我们的民法典既汲取了中华民族的优秀法律文化亦借鉴了人类法治文明建设有益成果，是高科技信息化时代最具代表性、最具生命力的法典，是对中国传统民法文化和西方民法文化的完美整合。柯克曾言：永恒与进步并不相互排斥，因为如果没有坚固的根基，就谈不上改进，而除非这一根基能够不断被更新和提升，否则，它也无法持久。中国《民法典》成为21世纪代表性的民法典，源于它牢靠而稳固的中国传统民法文化根基，社会主义核心价值观融入民法典，实现了中国传统民法文化的现代化发展，中国《民法典》才得以为世界民法典体系的构建中提供中国方案，贡献中国智慧，并保持长盛不衰、历久弥新！通过本书的研究，不仅可以深化中国传统民法文化根基的"软实力"，弘扬和践行社会主义核心价值观，进而发挥民法典的引导和教化功能，而且可以促进民法学研究的深入化，加速构建中国元素的民法学理论体系，提高中国民法学在世界民法学研究中的话语权。正如张文显教授所言：民法典的中国故事还在续

---

〔1〕 ［德］卡尔·拉伦茨：《德国民法通论》（上册），王晓晔等译，法律出版社2003年版，第9页。

写，民法典的中国法理隽久恒长！[1]

当然，中国民法典仅仅是民法现代化与中国化的一个阶段性成果，我们对民法典所蕴含的中国传统民法文化的研究还应继续，中国传统民法文化的现代化之路永不停息。

〔1〕　张文显：《民法典的中国故事和中国法理》，载《法制与社会发展》2020 年第 5 期。

# 主要参考文献

## 一、中文著作类

〔1〕毛泽东:《毛泽东选集》(第2卷),人民出版社1991年版。

〔2〕习近平:《习近平谈治国理政》(第1卷),外文出版社2018年版。

〔3〕习近平:《习近平谈治国理政》(第2卷),外文出版社2017年版。

〔4〕习近平:《习近平谈治国理政》(第3卷),外文出版社2020年版。

〔5〕习近平:《决胜全面建成小康社会 夺取新时代中国特色社会主义伟大胜利———在中国共产党第十九次全国代表大会上的报告》,人民出版社2017年版。

〔6〕中共中央宣传部编:《习近平总书记系列重要讲话读本》,学习出版社、人民出版社2014年版。

〔7〕中共中央文献研究室编:《建国以来重要文献选编》(第13册),中央文献出版社1996年版。

〔8〕中华战略文化论坛丛书编委会编:《社会主义核心价值观与中华战略文化》,时事出版社2010年版。

〔9〕中共中央文献研究室编:《三中全会以来重要文献选编》(上),人民出版社1982年版。

〔10〕魏振瀛主编:《民法》(第8版),北京大学出版社、高等教育出版社2021年版。

〔11〕江平主编:《民法学》(第3版),中国政法大学出版社2016年版。

〔12〕江平编著:《西方国家民商法概要》,法律出版社1984年版。

〔13〕张文显主编:《法理学》,高等教育出版社、北京大学出版社2011年版。

〔14〕梁慧星:《中国民事立法评说:民法典、物权法、侵权责任法》,法律出版社2010年版。

〔15〕梁慧星:《民法总论》(第3版),法律出版社2007版。

〔16〕王利明主编:《民法》(第8版),中国人民大学出版社2020年版。

〔17〕王利明主编:《中华人民共和国民法总则详解》,中国法制出版社2017年版。

〔18〕王利明、郭明瑞、方流芳：《民法新论》（上册），中国政法大学出版社 1988 年版。

〔19〕杨立新：《民法总则精要 10 讲》，中国法制出版社 2018 年版。

〔20〕陈甦主编：《民法总则评注》，法律出版社 2017 年版。

〔21〕徐国栋：《民法基本原则解释——成文法局限性之克服》，中国政法大学出版社 1992 年版。

〔22〕李适时主编：《中华人民共和国民法总则释义》，法律出版社 2017 年版。

〔23〕王泽鉴：《民法学说与判例研究》（第 5 册），中国政法大学出版社 2005 年版。

〔24〕王泽鉴：《法律思维与民法实例——请求权基础理论体系》，中国政法大学出版社 2001 年版。

〔25〕佟柔主编：《民法原理》（修订本），法律出版社 1986 年版

〔26〕谢怀栻：《大陆法国家民法典研究》，中国法制出版社 2004 年版。

〔27〕梅仲协：《民法要义》，中国政法大学出版社 1998 年版。

〔28〕史尚宽：《民法总论》，中国政法大学出版社 2000 年版。

〔29〕刘得宽：《民法总则》，五南图书出版公司 1996 年版。

〔30〕谢振民编著：《中华民国立法史》（上、下册），中国政法大学出版社 2000 年版。

〔31〕潘维和：《中国近代民法史》，汉林出版社 1982 年版。

〔32〕沈宗灵：《比较法总论》，北京大学出版社 1987 年版。

〔33〕龙卫球、刘保玉主编：《中华人民共和国民法总则释义与适用指导》，中国法制出版社 2017 年版。

〔34〕张晋藩：《中国法律的传统与近代转型》（第 4 版），法律出版社 2019 年版。

〔35〕杨鸿烈：《中国法律思想史》，上海书店 1984 年版。

〔36〕杨鸿烈：《中国法律对东亚诸国之影响》，中国政法大学出版社 1999 年版。

〔37〕武树臣等：《中国传统法律文化》，北京大学出版社 1994 年版。

〔38〕何勤华：《西方法学史》，中国政法大学出版社 1996 年版。

〔39〕何勤华主编：《法的移植与法的本土化》，法律出版社 2001 年版。

〔40〕何勤华主编：《大陆法系及其对中国的影响》，法律出版社 2010 年版。

〔41〕孔庆明等编著：《中国民法史》，吉林人民出版社 1996 年版。

〔42〕胡长清：《中国民法总论》，中国政法大学出版社 1997 年版。

〔43〕李宜琛：《民法总则》，中国方正出版社 2004 年版。

〔44〕薛梅卿点校：《宋刑统》，法律出版社 1999 年版。

〔45〕苏力：《法治及其本土资源》，中国政法大学出版社 1996 年版。

〔46〕刘士国：《现代侵权损害赔偿研究》，法律出版社 1998 年版。

〔47〕〔日〕滋贺秀三等：《明清时期的民事审判与民间契约》，法律出版社 1998 年版。

〔48〕渠涛主编：《中日民商法研究》（第 1 卷），法律出版社 2003 年版。

〔49〕 殷海光：《中国文化的展望》，上海三联书店 2002 年版。

〔50〕 梁治平：《法辨——中国法的过去、现在与未来》，贵州人民出版社 1992 年版。

〔51〕 梁治平编：《法律的文化解释》，生活·读书·新知三联书店 1994 年版。

〔52〕 徐复观：《中国人性论史》，上海三联书店 2001 年版。

〔53〕 徐复观：《中国学术精神》，华东师范大学出版社 2004 年版。

〔54〕 杨伯峻译注：《论语译注》，中华书局 2012 年版。

〔55〕 ［美〕费正清等编：《剑桥中国晚清史 1800—1911》（上卷），中国社会科学院历史研究所编译室译，中国社会科学出版社 1993 年版。

〔56〕 林毓生：《中国传统的创造性转化》，生活·读书·新知三联书店 1988 年版。

〔57〕 梁漱溟：《中国文化要义》，学林出版社 1987 年版。

〔58〕 中华文化学院编：《中华文化与社会主义核心价值体系》，知识产权出版社 2011 年版。

〔59〕 张生：《民国初期民法的近代化——以固有法与继受法的整合为中心》，中国政法大学出版社 2002 年版。

〔60〕 王焰编：《梁启超学术论著》，浙江人民出版社 1998 年版。

〔61〕 王名扬：《比较行政法》，北京大学出版社 2006 年版。

〔62〕 汪丁丁：《经济发展与制度创新》，上海人民出版社 1995 年版。

〔63〕 李少伟、王延川：《现代民法文化与中国民法法典化》（第 2 版），法律出版社 2018 年版。

〔64〕 王涌：《私权的分析与建构：民法的分析法学基础》，北京大学出版社 2020 年版。

〔65〕 俞荣根、龙大轩、吕志兴编著：《中国传统法学述论——基于国学的视角》，北京大学出版社 2005 年版。

〔66〕 陈守一、张宏生主编：《法学基础理论》，北京大学出版社 1981 年版。

〔67〕 法学教材编辑部、《西方法律思想史》编写组：《西方法律思想史》，北京大学出版社 1983 年版。

〔68〕 叶孝信主编：《中国民法史》，上海人民出版社 1993 年版。

〔69〕 李贵连编著：《沈家本年谱长编》，山东人民出版社 2010 年版。

〔70〕 俞江：《近代中国民法学中的私权理论》，北京大学出版社 2003 年版。

〔71〕 朱勇：《中国法律的艰辛历程》，黑龙江人民出版社 2002 年版。

〔72〕 赵晓耕主编：《新中国民法典起草历程回顾》，法律出版社 2011 年版。

〔73〕 钱穆：《湖上闲思录》，生活·读书·新知三联书店 2000 年版。

〔74〕 王利民主编：《论传统民法文化与中国民法典——第二届"全国民法基础理论与民法哲学论坛"文集》，法律出版社 2015 年版。

〔75〕 舒国滢、王夏昊、雷磊：《法学方法论》，中国政法大学出版社 2018 年版。

〔76〕郜风涛：《文津法札》，中国法制出版社 2011 年版。

〔77〕周枏：《罗马法原论》（下册），商务印书馆 1994 年版。

〔78〕赵丽江主编：《政治学》，武汉大学出版社 2008 年版。

〔79〕马戎、周星主编：《田野工作与文化自觉》，群言出版社 1998 年版。

〔80〕李宏：《中国民法变革的文化因素研究》，法律出版社 2018 年版。

〔81〕苏艳英：《三权分置下农地权利体系构建研究》，知识产权出版社 2019 年版。

〔82〕苏艳英：《侵权法上的作为义务研究》，人民出版社 2013 年版。

〔83〕庄锡昌等编：《多维视野中的文化理论》，浙江人民出版社 1987 年版。

〔84〕故宫博物院明清档案部编：《清末筹备立宪档案史料》（上、下册），中华书局 1979 年版。

〔85〕范忠信选编：《梁启超法学文集》，中国政法大学出版社 2004 年版。

〔86〕（清）魏源：《魏源全集》（第 1 册），岳麓书社 2004 年版。

〔87〕（宋）朱熹：《四书章句集注》，中华书局 2012 年版。

〔88〕（清）龚自珍：《龚自珍全集》（上册），王佩诤校，中华书局 1959 年版。

〔89〕（清）沈家本：《历代刑法考》，中华书局 1985 年版。

〔90〕（清）朱寿朋编：《光绪朝东华录》，张静庐点校，中华书局 1958 年版。

〔91〕梁启超：《饮冰室合集》，中华书局 2015 年版。

〔92〕（清）康有为：《孟子微　礼运注　中庸注》，楼宇烈整理，中华书局 1987 年版。

## 二、外国译著类

〔1〕《马克思恩格斯选集》（第 1 卷），人民出版社 1972 年版。

〔2〕《马克思恩格斯选集》（第 3 卷），人民出版社 1960 年版。

〔3〕《马克思恩格斯选集》（第 4 卷），人民出版社 1995 年版。

〔4〕《马克思恩格斯全集》（第 23 卷），人民出版社 1972 年版。

〔5〕《马克思恩格斯全集》（第 20 卷），人民出版社 1995 年版。

〔6〕〔德〕孟德斯鸠：《论法的精神》（上册），张雁深译，商务印书馆 1961 年版。

〔7〕〔美〕E. 博登海默：《法理学：法律哲学与法律方法》，邓正来译，中国政法大学出版社 1999 年版。

〔8〕〔英〕马林诺夫斯基：《文化论》，费孝通等译，中国民间文艺出版社 1987 年版。

〔9〕〔美〕露丝·本尼迪克：《文化的模式——历史决定论的贫困》，何锡章、黄欢译，中国社会出版社 1987 年版。

〔10〕〔美〕克莱德·克鲁克洪等：《文化与个人》，高佳等译，浙江人民出版社 1986 年版。

〔11〕〔德〕卡尔·拉伦茨：《法学方法论》，陈爱娥译，商务印书馆 2003 年版。

〔12〕〔法〕卢梭：《社会契约论》，何兆武译，商务印书馆 1963 年版。

〔13〕［德〕卡尔·拉伦茨：《德国民法通论》（上册），王晓晔等译，法律出版社 2003 年版。

〔14〕［美〕塞缪尔·亨廷顿、劳伦斯·哈里森主编：《文化的重要作用——价值观如何影响人类进步》，程克雄译，新华出版社 2010 年版。

〔15〕［美〕艾伦·沃森：《民法法系的演变及形成》，李静冰、姚新华译，中国政法大学出版社 1992 年版。

〔16〕［德〕霍尔斯特·海因里希·雅科布斯：《十九世纪德国民法科学与立法》，王娜译，法律出版社 2004 年版。

〔17〕［德〕K. 茨威格特、H. 克茨：《比较法总论》，潘汉典等译，法律出版社 2003 年版。

〔18〕［美〕劳伦斯·M. 弗里德曼：《法律制度——从社会科学角度观察》，李琼英、林欣译，中国政法大学出版社 2004 年版。

〔19〕［德〕马克斯·韦伯：《经济与社会》（上），林荣远译，商务印书馆 1997 年版。

〔20〕［法〕托克维尔：《旧制度与大革命》，冯棠译，商务印书馆 1992 年版。

〔21〕［德〕弗朗茨·维亚克尔：《近代私法史——以德意志的发展为观察重点》（下册），陈爱娥、黄建辉译，上海三联书店 2006 年版。

〔22〕［德〕伯恩·魏德士：《法理学》，丁小春、吴越译，法律出版社 2003 年版。

〔23〕［德〕克雷斯蒂安·冯·巴尔：《欧洲比较侵权行为法》（上卷），张新全译，法律出版社 2001 年版。

〔24〕［法〕佩雷菲特：《停滞的帝国——两个世界的撞击》，王国卿等译，生活·读书·新知三联书店 1993 年版。

〔25〕［德〕贡德·弗兰克：《白银资本——重视经济全球化中的东方》，刘北成译，中央编译出版社 2001 年版。

〔26〕［加〕许美德等：《中外比较教育史》，上海人民出版社 1990 年版。

〔27〕［德〕伯恩哈德·格罗斯菲尔德：《比较法的力量和弱点》，孙世彦、姚建宗译，清华大学出版社 2002 年版。

〔28〕［日〕大木雅夫：《比较法》，范愉译，法律出版社 1999 年版。

〔29〕［英〕弗里德里希·冯·哈耶克：《经济、科学与政治——哈耶克思想精粹》，冯克利译，江苏人民出版社 2000 年版。

〔30〕［英〕P. S. 阿蒂亚：《合同法概论》，程正康等译，法律出版社 1982 年版。

〔31〕［日〕寺田浩明：《权利与冤抑：寺田浩明中国法史论集》，王亚新等译，清华大学出版社 2012 年版。

〔32〕［德〕迪特尔·梅迪库斯：《德国民法总论》，邵建东译，法律出版社 2004 年版。

〔33〕［英〕霍布斯：《利维坦》，黎思复、黎廷弼译，商务印书馆 1985 年版。

〔34〕［美〕保罗·卡恩：《法律的文化研究：重构法学》，康向宇译，中国政法大学出版

社 2018 年版。

〔35〕〔美〕康芒斯:《制度经济学》,于树生译,商务印书馆 1962 年版。

〔36〕〔英〕弗里德利希·冯·哈耶克:《自由秩序原理》,邓正来译,生活·读书·新知三联书店 1997 年版。

〔37〕〔英〕冯·哈耶克:《哈耶克论文集》,邓正来选编译,首都经济贸易大学出版社 2001 年版。

〔38〕〔意〕彼得罗·彭梵得:《罗马法教科书》,黄风译,中国政法大学出版社 1992 年版。

〔39〕〔罗马〕查士丁尼:《法学总论——法学阶梯》,张企泰译,商务印书馆 1989 年版。

〔40〕〔德〕迪特尔·施瓦布:《民法导论》,郑冲译,法律出版社 2006 年版。

〔41〕〔德〕康德:《法的形而上学原理——权利的科学》,沈叔平译,商务印书馆 1991 年版。

〔42〕〔意〕桑德罗·斯奇巴尼选编:《正义和法》,黄风译,中国政法大学出版社 1992 年版。

〔43〕〔美〕麦特·里德雷:《美德的起源:人类本能与协作的进化》,刘珩译,中央编译出版社 2004 年版。

〔44〕〔美〕约翰·亨利·梅利曼:《大陆法系》,顾培东、禄正平译,知识出版社 1984 年版。

〔45〕〔法〕勒内·达维德:《当代主要法律体系》,漆竹生译,上海译文出版社 1984 年版。

〔46〕〔日〕浅井虎夫:《中国法典编纂沿革史》,陈重民译,中国政法大学出版社 2007 年版。

## 三、中文论文类

〔1〕江平、苏号朋:《民法文化初探》,载《天津社会科学》1996 年第 2 期。

〔2〕张文显:《民法典的中国故事和中国法理》,载《法制与社会发展》2020 年第 5 期。

〔3〕王家福:《21 世纪与中国民法的发展》,载《法学家》2003 年第 4 期。

〔4〕梁慧星:《统一合同法:成功与不足》,载《中外法学》1999 年第 3 期。

〔5〕梁慧星:《从近代民法到现代民法》,载《律师世界》2002 年第 5 期。

〔6〕梁慧星:《〈民法总则〉重要条文的理解与适用》,载《四川大学学报(哲学社会科学版)》2017 年第 4 期。

〔7〕王利明、易军:《改革开放以来的中国民法》,载《中国社会科学》2008 年第 6 期。

〔8〕王利明:《〈民法总则〉的本土性与时代性》,载《交大法学》2017 年第 3 期。

〔9〕王利明:《民法典人格权编中动态系统论的采纳与运用》,载《法学家》2020 年第 4 期。

〔10〕王利明:《论受害人自甘冒险》,载《比较法研究》2019 年第 2 期。

〔11〕 王利明：《论人格权保护的全面性和方法独特性——以〈民法典〉人格权编为分析对象》，载《财经法学》2020 年第 4 期。

〔12〕 王利明：《彰显时代性：中国民法典的鲜明特色》，载《东方法学》2020 年第 4 期。

〔13〕 王利明：《民法的人文关怀》，载《中国社会科学》2011 年第 4 期。

〔14〕 黄文艺：《重构还是终结——对法系理论的梳理与反思》，载《政法论坛》2011 年第 3 期。

〔15〕 马俊驹：《中国民法的现代化与中西法律文化的整合》，载《中国法学》2020 年第 1 期。

〔16〕 孙宪忠：《中国近现代继受西方民法的效果评述》，载《中国法学》2006 年第 3 期。

〔17〕 孙宪忠：《再论我国物权法中的"一体承认、平等保护"原则》，载《法商研究》2014 年第 2 期。

〔18〕 杨立新：《百年中的中国民法华丽转身与曲折发展——中国民法一百年历史的回顾与展望》，载《河南省政法管理干部学院学报》2011 年第 3 期。

〔19〕 杨立新、李怡雯：《中国当代民事立法 70 年之发展与经验》，载《新疆师范大学学报（哲学社会科学版）》2019 年第 5 期。

〔20〕 杨立新：《编纂民法典必须肃清前苏联民法的影响》，载《法制与社会发展》2016 年第 2 期。

〔21〕 陈华彬：《我国民法典物权编立法研究》，载《政法论坛》2017 年第 5 期。

〔22〕 陈华彬：《〈民法总则〉关于"民事责任"规定的释评》，载《法律适用》2017 年第 9 期。

〔23〕 崔建远：《物权编对四种他物权制度的完善和发展》，载《中国法学》2020 年第 4 期。

〔24〕 崔建远：《我国〈民法总则〉的制度创新及历史意义》，载《比较法研究》2017 年第 3 期。

〔25〕 王轶：《论中国民事立法中的"中国元素"》，载《法学杂志》2011 年第 4 期。

〔26〕 徐国栋：《物文主义民法观的产生和影响》，载《河北法学》2009 年第 1 期。

〔27〕 彭诚信：《彰显人文关怀的民法总则新理念》，载《人民法治》2017 年第 10 期。

〔28〕 马新彦：《社会主义核心价值观融入法治建设的重大成果》，载《理论导报》2020 年第 6 期。

〔29〕 夏吟兰：《婚姻家庭编的创新和发展》，载《中国法学》2020 年第 4 期。

〔30〕 房绍坤、张玉东：《论紧急救助情形下救助人不承担责任的条件——以〈民法总则〉第 184 条为分析对象》，载《比较法研究》2018 年第 6 期。

〔31〕 龙卫球：《中国民法"典"的制定基础——以现代化转型为视角》，载《中国政法大学学报》2013 年第 1 期。

〔32〕高富平:《民法法典化的历史回顾》,载《华东政法学院学报》1999 年第 2 期。

〔33〕曹诗权、陈小君、高飞:《传统文化的反思与中国民法法典化》,载《法学研究》
1998 年第 1 期。

〔34〕费孝通:《对文化的历史性和社会性的思考》,载《思想战线》2004 年第 2 期。

〔35〕张晋藩:《中华法系的回顾与前瞻》,载《中华法系国际学术研讨会文集》2006 年。

〔36〕张晋藩:《再论中华法系的若干问题》,载《中国政法大学学报》1984 年第 2 期。

〔37〕张晋藩:《论中国古代民法研究中的几个问题》,载《政法论坛》1985 年第 5 期。

〔38〕张晋藩:《论中国古代民法——以清代民法为视角》,载《清史研究》2020 年第
5 期。

〔39〕张晋藩:《重构新的中华法系》,载《中国法律评论》2019 年第 5 期。

〔40〕张晋藩:《综论独树一帜的中华法文化》,载《法商研究》2005 年第 1 期。

〔41〕陈朝璧:《中华法系特点初探》,载《法学研究》1980 年第 1 期。

〔42〕张晋藩:《从晚清修律官"固有民法论"所想到的》,载《当代法学》2011 年第
4 期。

〔43〕张生:《民国〈民律草案〉评析》,载《江西社会科学》2005 年第 8 期。

〔44〕张生:《中国"古代民法"三题》,载《法学家》2007 年第 5 期。

〔45〕张生:《中国近代民法编纂的历史反思:以传统法的体系化改造为中心》,载《社会
科学家》2020 年第 8 期。

〔46〕张生、周玉林:《传统法:民法典的社会文化根基——中国社会科学院法学研究所张
生研究生访谈》,载《社会科学家》2020 年第 8 期。

〔47〕张生:《〈中华民国民法〉的编纂:一个知识社会学的分析》,载《第四届罗马法、
中国法与民法法典化国际研讨会论文集》,2009 年。

〔48〕张生:《新中国法律史学研究 70 年:传统法律的传承与发展》,载《四川大学学报
(哲学社会科学版)》2019 年第 5 期。

〔49〕刘凯湘:《论民法的性质与理念》,载《法学论坛》2000 年第 1 期。

〔50〕易军:《民法公平原则新诠》,载《法学家》2012 年第 4 期。

〔51〕柳经纬:《回归传统——百年中国民法学之考察之一》,载《中国政法大学学报》
2010 年第 2 期。

〔52〕陈景良:《突出"民族性"是中国民法典编纂的当务之急》,载《法商研究》2017 年
第 1 期。

〔53〕范忠信、黄东海:《传统民事习惯及观念与移植民法的本土化改良》,载《法治现代
化研究》2017 年第 2 期。

〔54〕范忠信、叶峰:《中国法律近代化与大陆法系的影响》,载《河南省政法管理干部学
院学报》2003 年第 1 期。

〔55〕徐忠明：《小事闹大与大事化小：解读一份清代民事调解的法庭记录》，载《法制与社会发展》2004 年第 6 期。

〔56〕费孝通：《关于"文化自觉"的一些自白》，载《学术研究》2003 年第 7 期。

〔57〕李德顺：《文化是什么?》，载《文化软实力研究》2016 年第 4 期。

〔58〕李德顺：《怎样科学对待传统文化》，载《求是》2014 年第 22 期。

〔59〕俞荣根、龙大轩：《中华法系学述论》，载《上海政法学院学报》2005 年第 4 期。

〔60〕黄震：《中华法系与世界主要法律体系——从法系到法律样式的学术史考察》，载《法学杂志》2012 年第 9 期。

〔61〕严立：《论作为民法典立法目的的社会主义核心价值观》，载《时代法学》2019 年第 5 期。

〔62〕解亘、班天可：《被误解和被高估的动态体系论》，载《法学研究》2017 年第 2 期。

〔63〕陈柏峰、尤陈俊、梁治平、汪雄涛：《对话梁治平：法律文化论再审视》，载苏力主编：《法律和社会科学》（第 15 卷），法律出版社 2016 年版。

〔64〕何平：《中国和西方思想中的"文化"概念》，载《史学理论研究》1999 年第 2 期。

〔65〕常安：《法律文化概念的缘起及其法学方法》，载《西部法学评论》2008 年第 2 期。

〔66〕刘作翔：《作为对象化的法律文化——法律文化的释义之一》，载《法商研究（中南政法学院学报）》1998 年第 4 期。

〔67〕王利民：《论法律文化与民法文化》，载《法治研究》2010 年第 8 期。

〔68〕王利民、张国强：《中国民法现代化的传统性》，载《社会科学辑刊》2015 年第 5 期。

〔69〕苏号朋：《民法文化：一个初步的理论解析》，载《比较法研究》1997 年第 3 期。

〔70〕肖厚国：《民法法典化的价值、模式与学理》，载《现代法学》2001 年第 2 期。

〔71〕赖骏楠：《建构中华法系——学说、民族主义与话语实践（1900～1949）》，载《北大法律评论》2008 年第 2 期。

〔72〕韩玉林、赵国斌：《略论中华法系特点及其形成和消亡的途径》，载《吉林大学社会科学学报》1983 年第 4 期。

〔73〕杜国辉：《文化与意识形态的理论透视》，载《党政论坛》2006 年第 3 期。

〔74〕陈顾远：《中国固有法系与中国文化（1952）》，载《法律文化研究》2014 年第 0 期。

〔75〕耿密：《民国时期重构"中华法系"思潮研究回顾与展望》，载《法律史评论》（总第 14 卷），社会科学文献出版社 2020 年版。

〔76〕王立民：《复兴中华法系的再思考》，载《法制与社会发展》2018 年第 3 期。

〔77〕俞江：《关于"古代中国有无民法"问题的再思考》，载《现代法学》2001 年第 6 期。

〔78〕詹学农：《中国古代民法渊源的鉴别问题》，载《比较法研究》1987 年第 2 期。

〔79〕杜涛：《从"法律冲突"到"法律共享"：人类命运共同体时代国际私法的价值重构》，载《当代法学》2019 年第 3 期。

〔80〕黄源盛：《晚清民国的社会变迁与法文化重构》，载《法制与社会发展》2020 年第 3 期。

〔81〕辜明安：《中国民法现代化研究引论》，载《社会科学研究》2004 年第 4 期。

〔82〕陈子盼：《传统与现代法律文化的张力——兼论中国古代民法欠发达的原因》，载《汕头大学学报（人文社会科学版）》2018 年第 7 期。

〔83〕项晓基：《中国古代民法的再思考》，华南师范大学 2007 年硕士学位论文。

〔84〕梁治平："用文化来阐明法律"，载《法制日报》2015 年 4 月 22 日。

〔85〕李其瑞：《法律与文化：法学研究的双向视角》，载《法律科学（西北政法学院学报）》2005 年第 3 期。

〔86〕杨心宇、陈怡华：《我国移植苏联法的反思》，载《社会科学》2002 年第 8 期。

〔87〕沈玮玮：《传统观念与民法结构：再论中国古代民法的价值》，载《广东社会科学》2016 年第 1 期。

〔88〕邱本：《从契约到人权》，载《法学研究》1998 年第 6 期。

〔89〕宇汝松：《孔子"仁"、"智"思想研究》，载《兰州学刊》2014 年第 7 期。

〔90〕单飞跃、杨期军：《中国民法典生成的文化障碍——西方民法文化的反衬》，载《比较法研究》2005 年第 1 期。

〔91〕肖贵清、张安：《关于坚定中国特色社会主义文化自信的几个问题》，载《当代世界与社会主义》2018 年第 1 期。

〔92〕姜鹏：《民族主义与民族、民族国家——对欧洲现代民族主义的考察》，载《欧洲》2000 年第 3 期。

〔93〕陈柳裕：《论法的本土性》，载《政治与法律》2000 年第 2 期。

〔94〕吴治繁：《论民法典的民族性》，载《法制与社会发展》2013 年第 5 期。

〔95〕叶秋华：《西方民法史上的"骄子"——论〈法国民法典〉承上启下的历史地位》，载《法学家》2004 年第 2 期。

〔96〕许中缘：《政治性、民族性、体系性与中国民法典》，载《法学家》2018 年第 6 期。

〔97〕李德顺：《文化建设任重道远》，载《求是》2013 年第 10 期。

〔98〕李德顺：《关于价值与核心价值》，载《学术研究》2007 年第 12 期。

〔99〕李德顺：《社会主义核心价值与当代普世价值》，载《学术探索》2011 年第 5 期。

〔100〕董朝霞：《文化自信的根本在于核心价值观自信》，载《北京师范大学学报（社会科学版）》2017 年第 5 期。

〔101〕李文阁：《论社会主义核心价值观的形成、内涵与意义》，载《北京师范大学学报

（社会科学版）》2015 年第 3 期。

〔102〕郭建宁：《关于当代中国文化建设的思考》，载《学术探索》2008 年第 4 期。

〔103〕张岂之：《略论社会主义核心价值观的文化源流》，载《北京日报》2009 年 6 月 1 日。

〔104〕徐礼红：《中华优秀传统文化的价值意蕴》，载《江西社会科学》2020 年第 5 期。

〔105〕陈卫平：《社会主义核心价值观：优秀传统文化的传承和升华》，载《上海师范大学学报（哲学社会科学版）》2018 年第 5 期。

〔106〕欧阳军喜、崔春雪：《中国传统文化与社会主义核心价值观的培育》，载《山东社会科学》2013 年第 3 期。

〔107〕薛军：《人的保护：中国民法典编撰的价值基础》，载《中国社会科学》2006 年第 4 期。

〔108〕石正瑀、魏洪钟：《〈黑格尔法哲学批判〉中马克思对抽象人格的批判》，载《上海师范大学学报（哲学社会科学版）》2018 年第 2 期。

〔109〕郭锋：《中国民法典的价值理念及其规范表达》，载《法律适用》2020 年第 13 期。

〔110〕黄伟：《民法总则的价值共识和时代精神》，载《实践（思想理论版）》2017 年第 5 期。

〔111〕钟瑞栋：《社会主义核心价值观融入民法典编纂论纲》，载《暨南学报（哲学社会科学版）》2019 年第 6 期。

〔112〕李成斌：《论社会主义核心价值观对民事司法的影响》，载《法律适用》2018 年第 19 期。

〔113〕江畅：《核心价值观的合理性与道义性社会认同》，载《中国社会科学》2018 年第 4 期。

〔114〕高兵：《〈大学〉修齐治平与中庸思想》，载《海南师范大学学报（社会科学版）》2015 年第 6 期。

〔115〕成长春、张廷干、汤荣光：《意识形态自觉与价值理性认同》，载《中国社会科学》2018 年第 2 期。

〔116〕刘风景：《立法目的条款之法理基础及表述技术》，载《法商研究》2013 年第 3 期。

〔117〕戴津伟：《立法目的条款的构造与作用方式研究》，载《法律方法》2010 年第 2 期。

〔118〕王恒：《民法中意志的第二次嬗变》，载《前沿》2012 年第 12 期。

〔119〕刘林元：《集体主义是社会主义核心价值体系的灵魂》，载《江海学刊》2008 年第 6 期。

〔120〕齐健：《民法立法目的条款司法适用进路研究》，载《法律方法》2019 年第 4 期。

〔121〕王道发：《论中国式"好人法"面临的困境及其解决路径——兼论〈民法总则〉第 184 条的理解与适用》，载《法律科学（西北政法大学学报）》2018 年第 1 期。

〔122〕王毅纯：《民法总则中自愿紧急救助制度的理论逻辑与适用规则》，载《河南财经政法大学学报》2017 年第 5 期。

〔123〕雷磊：《法教义学的基本立场》，载《中外法学》2015 年第 1 期。

〔124〕关涛：《救助他人行为的私法构造》，载《法学》2017 年第 9 期。

〔125〕黄忠：《一个被遗忘的"东方经验"——再论赔礼道歉的法律化》，载《政法论坛》2015 年第 4 期。

〔126〕蒋海松：《〈民法典〉传统基因与民族特色的法理解析》，载《现代法学》2022 年第 1 期

〔127〕郝铁川：《中华法系的创造性转化》，载《东方法学》2022 年第 1 期。

〔128〕柴荣：《中国传统生态环境法文化及当代价值研究》，载《中国法学》2021 年第 3 期。

〔129〕中国国际私法学会课题组、黄进：《习近平法治思想中的国际法治观》，载《武大国际法评论》2021 年第 1 期。

〔130〕张奇：《习近平法治思想的理论渊源、基本特征与重要意义》，载《思想教育研究》2021 年第 1 期。

〔131〕蒋海松、姚锋：《传统"德法合治"思想的现代观照——以习近平法治思想为视角》，载《西南民族大学学报（人文社会科学版）》2022 年第 5 期。

〔132〕马作武、林懋：《传统法文化中的价值评判基准——从胡适的〈中国传统中的自然法〉切入》，载《广东社会科学》2021 年第 3 期。

〔133〕陈晓枫、张实根：《论中国民法典的传统法文化精神》，载《江苏行政学院学报》2022 年第 2 期。

〔134〕孙宪忠：《中国民法典国家治理职能之思考》，载《中国法律评论》2020 年第 6 期。

〔135〕邵六益：《民法典编纂的政法叙事》，载《地方立法研究》2020 年第 5 期。

〔136〕王利明：《体系创新：中国民法典的特色与贡献》，载《比较法研究》2020 年第 4 期。

〔137〕顾元：《论唐代无主物法律制度》，载《中国法学》2020 年第 3 期。

〔138〕贾韶琦：《高空抛物致人损害侵权责任规则的设计——对侵权责任编（草案三审稿）第一千零三十条的审视》，载《法治社会》2019 年第 6 期。

## 四、外文类

〔1〕C. E. Cottle, "Justice as Artificial Virtue in Hume's Treatise", Hume as Philosopher of Society.

〔2〕D. Livingston, Rochester, *Politics and History*, University of Rochester Press, 1991.

〔3〕"The Theory of Legal Interpretation", 12 *Harvard Law Review* 417-418（1899）.

〔4〕 William Raymond, *Key words*: *A Vocabulary of Culture and Society*, New York, 1976.

〔5〕 G. Lundberg , etc. , Sociology, Tokyo: J. Weatherhill , Inc, 1968, P. 172. J. Goldthrope, *An Introduction to Sociology*, Cambridge University Press, 1985, p14.